KB185195

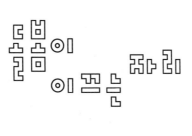

ELICITING CARE:

Health and Power in Northern Thailand

by Bo Kyeong Seo

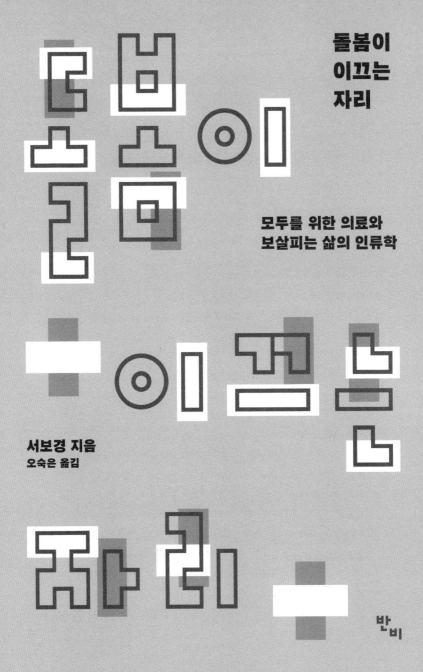

돌봄이
이끄는
자리

모두를 위한 의료와
보살피는 삶의 인류학

서보경 지음
오숙은 옮김

반비

일러두기

1. [ ] 안의 내용은 이해를 돕기 위해 인용자가 덧붙인 내용이다.

2. 원서에서 이탤릭으로 강조한 부분은 볼드로 표시했다.

3. 태국어 및 샨어의 경우 원어의 발음에 가장 가까운 한글 자모로 옮겨 중고딕으로 표기했으며, 성조는 생략했다. 필요한 경우 ( ) 안에 의미를 밝혀 덧붙였다. 태국어와 샨어는 모두 타이어족에 속하며, 이 책에서는 언어군 전체를 지칭할 때는 "타이어"를, 태국이라는 나라의 국어이자 공용어를 의미할 때는 "태국어"를 사용하였다. 태국에서 공용어로 쓰이는 중부 태국어는 치앙마이를 비롯한 북부 지역에서 오랫동안 사용된 북부 태국어와 역사적 변천 과정, 성조와 발음, 문법 규칙 등에서 중요한 차이를 지니고 있으며 언어학적으로 다른 갈래로 구별된다.

4. 환율은 현장연구가 주로 진행된 2010년을 기준으로 1밧당 35원으로 계산하였다.

5. 등장하는 인명은 모두 가명으로 대부분 영어판에 쓰인 그대로 유지하였으나, 마치 한국어 처럼 보여 읽기에 혼란을 더하는 경우에는 새 이름을 붙였다. 태국에서 정식 이름은 보통 매우 길기 때문에 일상에서 서로를 가리킬 때 짧은 별명을 주로 사용한다. 또 성차와 연령 차, 친근함의 정도에 따라 할머니, 할아버지, 아주머니, 삼촌, 언니와 같은 친족 호칭을 존중의 의미로 덧붙인다. 이 책의 경우 지은이가 여성이고, 중점적인 현장연구 당시 20대 후반이었다는 점이 상대에 대한 호칭에 반영되어 있다. 또 '서보경'이라는 이름은 대부분의 태국 사람들, 샨 사람들이 발음하기 어려워하여 '보'라는 별칭으로 불렸다.

6. 4장에 제시된 논의 일부는 『의료, 아시아의 근대성을 읽는 창』(서울대학교출판문화원, 2017) 에 소개된 바 있다.

부모님께

∞

그리고 필립에게

차례

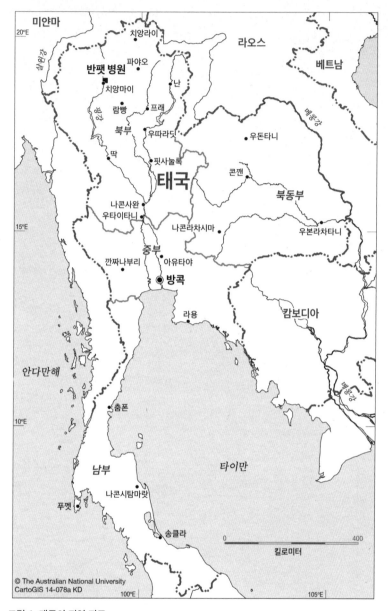

그림 1. 태국의 지역 지도

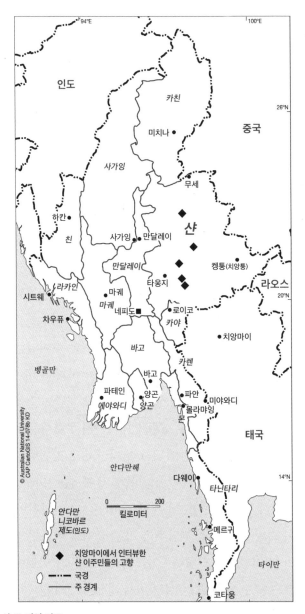

그림 2. 샨 주 지역 지도

한국어판 서문
고치고 고쳐서 새롭게 바꾸기

의료의 작동은 모두의 몸에 그 파장이 흡수된다. 1982년생인 나는 어렸을 때 의자 위에서 동생이랑 장난을 치다가 팔이 부러진 적이 있는데, 엉엉 울면서 늦은 밤에 엄마를 따라 속리산 자락에 있는 산골 마을에서 대전까지 간 기억이 있다. 친척집에서 하룻밤을 자고 아침 일찍 간 곳은 병원이 아니라 접골원 같은 곳이었는데, 거기서도 아무래도 부러진 것 같으니 병원에 가야 한다는 이야기를 듣고 나서야 정형외과에 가서 깁스를 했다. 한참 시간이 흘러 어른이 되어서야 치료비 걱정에 바로 병원에 데려가지 못했다는 걸 어림할 수 있었다. 그리 대단한 일은 아니다. 당시만 해도 병원비 걱정은 보통의 가정에서는 흔히 있는 일이었다. 한국에서는 1989년에 전국민 의료보험이 달성되었다고 하지만 1990년대 초반까지만 해도 보험 적용이 되지 않아 직접 부담해야 하는 금액의 비율이 전체 의료비 지출의 60퍼센트에 달했다.[1] 지금이라고 모두가 의료비 부담에서 자유로운 것도 아니다. 2024년 현재 경제적 어려움 때문에 보험료를 장기 체납하여 건강보험 적용에 제한을 받는 경우가 여전히

8만 3000여 세대에 이른다고 한다.[2]

그때 부러진 왼팔은 잘 붙기는 하였는데 살짝 틀어져 있다. 내 팔뼈는 꽤나 긴 편인데, 다시 굳고 자라면서 아주 조금 휘었다. 우리의 몸은, 삶은, 무엇에 어떻게 둘러싸이느냐에 따라 그 선이 달라진다. 부러지기도 하고, 다시 붙기도 한다. 길게 자라나기도 하고, 휘어지기도 한다. 의료보험이 있느냐 없느냐에 따라, 치료비가 얼마가 나올지 몰라 속을 태우는 사람이 견뎌야 하는 삶의 무게가 달라진다. 한밤중에 찾아갈 병원이 내가 사는 지역에 있느냐 없느냐에 따라 어린아이를 키우는 젊은 엄마가 밤새 걱정에 뒤척일지 아닐지가 결정된다. 가족 중에 누가 갑자기 큰 병에 걸렸다고 온 가정의 생계 전체가 흔들리느냐 그렇지 않느냐에 따라 여러 세대의 살림살이가 달라지고, 한 국가의 경제구조 전체가 영향을 받는다. 체류 자격이나 보험료 납부 현황이 어떠하였든 간에 아픈 사람이라면 우선 받아주는 병원과 제도가 있는지 없는지에 따라 사회의 결이 달라진다. 한국 사회에서 의료보험 제도의 변화는 긴 시간에 걸쳐 사고와 질병을 다루는 방식, 건강에 대한 권리 감각, 정당한 수혜 자격과 사회적 연대에 대한 집합적 사고에 심대한 영향을 끼쳐왔다. 전 세계의 여러 지역에서도 마찬가지이다. 사회보장을 둘러싼 정치가 곳곳에서 출현하고 변모하고 있다.

한국이 이웃하고 있는 아시아의 여러 나라들 중에서 태국 역시 그러하다. 한국과 태국은 각기 다른 역사적 시점에서부터 비슷한 목표를 추구해왔다. 돈이 무서워서 선뜻 병원에 못 가는 일이 없도록 하자. 가능한 한 누구나 자신이 사는 곳에서 필요한 치료를 받고, 건강을 지키는 데 도움을 받을 수 있는 시설과 제도를 만들고 유지하자. 이 공통의 약속을 전 세계적으로 '보편적 건강보장universal health coverage'이라고 부른다. 물론 이 약속을 현실에서 실현하기 위한 방식은 각기 다르다. 모든 사회에서 일률적으로 실현 가능한 단일한 건강보장의 방식은 존재하지 않기 때문이다. 각 나라들이 거쳐온 역사적 과정과 정치적 환경, 경제적 상황, 믿음과 가치 체계에 따라 "모든 사람들이 재정적 어려움을 겪지 않으면서 양질의 필수 건강 서비스를 받을 수 있도록 보장"하자는 약속에 부여하는 의미와 실현의 방식이 각기 다를 수밖에 없다.[3] 바로 그 다름을 사람들의 삶 속에서 풍부하게 파악하는 과정을 통해 우리는 건강의 보편적 가치, 의료 제도의 특수성, 그리고 사회보장의 정치를 새롭게 이해할 수 있다.

∞

이 책은 아프고 다친 사람들의 눈높이에서, 병든 사람들의 곁을 지키는 사람들의 자리에서 삶의 지속을 가능하게 하는 힘이 어디서 오는지를 탐구한다. 삶을 지키는 지지선을 만들어내기 위해 어떤 힘들이 어디서 어떻게 합류하고 분기하는지 그 구체적인 지점들을 찾아나선다. 이 책의 모든 이야기들은 태국이라는 나라, 치앙마이라는 지역에서 왔다. 태국은 한국보다 면적이 다섯 배나 넓은 땅에 약 6600만 명이 모여 사는 곳으로, 캄보디아, 라오스, 미얀마, 말레이시아와 국경이 맞닿고 있는 아시아 대륙의 큰 나라이다. 태국 소설가 씨부라파에 따르면 짙푸른 들판과 사람들의 환한 미소 뒤에 온갖 무게에 짓눌린 마음이 감추어져 있는 곳이기도 하다.[4] 도대체 왜 거기까지 가야 한단 말인가? 도대체 무얼 배우기 위해? 어떤 배움에는 반드시 이동이 따른다. 인류학은 사람과 사회에 대해 충분히 알기 위해서는 어디로든 가야 한다고 주장한다. 꼭 낯선 장소, 이국에 가야 한다는 의미가 아니라 이미 잘 알고 있다고 여겨지는 것들로부터 떠나와 새롭게 배우고 익히는 과정이 필요하다는 의미에서 그러하다. 나는 한국에서 자란 내가 익숙히 알고 있는 사회보장과 의료의 방식들로부터 이동해 변화의 큰 물결을 맞이하고 있는 사회의 한편에 머물며 거기서 살아가는 사람들의 삶이 어떻게 달라지고 있는지를 이해하고자 하였다.

사회보장의 전 세계적인 지형이 어떻게 변모하고 있는지, 특히 가난한 사람들의 삶이 어디서부터 어떻게 나아질 수 있는지를 파악하는 데 태국은 매우 중요한 나라이다. 태국은 극심한 혼란을 야기한 아시아 금융 위기의 여파 속에서 사회보장제도의 핵심이라고 할 수 있는 의료보험 전반에 대한 개혁을 단행하였다. 소득에 상관없이 이용 시점에서 무상에 가깝게 공공 병원을 이용할 수 있는 제도를 마련한 것이다. 여기서 무상 의료는 공짜라는 의미가 아니다. 한국처럼 보험 가입자 개별에게 일정 금액을 징수하는 방식이 아니라 조세를 통해 공적 보험 체계를 운영하고, 의료기관을 이용할 때 별도의 비용을 개인이 부담하지 않도록 한다는 것을 뜻한다. 한국처럼 부유해진 나라에서도 병원을 이용할 때 본인부담금을 완전히 없애는 일이 여전히 불가능하다고 여길 때, 태국이 택한 방식은 놀

한국어판 서문: 고치고 고쳐서 새롭게 바꾸기

라우면서도 선뜻 믿기 어렵다. 1인당 명목 GDP가 한국의 4분의 1 수준밖에 되지 않는 나라에서, 또 민주주의 정치의 장기 위기 속에 전 세계에서 가장 많은 쿠데타가 일어난 곳, 극심한 빈부 격차가 사회 통합의 가장 큰 문제로 자리 잡고 있는 사회에서 어떻게 이런 일이 가능한 것일까? 더욱이 해외 자본 투자가 허용된 영리 병원이 전 세계에서 의료 관광객을 끌어들이고 있다는 곳에서 공공 병원 중심으로 의료를 제공한다니, 도대체 여기서 제공되는 의료의 질과 수준은 과연 어떠할까? 무엇보다 이러한 변화가 사회보장제도에 의지해야만 하는 사람들의 삶에는 어떻게 다가왔을까?

이 책은 이러한 질문들에서부터 출발하였다. 나는 2009년 인류학 박사학위 논문 주제로 태국의 의료 개혁과 그 여파에 대한 연구를 설계하였고, 2010년부터 2012년까지 총 2년간 집중적인 현장 연구를 하였다. 이후 10년의 시간이 더 흐르는 동안 후속 연구와 분석을 이어왔다. 사실 그간 보험 제도의 변화나 의료 체계에 대한 연구는 주로 의료관리학이나 보건경제학 분야에서 다루어졌다. 보험 재정을 어디서 어떻게 마련할지, 누구에게 어떤 혜택을 얼마나 줄지를 결정하는 일이 이 분야에서 가장 중요한 사안으로 여겨져왔기 때문이다. 그러나 나는 급여 범위와 지불 제도를 정교화하기 위한 여타의 방식들은 정책 구성에서 사용되는 도구이지, 그 자체로는 사회보장제도의 변화와 확대가 구체적으로 무엇을 발현하게 하는지 충분히 설명하지는 못한다고 생각했다. 건강보험을 비롯하여 의료 체계 전반을 구성하는 제도들은 사회적 실천을 특정한 방식으로 주조하는 힘을 발휘하는 동시에 사회적 실천이 축적된 결과이기도 하기 때문이다.

　의료 제도가 만약 관련 교과서에서 말하는 것처럼 사람들이 "삶을 영위하는 방식인 동시에 삶을 유지하는 구성 요소"라면,[5] 이는 마땅히 사람들의 삶 속에서 이해되어야 한다. 의료인류학medical anthropology은 사람들의 삶 속에서 건강과 질병, 고통과 치유의 경험을 폭넓게 연구하는 학문이다. 보편적 건강보장에 내포된 사회적 의무는 우리가 삶을 대하는 태도와 매우 긴밀히 연결되어 있다. 어리고 약한 사람을 일상에서 보살피는 방식, 크게 병들고 시련을 맞이한 사람을 돌아보는 태도, 죽어가는 사람을 보내주는 방식에 내포된 도덕성과 종교적 믿음이 모두 사회보장의 토대이자 철학을 구성한다. 사람들이 가정과 더 넓은 친족 관계에서 맺는 사귐의 속성에서, 누군가의 지위와 자격을 가르고 분류하는 방식에서, 질병이나 죽음을 다루는 데 특별한 지식을 갖추고 있다고 여겨지는 사람들과 장소들이 어떻게 만들어지고 대해지는지에 따라 사회의 구성원들이 서로를 감각하고 느끼는 방식, 서로를 대하는 태도와 실천이 달라진다. 이 책은 사회보장제도의 운영과 공공 병원의 작동 방식에 대한 문화기술지ethnography로, 바로 이 제도적 기반 위에서 만성질환, 임신과 출산을 비롯한 여성 건강의 몇몇 주요 의제들, 이주와 출생 등록, 영유아의 사망, 빈곤과 정신 건강 위기와 같은 삶의 여러 어려움들이 어떻게 다뤄지는지를 탐구한다.

돌봄이라는 중심 원리

보편적 건강보장이 일종의 정치적 지향이라고 할 때 유의해야 할 점은 건강이 오로지 보건의료라는 특정한 제도와 전문 지식을 통해서만 성취될 수 있는 것이 아니라는 사실이다. 개인과 인구의 건강은 나름의 기준에 따라 그 정도를 다양한 방식으로 측정할 수 있지만, 생명현상으로서 건강은 상호주관적으로 경험되며 따라서 삶의 온전함에 대한 각기 다른 관념과 감각에 기반한 문화적 구성물이기도 하다. 따라서 이 책은 병원 의학의 좁은 틀을 벗어나서 돌보고 보살피는 일을 행위의 측면을 넘어 원리로 다루는 것을 주요 목표로 삼는다.

한국어에서 보건의료는 흔히 영어 healthcare의 번역어로 쓰이지만 보건의료에 관한 일이 건강에 대한 돌봄care이라는 의미로는 잘 여겨지지 않는다. 의료는 특정한 전문 기술을 사용해 질병을 치료하는 일이고, 돌봄은 어린아이를 키우거나 노인 혹은 몸에 손상을 입은 사람을 거드는 일, 혹은 병원에서 환자의 수발을 드는 특수한 일로 한정하여 여긴다. 이 책은 이러한 구분에서 멀리 달아나서 돌봄을 사회 구성과 정치의 기본 원리로 설정한 여성주의 철학에 뿌리를 두고, 전문적 의료와 일상적 돌봄의 경계를 허물며, 삶의 지속을 위한 통치에 국가권력뿐만 아니라 얼마나 다양한 행위자들이 등장해 고유한 영향력을 발휘하고 있는지를 탐구한다. 이러한 확장적인 개념 구성과 접근 방식은 단순히 돌봄 윤리의 이론적 적용을 위해 도입된 것은 아니다. 자신과 타자를 보살피는 일을 몸의 다스림과 정치, 도덕성과 신성의 중심에 위치시켜온 태국의, 더 넓게는 대륙부 동남아시아의 오랜 문화적 전통과 현재에서 도출한 것이다.

따라서 이 책에서 돌봄과 보살핌, 살림은 따로 구별되는 개념이 아니라 동일한 원리에 기반하여 공동 영역을 구성하고 있다. 돌아보아야, 보고 살펴야, 살려내고, 사귀고, 생겨나게 할 수 있다. 이책은 통치와 의료, 가정과 신성을 구성하는 요소들에 공통 원리가 있다는 점에 주목하면서, 이러한 각기 다른 층위와 영역 간의 부분적인 연결을 회로망으로 상상하자고 청한다. 회로circuit 개념은 돌보는 일의 다원적 성격을 여러 가닥의 전선으로 이뤄진 다발로 그려보면서, 그것들이 서로 연결될 때 마치 전류가 흐르는 것처럼 생명의 지속을 가능하게 하는 힘의 흐름이 유도된다는 걸 시각화하고자 도입되었다. 사회보장은 흔히 그물net에 비유되는데, 회로망 개념은 삶의 지속을 위한 지지망에 고유한 동력이 생겨나기 위해서는 연결이 촉발되어야 한다는 점을, 또 그 안에서 생겨나는 힘은 항구적으로 고정된 것이 아니라 역동적이고 가변적이라는 점을 인지할 수 있게 해준다. 더불어 이러한 접근 방식은 권력을 중심에서 통제를 가하고 응축시키는 종류의 힘이 아니라 퍼져나가고 펼쳐지는 것, 즉 만다라(동심원)의 형상으로 사고하는 동남아시아의 정치철학 전통과도 조응한다.

자신과 타자, 공동체의 삶이 지속될 수 있도록 주의를 기울이고 몸과 마음을 쓰는 실천에 주목하면서 이 책은 결과적으로, 어쩌면 당연하게 여자들의 투쟁을 주로 그려낸다. 이러한 쏠림은 불평등한 현실의 반영인 동시에 중대성의 반영이기도 하다. 의료진 중에서도 여성이 주를 이루는 간호사들의 일, 가정과 일터에서 여성들이 해내는 엄청나게 많은 일들, 임신과 출산, 양육과 살림살이의 전 영역에서 여성들이 하는 일은 너무 많아서 그 무게에 짓눌리기도 하기도 하지만 동시에 이들로 인해 세상이 지탱되고 있기도 하다. 이 책에서는 성차에 기반한 불평등이 여성들의 일과 생활에, 특히나 가난한 이주 여성들의 삶에 중대한 폭력과 위협을 야기하고 있다는 점을 염두에 두면서도 바로 거기서부터 이들이 어떻게 반전의 시야를 열어내는지를 강조하고자 하였다.

더불어 이 책은 보편성과 공공성에 대한 논의에서 가장 기본적인 권리 주체로 상정되는 '국민'의 틀을 넘어서고자 하였다. 태국에서 수행한 연구에 기반하고 있지만 책에 나오는 다수의 사람들은 태국 시민 혹은 국민으로 인정받지 못하는 부류의 사람들이다. 세계의 여느 지역이 그러한 것처럼 태국은 각기 다른 종족 정체성을 지닌 사람들, 각기 다른 말을 쓰는 사람들이 함께 모여 사는 곳이다. 특히 치앙마이는 근대적 국민국가의 형성과 끊임없는 이주의 움직임들로 인해 국경이 새로 만들어지고 부서지고 변형되는 역사적 흐름을 관통해온 지역이기도 하다. 국민과 시민의 범주에 잘 들어맞지 않는 사람들이 늘 언제나 여기 함께 있어왔다. 나는 이주민, 난민, 미등록 체류자, 무국적 아동으로 분류되는 이들을 사회보장제도의 특수한 예외로 파악하기보다는, 보편적 접근이라는 가치의 실질성을 확보하는 과정에서 가장 중요한 행위자이자 새로운 형태의 분배 정치를 상상하기 위한 기본형으로 삼고자 하였다.

바꿔 쓰기와 고쳐쓰기

이 책은 2020년 미국에서 출간된 *Eliciting Care: Health and Power in Northern Thailand*를 번역한 것이다. 한국어가 모국어인 저자가 어렵게 태국어를 배워서 결국 영어로 쓴 책이다. 내 태국어 실력은 일상 회화를 하는 정도에서 출발해서 현장연구의 막바지에는 잘 아는 주제에 대해서는 영어를 좀 섞으며 한 시간 정도 강의를 할 수 있을 정도로 좋아졌다가 지금 현재는 다시 볼품없이 쪼그라들었다. 북부 태국어는 방콕에서 주로 쓰는 중부 태국어와 어휘와 성조에서 차이가 큰데, 샨어와는 여러 유사성이 있다. 결국 이 세 말의 차이를 구사하지는 못하지만 구별할 줄은 아는 정도에 겨우 도달했다. 연구 현장에서 나는 많은 기록을 한국어로 했고, 영어로 책을 쓰면서는 태국어와 한국어로 쓴 기록들을 다시 영어로 바꾸었다.

책 전체 번역은 오숙은 선생님께서 맡아주셨고, 나는 고치는 일을 했다. 고쳐 쓴 이유는 번역이 정확하지 않아서가 아니라 원문이 부정확했기 때문이다. 영어로 쓸 때 표현 방법을 찾지 못했던 것들, 당시에는 어림하기만 했지 충분히 구체화하지 못했던 것들을 한국어로 다시 보면서 새롭게 깨우칠 수 있었다. 가능하면 영어판의 문단 구조 자체를 변형시키지 않으려고 하였지만, 문단의 첫 문장을 다시 쓰거나 문장 전체를 삭제하거나 새롭게 고쳐 쓴 부분이 상당하다. 처음 쓸 당시에는 의도하지 않았던 새로운 해석을 지금 현재의 관점에서 추가하려고 하지는 않았고, 의미를 더 명료하게 전달하는 데 초점을 맞추었다. 사람들과 나눈 대화의 경우 문장의 종결 방식이나 구조를 바꾸기도 하였다. 한국어와 타이어는 모두 꼭 주어를 내세우지 않아도 되는 문법적 특성을 공유하며, 화자와의 관계에 따라 높임말을 쓰기도 하고 생략하기도 하는 유연성을 발휘해야 한다. 영문법에 맞추기 위해 깎아내거나 덧붙여야 했던 부분들을 한국어로 다시 바꾸면서 내가 기억하는 대화의 흐름과 방식에 더 가깝게 돌아갈 수 있었다.

무엇보다 한국어 독자를 마음속에 떠올릴 때 무슨 이야기를 어떻게 해야 할지에 대한 감각도 크게 달라졌다. 영어판에서는 특정 국가의 의료 체계를 기준으로 삼아 태국의 특수성을 비교하여 설명하는 일을 의식적으로 피하려고 하였고, 내가 만난 사람들이 제도의 특징과 사회의 변화, 생활의 어려움을 어떻게 겪어나가고 있는지를 드러내는 데 초점을 맞추었다. 서구 복지국가에서 나타나는 특정한 삶의 방식을 보편적이고 표준적인 것으로 상정하고 태국의 방식은 특수한 예외로 삼는 구도를 세우지 않기 위해서였다. 한국어판에서는 국내의 특수한 실정에 비추어볼 때 본문에서 그려낸 공공 병원의 일상을 이해하는 데 도움이 될 만한 설명을 덧붙였다. 두 국가의 의료를 체계적으로 대조하기보다는 다름의 연원을 생각해보는 계기로서 비교를 적용해보고자 하였다.

한국이 2024년 마주한 '의료대란'은 국정 운영의 비민주성과 집단주의의 충돌로는 다 설명할 수 없는 심층의 혼돈을 내포하고 있다. 생명을 살리는 일에서 누가 어떤 자부심을 가져야 하고 어디서 부끄러움을 느껴야 하는지, 그 가치 기준 자체가 흔들리고 있다. 병원과 의사의 관계, 환자와 의료진의 관계, 정부와 사회의 조정 능력을 구성하는 기본적인 믿음과 의무감에 아주 깊은 수준에서부터 금이 가고 있다. 큰 혼란을 넘어 아예 절단이 나지는 않을지 앞으로 다가올 날들이 더욱 두려운 때이다. 이 책 전체에서 그려내는 보살피고 살리는 일에 부여된 책임의 감각과 예기치 못한 성취, 여전한 실패들은 한국에 바로 적용 가능한 형태의 모델을 제공해주지는 않는다. 그러나 지금 우리 사회에서 일어나고 있는 파열의 속성과 여파를 헤아리고, 봉합과 재건의 도구들을 찾아내는 데 조금이나마 도움을 줄 수 있다고 믿는다.

∞

책은 한번 인쇄되고 나면 다시는 되돌릴 수가 없어서 두렵고 안타까운데, 번역서 출간이라는 귀한 기회를 얻으면서 수선을 감행할 수 있었다. 번역서 출간 계약을 진행해주신 최예원 편집자님, 조은 편집자님, 한국어 원고 전체의 틀을 잡아주시고 가필과 첨언을 허락하여주신 오숙은 번역자님께 고마움을 전한다. 「덧붙이기: 공공의료의 몇몇 구성 요소들」 장을 꼼꼼히 읽고 관련 논의를 파악하는 데 도움을 주신 김새롬 님께도 감사드린다. 책의 제목을 새로 짓는 데는 2024년 연세대학교 「생명과 의료」 수강생들이 생각을 보태주었다. 원고 전반을 수정하는 과정에서는 박아름 편집자님에게 크게 의지하였다. 지금 현재 한국 사회를 관통하는 혼란을 짐짓 모른체하지 않고, 더 많은 사람들이 이 난국을 자신의 언어로 헤쳐나갈 수 있게 하려면 어떻게 다가가야 할지를 함께 고민해주었다. 타국의

이경을 찬찬히 들여다보면서 행간을 다시 짚어준 박아름 편집자님
께 마음 깊이 감사드린다.

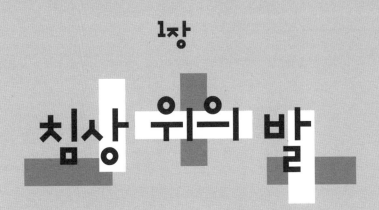

1장

침상 위의 발

나는 분 할아버지와 익의 침대 사이에 놓인 플라스틱 의자에 앉아 있다. 이 자리에서는 얇은 홑이불 밖으로 삐져나온 환자들의 발을 보지 않을 도리가 없다. 여기는 태국 북부에 위치한 치앙마이 시의 근교, 도시와 농촌의 경계이지만 시골 냄새가 더 짙은 동네에 있는 작은 병원이다. 병원 이름은 반팻이다. 75세인 분 할아버지는 3년째 거동을 못 하고 있다. 할아버지의 발은 핏기 없이 앙상하니 뼈만 남았고, 얇은 피부의 안쪽은 조금씩 썩고 있다. 오랫동안 누워 지낸 탓에 심한 욕창이 생겼고, 움직일 능력을 잃은 발에서 괴저가 점점 커지고 있었다. 할아버지의 반대편에 있는 익의 발은 튼튼하고, 거칠거칠해 보인다. 젊은 이주 노동자인 익은 미얀마의 샨 지역에서 온 남자인데, 오토바이 사고 후 몸이 마비되어 최소한의 의식만 있는 상태였다. 건장한 체격만큼 큼직한 발에는 거뭇한 기름때와 얼룩덜룩한 핏자국이 그대로 남아 있다. 이 병동으로 옮겨지기 전 2주 동안 중환자 집중치료실에 있었는데도 누구 하나 발의 핏자국을 닦아주지 않았다. 부러진 발톱은 흙투성이였고, 뒤꿈치는 잔뜩 갈라져 있었다. 내가 병동에서 이들을 처음 만난 건 2010년 8월이었는데, 근 한 달이 넘는 시간 동안 이 남자들의 발은 단 한 번도 바닥을 디딘 적이 없었다.

누군가 병문안을 올 때면 나는 종종 둘 사이에 함께 앉아 있곤 했다. 분 할아버지의 아내인 댕 할머니는 종일 할아버지 침대 옆에서 시간을 보내면서 나에게 남편 이야기를 들려주었다. 치앙마이에서 태어난 북부 토박이인 할아버지는 병원 근처 마을에서 평생을 살면서 일용직 노동자로 일했다. 슬하의 두 아들은 일찍 죽었다. 할아버지의 마비 증세는 3년 전에 시작되었고, 할머니가 줄곧 할아버지를 보살펴왔다. 이 작은 가족의 수입은 두 사람 몫으로 매달 나오는 1000밧(한화 약 3만 5000원)의 연금이 전부였다. 익 옆에는 누이동생인 폰이 주로 앉아 있었다. 폰은 20대 후반으로, 형제자매가 모두 미얀마의 샨 주에서 치앙마이로 이주해온 후로는 큰오빠와 소식을 끊다시피 하고 살고 있었다. 그러다가 익이 갑작스럽게 사고를 당하면서 다시 만나게 되었다. 익은 길가에서 의식을 잃은 채 발견되었는데, 지역 병원 간호사가 그의 취업 허가증에 적힌 주소지의 마을 이장에게 연락을 했다. 얼마간의 수소문 끝에 연락이 끊겨졌던 익의 형제자매 모두 그의 병상에 둘러 모였다. 폰은 근 7년 동안 오빠의 얼굴도 못 봤지만 지금은 거의 매일 그 옆에 붙어 지내다시피 한다.

폰의 등장은 익의 발에도 그 여파가 고스란히 나타났다. 폰은 도착하자마자 발에 묻은 핏자국을 씻어내고 더러운 발톱을 잘라주었다. 간호조무사를 도와 기저귀나 침대보를 함께 갈았고, 곧 일상적인 수발의 대부분을 도맡아 하기 시작했다. 병동 간호사들은 자기 처지가 어려운데도 다친 오빠를 버리지 않는 폰을 '콘 디(착한 사람)'라고 부르며 칭찬했다. 그러나 내 눈에는 폰의 피로가 먼저 들어왔다. 폰은 다섯 살 아들을 둔 젊은 엄마이자 궁핍한 이주 노동자로 이미 고달픈 부양의 부담을 떠안고 있었다. 폰이 병원에서 매일 익을 봐준다는 건 당분간 남편의 외벌이 수입으로 살아가야 한다는 뜻이기도 했다. 이주 노동자를 위한 의료보험으로 익의 치료비를 해결할 수 있다는 사실에 폰은 크게 안도했지만, 날마다 병원을 오가는 것만으로도 이미 가족의 빠듯한 생활비에 부담이 되고 있었다. 하루는 폰이 익의 호흡용 튜브에서 가래를 닦아내면서 나에게 말했다. "사는 게 힘들어. 정말 힘들어."

한편 댕 할머니는 분 할아버지의 왼발 때문에 애를 먹고 있었다. 병원에선 네 시간마다 환자의 자세를 바꾸어주고 주기적으로 다리 마사지를 하라고 요청한 터였다. 병동 직원들은 할아버지의 발에서 궤양이 커질까봐 걱정이었지만, 할머니는 지시대로 따르기를 꺼렸다. 괜한 움직임 때문에 할아버지의 통증만 더 심해질 거라고 여겼다. 간호사들은 상처가 심해지면 추가로 수술을 할 수밖에 없다고 이미 여러 번 경고를 준 상태였다. 댕 할머니와 간호사들의 미묘한 긴장은 경관급식이 시작되면서 더욱 고조되었다. 주사기로 유동식을 코에 집어넣으면 남편이 너무 아파한다며 할머니가 급식을 중단해달라고 요청한 것이다. 그러나 간호사들은 할머니의 요청을 들어줄 수가 없었다. 한 간호사는 이렇게 설명했다. "폐렴은 이제 다 나았어요. 환자분이 기운을 못 차리시는 건 먹지를 못해서예요. 경관급식을 시작한 후로는 힘이 조금 생기셨거든요. 병원에서 하는 게 아무 도움이 안 된다고 생각하시면, 환자분이 병원에 계실 이유가 없죠. 남편이 돌아가실 때까지 마냥 여기서 손 놓고 기다리시기만 할 수는 없는 거예요." 결국 간호사들은 이 문제를 주치의에게 보고했고, 보호자가 경관급식 중단을 원한다면 퇴원을 하라는 최후통첩이 떨어졌다. 할머니는 퇴원을 감당할 수는 없었다. "집에서 혼자 할아버지를 볼 수는 없어. 여기 있어야 해. 내가 여기서 언제까지 이 고생을 해야 하는 건지 모르겠지만, 뭘 어쩌겠어?" 할머니는 피곤한 웃음을 지으며 나에게 말했다. 의료진과 아내, 양측 모두 죽어가는 남자를 편안하게 해주고 싶어 했지만, 그에게 무엇이 필요한지에 관해서는 서로 입장이 다른 것 같았다.

어느 날 저녁, 마침내 반가운 손님이 분 할아버지를 찾아왔다. 할머니가 애타게 찾던 아짠 루암이었다. 아짠 루암은 젊은 시절에 절에서 오래 수련을 해 전통 의식에 대해 잘 아시는 동네 어르신인데, 할머니는 지금으로 따지면 의사(머 보란)랑 비슷하다고 설명해주셨다. 아짠 루암은 할머니의 부탁대로 할아버지의 침대 옆에서 수콴이라는 간단한 의식을 치렀다. 수호령들에게 바치는 공물로 잠피(아열대성 목련) 꽃, 작은 양초, 켑 무(돼지 껍데기 튀김), 찹쌀밥(태국 북부의 주식) 등이 조각배 모양으로 접은 바나나 잎에 담겨 환자의 머리맡에 놓였다. 이윽고 아짠 루암은 굵은 흰 무명실을 분 할아버지의 손목에 여러 번 묶고는 주문을 속삭였다. 댕 할머니는 이 의식이 분 할아버지의 혼을 몸에 잘 붙들어주어서 기력을 차리는 데 도움이 될 거라고 설명해주셨다. 이날 행해진 의례는 바쁜 병동의 저녁 리듬 속에 조용히 스며들었다. 이틀 후, 주치의는 분 할아버지의 발에서 죽은 조직을 또 한 번 제거했다.

나는 이따금 이 사람들의 발을 어찌할 도리 없이 쳐다봐야만 했다. 자기 몸무게에 짓눌린 분 할아버지의 발은 핏기 없이 뻣뻣하게 굳어 다가올 죽음을 예고하고 있었다. 한편 익의 발은 몸 상태가 어느 정도 호전되고 있다는 걸 말해주었다. 한 달 동안 입원해 절대 안정을 취한 덕에 익의 몸은 고된 육체노동에서 해방되었고, 발에도 그 변화가 바로 나타났다. 익의 발은 이제 예전처럼 고단하지 않았다. 피부는 부드러워지고, 갈라진 발꿈치 틈새는 어느새 메워졌다. 익의 발이 침대에서 툭 떨어질 때면, 폰과 나는 병동 깊숙이 들어오는 오후의 햇빛 아래 각질이 풀썩거리는 걸 속절없이 보곤 했다. 당시에는 익의 뇌손상이 어떤 결과로 이어질지 전혀 알 수 없었지만, 느닷없는 발의 움직임은 그가 살아 있다는 분명한 증거였다. 나란히 누운 환자들의 침대 옆에서 고통과 근심은 보통 언어로 표현되지 않았다. 그러나 두 남자의 말 없는 발은 병의 위중함과 함께 그들이 받고 있는 돌봄의 성격을 고요히 전하고 있었다.

인간으로서 우리는 돌봄을 필요로 하는 타자의 요구에 어떻게 응답하는가? 특히 질병과 손상으로 삶이 흔들리는 때에 어떻게 반응하는가? 이 책은 이러한 질문들로 시작한다. 분 할아버지와 익의 망가진 발 이야기로 이 책을 여는 이유는 그들의 발이야말로 나에게는 두 사람이 놓인 돌봄 체계 전반에 대한 표상으로 다가왔기 때문이다. 병동에서 이 두 쌍의 말단부는 태국에 사는 사람들의 신체 관념에서 매우 중요하게 여겨지는 상징적 위계를 흥미롭게 허물고 있었다. 태국에서 발은 가장 낮은 데 있는 더러운 부위이기 때문에 물건이나 사람을 발로 가리키는 행위는 매우 무례하다고 여겨진다. 반대로 머리는 몸에서 가장 높은 곳에 위치한, 영적 본질(콴과 윈얀)이 자리하고 있는 신성한 부위이다. 이 두 사람이 스스로 서거나 말하는 능력을 잃게 되면서, 몸에서 가장 지위가 낮은 발은 뜻밖의 카리스마와 표현력을 발휘하고 있었다. 이들의 다친 발이 드러내는 약함과 견딤에는 어떤 설득력이 있었다. 인간의 연약함을 그대로 드러내면서도, 연약함이 지닌 뜻밖의 힘을 드러내고 있었다. 바라보기 괴롭지만 끈질기게 거기 있는 다친 몸은 누군가 무언가 해주기를 참을성 있게 기다리고 있었다.

그리하여 나는 제 기능을 못하는 발을 돌보지 않을 수 없게 된 사람들을 알게 되었다. 의사, 간호사, 간호조무사, 물리치료사, 가족 등 많은 이들이 이 남자들을 살아 있게 해주었다. 그중에서 특히 몇몇은 이 일로 인해 삶에 큰 타격을 입었고 깊은 피로와 절박함을 풍기고 있었다. 댕 할머니와 폰에게 아픈 가족을 돌보는 일은 신체적으로도 부담일 뿐 아니라 심적으로도 어려운 문제였다. 환자를 돌보는 일은 어느새 일상의 일부가 되었지만, 바로 그 일이 이들 자신은 물론 가족 전체의 생활을 위협하고 있었다. 여기서 돌봄은 단지 도덕적으로 좋은 일이 아니라 때로는 큰 손실과 기회비용을 수반하는 양가적인 행위이기도 했다.

이 책은 이처럼 사람 사이에서 무언가를 새롭게 만들어낼 수도 있지만 동시에 파괴할 수도 있는 돌봄의 잠재력을 다룬다. 타인의 몸과 삶의 요구 앞에서 신체적이고 정서적인, 개인적이면서 제도적인, 의학에 관련되기도 하지만 신앙의 문제와도 결부된, 돌봄의 각종 형태들이 어떻게 생겨나는지를 추적한다. 타인의 삶에 관여해야 한다는 정동적 요구를 감지하였을 때, 역으로 병들고 쇠약해진, 다치고, 죽어가는 구체적 존재들이 생의 지속에 필요한 상호성의 관계를 끌어내고자 할 때, 이에 대한 응답으로 어떤 일들이 일어나는지를 드러내고자 한다. 그리고 이를 통해 돌봄이 이끌고 이끌리는 과정이자 결과라는 것, 주고받는 일이 아니라 서로 이끌어내는 일이라는 것을 밝히고자 한다. 돌봄은 누군가에게 일방적으로 주어지는 것, 제 것처럼 마음대로 가져다 쓰거나, 수동적으로 주어지는 것 혹은 억지로 견디어내야 하는 성질의 것이 아니다. 돌봄은 공동 활동이다.

우리의 여정은 태국 공공 의료 시스템의 최전선에 있는 한 지역 병원, 반팻 병원이라고 불리는 곳에서부터 시작한다. 태국은 보편적 건강보험을 도입함으로써 모든 사람들이 경제적 어려움 없이 필요한 의료 서비스를 받을 수 있도록 하는 중요한 사회적 변화를 이루었다. 이 새로운 사회계약은 한편으로는 빈곤의 완화를 목표하지만, 다른 한편으로는 기존의 불평등을 더욱 악화시킬 가능성을 동시에 내포하고 있었다. 이 제도는 부유한 사람들이 공공 병원의 북적거림과는 무관하게 글로벌 체인 병원에서 자기들만의 특권을 누릴 때, 댕 할머니나 폰처럼 가난한 사람들은 온갖 제도적, 관료적 형식주의를 헤쳐나가며 여기서 버티는 법을 배우도록 해왔기 때문이다. 반팻 병원과 같은 공공 병원의 일상은 지역민을 위한 돌봄과 보호의 구심점으로 보편적 건강보험이 어떻게 작동하는지에 대한 포괄적인 그림을 제시해준다. 이곳은 특히 의료 제공자와 사용자가 이러한 체계를 유지하기 위해 어떤 일을 함께 해내는지를 잘 보여준다. 지역의 공공 병원은 의료기관이기도 하지만, 동시에 각종 시련과 빈곤, 추방과 같은 악조건에서도 삶을 가능하게 하는 돌봄의 다른 회로망들과 깊이 연결되어 있다. 따라서 병원에서 시작된 이야기들은 의료의 틀을 넘어서서, 삶을 지속하게 하는 힘이 생겨나는 여타의 층위들, 특히 가족과 종교적 믿음에 관한 서사로 확장된다. 나는 제도의 특성과 개인들의 분투를 함께 엮어나가며 의료의 정치

경제학과 사람들이 거쳐온 경험 사이의 역동적 관계를 조명하고자 하였다. 다양한 돌봄의 기획들에서 어떻게 관계의 다중성이 드러나고, 인간과 인간 아닌 존재들이 발휘하는 행위성이 감지되는지, 그리고 예상치 못한 보살핌의 기술들이 조합되는지를 '이끌어내기 elicitation'라는 개념을 통해 보여줄 것이다.

돌봄의 다중성

돌봄은 여러 가지를 의미할 수 있다. 어떤 조건과 환경이냐에 따라 그 의미가 상이하다. 영어에서 돌봄care 개념은 정서적 상태care about와 실천적 행동care for의 측면을 각기 나누어 포괄한다. 여기서 흥미로운 점은 이와 같은 이중적 의미가 모든 언어에서 유지되지는 않는다는 사실이다. 태국에서 연구를 진행한 한국인 인류학자인 나에게 가장 익숙한 두 언어, 한국어와 태국어에서 특히 그렇다.[1] 이 책에서 나는 돌보는 일과 관계에 대해 태국에서 사용하는 여러 개념과 용어 들이 영어와 달리 감정과 행위의 구별을 유지하지 않으며, 따라서 훨씬 더 폭넓은 해석을 가능하게 해준다는 점을 주의 깊게 다루고자 한다.

돌봄이 무엇인지, 누가 왜 돌보는지는 그간 여성주의 학자들이 치열하게 고민해온 질문이다. 여성주의 철학은 돌봄 윤리에 관한 논의를 세계에 대한 이해의 중심에 위치시키며 "취약성이라는 삶의 조건 속에서 우리 삶을 가능하게 해주는 일"의 가치와 왜곡을 비판적으로 다루어왔다.[2] 취약성이라는 조건은 모든 인간이 타인의 도움을 필요로 한다는 말에 다름 아니다. 누구나 성장기를 거치며, 아프고, 다치고, 결국 늙는다. 인간이라면 모두가 반드시 공통적으로 겪지만 그 양상은 결코 동일하지 않은 바로 이 취약성과 의존이라는 삶의 조건이 연대와 사회보장의 토대를 이룬다. 여성주의 철학자 조안 트론토Joan Tronto는 돌봄이란 "우리가 세계를 유지하고, 지속시키고, 고치기 위해 하는 모든 일이며, 이로 인해 우리는 세계 안에서 삶의 유지를 가능하게 하는 복합적인 그물망을 이루며, 가능한 한 잘 살아갈 수 있다."라는 매우 포괄적인 정의를 제시한다.[3] 이 전통에서 돌봄은 **평생의 일**life's work로 생물학적, 사회적 삶을 생산하고 재생산하는 데 중요한 역할을 한다. 돌봄은 "임금노동, 육아, 가사노동, 공동체 연대의 유지 및 회복"에 관한 모든 일을 포함하는데,[4] 문제는 자본주의 경제에서 이와 같은 사회적 재생산의 중추적 역할이 과소평가되고, 계급과 성별, 인종 불평등의 맥락에서 계층화된다는 것이다.[5]

몸과 영혼, 관계를 보살피는 일은 돌봄의 핵심을 이루며, 돌봄 care은 의료healthcare의 부차적 부분이라기보다는 해당 분야 전체를 운영하는 원리라고 할 수 있다.[6] 여기서 중요한 또 하나는 돌봄에 대한 보장이 단지 개인적 실천의 문제가 아니라 근본적으로 국가에 의해 중재된다는 점이다. 내가 연구를 시작한 병동은 인구군의 생물학적 삶을 통치의 영역으로 통합하는 거대한 생명정치의 일부를 이룬다고 할 수 있다. 미셸 푸코Michel Foucault가 제시한 생명권력biopower은 "생명과 그 메커니즘을 명시적인 계산의 영역으로 끌어들이고 지식/권력을 인간 생명의 변화 동인으로 만드는" 정치 기술을 전반을 가리킨다.[7] 생명정치biopolitics 개념은 **생명의 관리** management of life가 근대적 국가권력의 핵심적인 일부를 이루게 된 중요한 전기를 파악하게 해준다. 보편적 건강보장과 같은 복지 및 공중보건 정책들은 사람이 태어나서 병들고 죽는 전 과정의 집적, 즉 인구의 시간적 변천을 직접적인 개입의 대상으로 삼는 생명정치의 역사적 산물이기도 하다. 인구의 질에 대한 평가와 향상, 생산성의 증진은 통치 권력의 주요 목표로 설정되며, 여기서 개인 및 집단의 삶에 대한 국가의 개입은 감시와 통제의 형식뿐만 아니라 돌봄의 형상으로도 나타난다.

생명정치적 돌봄의 주요한 문제는 생명에 대한 가치 산정이 불평등하게 이뤄질 때, 돌봄의 외피를 쓰고 무관심과 방조가 조장된다는 것이다.[8] 이러한 정치의 논리는 추상적 차원에서는 생명의 신성함에 기반한 것처럼 보이지만, 그 작동에서는 외려 고통과 죽음이 용인되는 특정한 주체를 양산한다는 것이 생명정치를 바라보는 인류학의 주요 통찰 중 하나이다.[9] 여러 문화기술지 연구들이 생명정치의 기조 하에서 돌봄이 배치되는 이유와 결과를 비판적으로 재검토하면서, 국가가 특정 개인과 집단에게 돌봄과 보호를 제공하는 방식이 어떻게 다른 구성원들에게는 고통과 죽음을 허용하는 결과를 낳는지를 조명해왔다. 역설적이게도 국가가 빈곤층, 미등록 이주민, 난민, 소수민족, 그리고 그 밖의 '달갑지 않은' 집단들을 특정하고 돕고자 할 때 연민이나 인도주의의 가치가 부각되기도 하지만 안전과 보호의 명목으로 단속이나 봉쇄와 같은 잔혹한 조치가 시행되기도 한다.[10] 아킬 굽타Akhil Gupta가 인도의 빈곤 구제 프로그램에 대한 연구에서 지적한 바와 같이, 생명권력 체제에서 돌봄은 기껏해야 "사후事後에나 임의적인" 효과로 나타날 뿐이다.[11] 캐나다의 이누이트 거주민들에게 주어진 사회보장 및 행정 개입에 대한 리사 스티븐슨Lisa Stevenson의 연구가 보여준 것처럼[12] 국가가 약속하는 돌봄은 고통받는 이들을 온전한 사람 존재로 다루기보다는 오로지 그들의 살아 있음, 생존 그 자체에만 관심을 가진다는 점에서 근본적으로 삶을 부서트리는 종류의 것일 수 있다.

생명권력에 대한 인류학적 탐구는 생물학적, 통계적 단위로 처리된 인간의 삶이 권력 체제에 의해 어떻게 관리되고, 통제, 유지되는지를 면밀히 분석해왔다. 이러한 권력의 행사가 돌봄의 형식을 띨 수 있다는 점을 고려한다면, 이는 돌봄의 표상과 실천으로 만들어지는 선善이 과연 어떤 것인지를 보다 비판적으로 다루어야 한다는 것을 뜻한다. 돌봄은 "공감, 연민, 존중, 사랑의 정동"과 긴밀하게 연결되어 도덕적, 윤리적 가치를 수반할 수 있지만,[13] 돌봄의 다양한 실천 양상에서 이런 종류의 이상과는 부합하지 않는 양면적인 경험과 결과가 생겨날 수 있다.[14]

따라서 이 책에서는 돌봄의 이중적 역동에 주의를 기울이며, 이를 통해 만들어지는 힘의 속성을 규명하고자 한다. 이 책은 돌봄의 윤리가 생명정치라는 거시사회적 차원과 배치되거나 또는 무관하다고 가정하는 대신에, 불확실하고 모호한 조건 속에서 돌봄의 실천이 어떻게 윤리적이고 정치적으로 그 모습을 드러내는지에 초점을 맞춘다. 생명정치적 사회구조가 오늘날의 정치경제에서 돌봄에 대한 책임을 재편하고 있다면, 정치적 불안정이 지속적인 위협으로 남아 있는 태국 같은 나라에서는 과연 무슨 일이 일어나고 있을까? 돌보지 않는 걸 목표로 하는 여타의 수단들이 가득한 생명정치의 장에서 과연 어떤 종류의 돌봄이 실현 가능하고 또 제약에 부딪힐 것인가? 돌봄이 유동적이면서 상충하는 관계들의 집합이라면, 그것은 누구에 의해, 어떻게 실행될까? 생명이 생물학적 실체 이상으로 파악되고 꾸려지는 지역적 세계의 맥락에서 생명과 삶의 형식에 대한 다원적 개념은 돌봄의 의미와 방법을 어떻게 변화시킬 것인가? 이 책은 그 어느 것도 순탄치 않은 지형 속으로 더 깊이 들어감으로써 권력과 사회성, 의무의 상호작용을 이해하는 새로운 길을 제시하고자 한다.

보편적 의료를 둘러싼 정치적 논쟁

이 연구는 태국 사회에서 매우 중요한 역사적 국면을 다루고 있다. 2002년 당시 1인당 국민총소득이 1900달러에 불과했던 나라에서 전면적인 구조 개혁을 감행하면서 모든 국민을 위한 건강보험에 공적 자금을 투입하기로 한 것이다.[15] 2001년 전 국민의 70퍼센트에만 적용되었던 건강보험이 2009년에는 98퍼센트로 눈에 띄게 확대되었다. 즉, 이전까지 의료보험의 혜택을 받을 수 없거나 본인부담금의 비중이 적지 않았던 1800만 명이 이용 시점에서 무상에 가까운 의료를 제공하는 건강보험의 혜택을 받을 수 있게 된 것이다.[16] 2017년 미국 전체 인구의 8.8퍼센트에 해당하는 2850만 명이 아무런 건강보험도 없다는 사실을 고려한다면, 태국의 보편적 건강보험은 의심의 여지 없는 놀라운 성과이다. 태국은 이와 같은 극적인 성공을 바탕으로 건강보장의 제도화를 둘러싼 전 세계적인 논의에서 선도적인 위치를 차지하게 된다. 예를 들어 세계은행 총재 김용은 세계보건총회에서 재정의 지속 가능성에 대한 비관적 우려에도 불구하고 제도 확대를 택한 태국의 과감한 결정을 높이 평가한다.[17] 노벨 경제학상 수상자인 아마르티아 센Amartya Sen은 모든 시민에게 보편적 접근을 약속하는 태국의 건강보험 개혁 경험은 '글로벌 사우스'라고 불리는 아시아, 아프리카, 남아메리카의 신흥국들에서도 평등에 초점을 맞춘 발전 전략이 실현 가능하고 필수적이라는 걸 보여주는 모범적인 사례라고 언급한다.[18]

　태국의 이런 성과는 찬사를 받을 만하지만, 보편적 건강보장을 둘러싼 정치는 사실 지속 가능한 개발 논의에서 묘사되는 것보다 훨씬 복잡하다. 태국은 동남아시아에서 가장 불평등한 나라 중 하나이며, 정치적으로 불안정하기로도 유명하다.[19] 보편적 건강보장이 실시된 첫 10년은 현대 태국 정치의 격동기이기도 했다. 이 기간 동안 정권이 무려 일곱 번 바뀌었고, 다섯 번의 총선을 치렀으며, 오랜 기간 권력을 유지해온 왕정 엘리트와 군부가 선거 정치에 반하여 쿠데타를 일으켰다. 정치적 정당성을 둘러싸고 일어난 치열한 정치적, 감정적 논란들은 태국에서 보편적 건강보장이 경험되는 방식에도 영향을 미쳤다. 국가가 제공하는 사회보장의 심화가 태국의 정치 지형을 어떻게 바꾸었는지를 이해하기 위해서는 이 나라가 거친

개발 위주의 근대성, 민주주의, 신자유주의화의 경험 속에서 이런 변화를 역사적으로 맥락화해야 한다.

태국 근대사에서 국민 건강이 사회적, 정치적 목표로 고려되는 양상은 국가권력에 정당성을 부여하려는 여러 시도들과 결부되어 있다. 태국에서 서구 의학의 도입과 근대적 병원 체제의 성립은 20세기 초 왕실의 재편에도 뚜렷한 영향을 끼쳤다. 구체제가 현대적 군주제로 탈바꿈하면서 특히 서구 의학의 도입과 장려에 앞장섰기 때문이다.[20] 태국의 유명 의료기관과 보건단체들이 국왕과 왕실 주요 일원들의 이름으로 설립된 바 있으며, 이 과정에서 군주제가 근대적 발전주의를 도입하고 후견주의 국가paternalistic state를 성립시키는 데 주요한 역할을 했다.[21] 특히 2차 세계대전 전후를 주도한 군부 기반의 지배층은 농촌 개발에서 권위주의적 사회 통제 및 자원 배분의 독점을 주요 기제로 하는 후견주의를 강화하였으며, 반공 정책과 정서를 부추겼다.[22]

1950년대와 1960년대에는 전염병 통제 및 말라리아 예방 캠페인과 함께 농촌 지역 파견 의료진에 대한 정부 보조금이 도입되었고, 1970년에는 국가적 차원에서 산아제한 정책이 실시되었다.[23] 농어촌 지역에 공공 의료 체계의 기틀이 생기는 데에는 국가경제사회개발계획에 따라 공표된 마을 보건소 및 지역 병원에 대한 정부 투자가 결정적인 역할을 했다. 1990년대에 이르면 태국의 모든 지역에 적어도 하나의 이상의 공공 병원이 설립되었으며, 이러한 국가적 수준의 지역 병원 체계는 일차의료 정책의 중추가 되었다.[24] 1970년대 중반부터 1990년대까지 이루어진 또 하나의 중요한 발전은 저소득 가구, 공무원, 공식 부문 노동자에 한하여 재정적 보호를 제공하는 의료보험의 도입이라고 할 수 있다.

이와 같은 제도적 확장 덕에 보건 분야에서 국가의 관료적 역량은 한층 커졌지만, 태국 내 의료 자원의 분배는 여전히 대체로 불평등했다.[25] 공적 투자는 도시 지역에 집중되어 있었고, 이에 따라 부유층이 빈곤층보다 정부 의료비 지출의 혜택을 더 많이 누리는 역전 현상이 일어났다.[26] 급속한 경제 성장의 시기에 불평등한 소득 분배가 가속화된 것을 고려할 때, 1997~1998년에 갑작스럽게 태국을 덮친 극심한 경기 침체는 정치 구조는 물론 의료 체계에도 큰 난제를 안겼다. 경제 위기는 취약한 사회집단, 특히 비공식 부문 노동자와 농촌 빈민에게 큰 타격을 입혔다.[27]

아시아 경제 위기 이후 태국 사회의 심각한 불평등을 바로잡아야 할 필요성이 크게 대두되면서, 변화를 위한 새로운 기회가 찾아왔다. 기업 출신 정치가로 각종 의혹이 제기된 탁신 친나왓이 이끄는 타이락타이당이 빈곤층과 농촌 지역 유권자를 주요 대상으로 하는 정책을 전략적으로 내세우기 시작했으며, 결국 2001년 선거에서 압도적 표차로 승리하며 태국 민주주의의 새 시대를 알린 것이다. 탁신 정부는 주요 공약 중 하나였던 보편적 건강보험을 신속하게 시행했고,[28] 당의 주요 정책들은 탁신에게 중요한 자산이 되어 이후 여러 선거에서 그와 손잡은 정당들의 장기적 성공을 보장했다. 당시 이런 변화가 가능했던 이유는 탁신 개인의 정치력 때문이 아니라 여러 공중보건 전문가와 개혁주의자 들이 협의체를 만들어 보편적 건강보장을 위한 정책 설계를 오랫동안 준비해왔고, 기존의 지역

의료 체계가 공적 의료보험 제도를 운영할 수 있는 물질적 기반을 갖추고 있었던 덕분이었다.[29] 1997년 경제 위기의 여파로 일어난 여타의 사회정치적 변화와 함께 보편적 건강보험의 시행은 이전 권위주의 체제에서 비롯된 "개발 위주 사회계약"에 종언을 고하며,[30] 정치권력과 선거 정치의 새로운 제휴를 알리는 핵심 사례가 되었다.

보편적 건강보장의 확립은 또한 태국에서 생명정치의 새로운 국면이 도래했음을 알린다. 국가가 장기간 사회적, 경제적 불평등을 겪어온 이들에게 책임지고 사회보장을 제공하겠노라고 선언한 것이다. 이제 보편적 보장은 가난한 이들이 생존 투쟁을 벌여야 하는 제도적 환경의 일부가 되었고, 수많은 의료 서비스 제공자에게 '모두를 위한 건강'은 더 이상 유토피아적 구호가 아니라 긴급히 수행해야 할 고된 과제가 되었다.[31] 보편적 보장의 영역에서 의료는 공공재로 제공될 것이 기대되지만, 실상 병원의 일상 업무에서 이를 실현하기 위해서는 경제적, 현실적 한계를 감안한 복잡한 재조정이 필요하다. 따라서 건강을 둘러싼 실질적인 갈등이 일어나는 여러 방식들이 보편적 접근이라는 이상에 고유한 구체성과 의미를 부여한다고 할 수 있다.

이끌고 이끌리기

이 책은 보편적 접근이라는 약속과 현실 사이의 간극을 주의 깊게 탐색하면서, 공적 제공의 한 방식으로 돌봄을 가능하게 하는 실제적인 노력들을 규명한다. 보편적 건강보험과 같은 의료 체계에서 과연 '돌봄'이란 무엇을 의미할까? 의료 체계를 단지 누가 얼만큼의 혜택과 보장을 받을지를 정하는 법적, 재정적, 기술적 개입 수단의 총합이 아니라 인간의 의존성과 취약성에 응답하기 위한 의무의 큰 회로라고 해석한다면, 어떤 새로운 접근이 가능할까? 의학이나 생명정치의 작용으로 국한되지 않는 더 큰 상호의존성의 망이 의료 영역에 있다는 걸 우리는 어떻게 파악할 수 있을까?

여기서 나는 돌봄이 어떻게 가능해지는지를 탐색하려면 타자의 필요에 반응하게끔 하는 관계의 장을 고려해야 한다는 점에서부터 출발한다. 이 책에서 제시하는 '이끌어내기elicitation'라는 개념은 돌봄이 단순히 주어지는 것이 아니라 고유한 관계 안으로 **이끌고 이끌리는** 정동적이고 물질적 상태를 통해 생겨난다는 것을 파악하고, 겉보기에는 수동적인 상태가 어떻게 존재와 정치의 근본적인 양상을 구성하는 요소가 될 수 있는지를 설명하기 위해 도입되었다.

여기서 이끌어내기란 타자로부터 반응을 유도하고, 그리하여 접촉과 연결, 수용의 관계를 만들어내는 힘을 일컫는다. 지금 여기 함께 있는 존재, 즉 구체적 현존이 발휘하는 생성적 능력을 뜻한다. 이끌고 이끌리는 양상은 누군가를 돌보는 사람으로 전환시키는 사회적 상황과 과정에서 나타나는 주요 특징이라고 할 수 있다. 돌봄을 주고받는다는 표현이 마치 돌봄이 주는 사람에게서 받는 사람을 향해 일방향으로 흐른다는 인식을 반영하는 데 반해, 이끌어내기는 돌봄이 필요한 존재의 현존과 정동적 교류로 인해 그러한 움직임이 어떻게 촉발되는지를 강조한다. 돌봄은 단순히 주기로, 혹은 받기로 선택하는 것이라기보다는 타자에게 "이끌려 어느새 자신이 타자를 보살피고 돌보고 있음을 발견"할 때 생겨난다.[32] 인류학자 엘리자베스 포비넬리Elizabeth Povinelli는 이러한 종류의 의무감이 주체의 의지나 결정이 아니라 "매우 미약한 연결, 내재된 연결감"에 의해 형성된다는 걸 파악하는 게 매우 중요하다고 강조한다. 이끌어내기는 이끎과 이끌림이 능히 생겨난 상태, 즉 돌봄의 의무를 구현하는 데 필요한 미약하지만 피할 수 없는 구속력이 형성되는 양상을 새롭게 조명한다.

분석적 개념으로서 이끌어내기는 돌봄에 필요한 행위성이 과연 어떻게 구성되는지를 보다 명확하게 이해하게 해준다. 일상적인 돌봄 행위는 우리에게 자신과 타인의 필요에 부응할 만큼 숙달된 능력이 있다는 걸 뜻하지만, 이는 동시에 누구나 다른 시간, 다른 상황에서는 타인의 도움이 필요하다는 것을 전제로 한다. 자율성과 의존성 사이에 놓인 인간 주체성의 회색 영역, 바로 이것이 모든 돌봄 경험을 구성하는 핵심 요소라고 할 수 있다. 이런 의미에서 돌봄은 일종의 능력이기도 하지만, 동시에 철학자 소란 리더Soran Reader가 말하는 "인간 삶의 비루한 속성"을 입증하기도 한다.[33] 리더는 "침묵당하고 '타자화된' 수동적 측면"을 조명하기 위해 '페이션시(patiency, 감수력)'라는 개념을 제시한다. 인간 행위자는 "능동적이고 유능하며 자유롭고 독립적인 만큼이나 수동적이며 도움을 필요로 하고 제약을 받으며 의존적이다".[34] 행위력을 중심에 놓고 사람됨을 사고하는 방식은 받는 능력의 중요성 자체를 조명하지 못한다. 돌봄을 받는다는 것, 또는 리더의 말처럼 페이션트(patient, 환자/받는 자)가 된다는 것은 그저 무기력하게 상황을 수용하는 상태가 아니라 어떤 일이 이루어지도록 허용하고 이끌어내는 일이다. 여기서 이끌어내기는 무언가를 하는 행위이자 동시에 어떤 일이 이루어지기를 기다리는 행위라고 할 수 있다. 바로 이 차원에서 돌봄을 주는 사람뿐 아니라 돌봄을 받는 사람도 중요한 역할을 한다.

이 책 전반에 걸쳐서 나는 취약한 상황에 있는 사람들이 타자의 인정과 의무를 암묵적으로 요구함으로써 돌봄 관계를 이끌어내는 과정을 조명할 것이다. 의료를 비롯하여 여러 사회적 맥락에서 돌봄 관계는 다양하고 복잡하게 나타나지만, 그럼에도 여기에는 어떤 공통적인 기초가 있다. 즉, 관계는 그냥 생겨나는 게 아니라 타자가 특정한 방식으로 나를 알게끔 이끌어냄으로써, 인지하도록 유도함으로써 만들어지는 것이라는 점이다.[35] 인류학자 앨리스 스트리트Alice Street는 관계성에 대한 멜라네시아 지역의 고유한 관념을 생명의학 분야에 창의적으로 도입함으로써, 사람들이 "생산적 관계를 이끌어낼 수 있을 거라는 기대 속에서 특정한 종류의 신체나 사람으로 [……] 자신이 보이게끔" 만드는 양상에 주목한다.[36] 사람, 신체, 질병은 의학 지식을 통해 자동적으로 이해되거나 치료할 수 있는 것으로 여겨지지 않는다. 오히려 "자기 자신을 타인의 주의를 끄는 대상으로 만들기"[37] 위한, 즉 특정한 인식 체계 내에서 지각될 수 있는 상태로 여겨지기 위한 사람들의 고유한 실천이 의료 체계를 작동시키는데, 특히 파푸아뉴기니와 같은 혼종적 환경에서는 그 양상이 더욱 두드러진다. 스트리트의 연구는 특정한 종류의 사람됨을 이끌어내고 생산하는 방식이 의학적, 관료적 개입의 전제조건이라는 중요한 통찰을 제시한다. 비슷한 맥락에서 이 책의 4장에서는 의료 서비스를 받을 권리가 보장되지 않는 이주민늘이 공공 의료 체계에서 자신과 자녀들을 가시화하기 위해 문서를 획득하는 과정에 적극적으로 참여하는 모습을 보여준다. 역으로 반팻 병원의 의료진은 환자들과 지역사회, 그리고 상급 기관으로부터 이상적인 국가 공무원으로 인정받는 것을 권위의 중요한 근거로 삼는다(2장).

스트리트가 자격을 지닌 사람으로 보이게 하는, 즉 누가 보고 보이는지를 결정하는 가시성과 협상의 문제에 주로 초점을 맞추었다면, 여기서 내가 강조하는 이끌어내기라는 개념은 돌봄에 관여하는 당사자들 사이에 생겨나는 공현존co-presence의 감각, 즉 서로가 지금 여기 함께 있다는 감각을 강조한다. 돌봄이 관계성을 드러내고 실현하는 여러 방식들을 통해 가능해진다고 할 때, 나는 정동적 마주침까지를 관계성의 범위로 포함하고자 한다. 그래서 누군가의 신체적, 상징적 현존, 다시 말해 지금 여기 있음을 드러내는 힘이 어떻게 타인의 관심을 이끌어내고 상호 의무의 관계성이 생겨나게 하는지를 보여주려 한다. 보편적 건강보장은 모든 사람들이 필수적인 의료 서비스에 접근할 권리가 있음을 의미하지만, 공공 병원의 일반적인 운영 현실에서는 시민적 권리에 대한 승인 그 자체가 필요한 의료 서비스의 제공을 보장하지는 않는다. 오히려 병원 공간을 실제로 차지하고 기다리는 사람들만이 권리로서 공식화된 것들을 실질적으로 얻을 수 있다. 여기서 기다림은 어떤 일이 일어나도록 애쓰는 방식이 시간적으로 구체화된 형태이다(3장). 또한 현존의 감각은 죽음과 성장을 가르는 차이를 만들어내기도 한다. 크게 아픈 갓난아기는 생존을 위한 자기주장을 할 수는 없지만, 집중치료실에서 신생아 환자들은 지금 여기 있음의 감각, 다시 말해 그들의 현존 자체를 통해 쉽게 거부할 수 없는 돌봄의 관계를 강력하게 불러일으킨다(5장). 친족, 이웃, 심지어 인간이 아닌 존재들과 상호 유대를 맺거나 맺기를 기대하는 여타의 방식들은 근본적으로 여기에 참여한 이들이 얼마나 서로를 잘 느끼고 특정 방식으로 행동하게끔 이끌 수 있는지의 여부에 달려 있다(6장과 7장). 이처럼 각기 다른 영역에서 한 존재가 얼마나 잘 보이고, 들리고, 느껴지고, 상상되고, 불러내지는지에 따라 돌봄은 일어날 수도 있고, 일어나지 않을 수도 있다.

따라서 이끌어내기라는 개념을 통해 우리는 돌봄이 '제공자'와 '수용자' 사이의 이원적 관계에 국한되지 않으며, 다양한 관계와 삶의 형태, 제도, 장소, 기술, 힘이 뒤얽힌 폭넓은 집합체 내에 존재한다는 것을 이해할 수 있다. 이런 관점에서 보면 돌봄은 종속과 저항, 동의와 강압, 의존과 자율이라는 단순한 구분에 부합하지 않는다. 누군가의 돌봄을 받거나 타인을 돌보는 행위는 기존의 사회적 위계와 불평등에서 결코 자유롭지는 않지만 동시에 단순히 그것들의 지배를 받는 것도 아니다. 대신에 돌봄은 서로 무언가가 되어가는 과정 즉 상호 생성의 과정이며, 여기에 참여하는 모든 이들에게 영향을 준다. 결국 이끌어내기는 돌봄이 삶을 관장하는 힘이라는 것을, 통제와 제한의 형식으로서가 아니라 행위의 가능성을 열어주는, 다시 말해 서로에게 무언가를 행하고 할 수 있도록 그 여지를 열어주는 종류의 힘으로 작용한다는 것을 파악하게 해준다. 그렇다면 이러한 돌봄의 존재론은 권력의 전능함, 생명에 대한 지배에 근거한 통치성의 개념과 어떤 면에서 다를까? 여기서 이끌어내기가 제시하는 이론적 단서는 생명의 형식에 대해 사고하고 거기에 힘을 행사하는 방식이 달라질 수 있다는 것이다.

생명의 힘과 잠재성

진료소부터 사람들의 집, 길가의 작은 사당까지 치앙마이 전역의 다양한 의료 및 치유 현장에서 현장조사를 하면서 내가 깨달은 것이 있다. 시민이든 비시민이든, 타 지역 출신이든 마을 주민이든, 소수종족이든 등록 이주민 혹은 미등록 이주민이든, 임산부, 신생아, 장애인이든, 또는 산 사람, 죽어가는 사람, 죽은 사람이든 간에 각기 다른 형태의 삶이 서로에게 영향을 미치고 있다는 사실이다. 국적, 거주 자격, 생물학적 속성 등에 기초한 몇몇 차이들은 인구를 구분하고 표준화하는 생명정치적 국가의 장치들과 밀접하게 연관되어 있지만, 모든 구별이 다 그런 것은 아니다. 인간의 삶에서 생겨나는 각기 다른 여러 시간성과 생동성에 영향을 받는 영역도 있다.[38] 사람이 태어나고, 자라고, 쇠약해지는 역동적인 과정은 기르고 길러지는, 참고 버티어내는, 제약과 한계를 가하는, 역으로 동등함을 이루는 각기 다른 관계의 양상들과 상응한다. 삶의 다형성에 중점을 둔다면 우리는 생명정치 내부와 그 너머에서 작동하는 힘들의 다중성을 파악할 수 있다.

생명과 권력의 구성에 관한 태국 사람들과 샨 사람들의 우주론은 이국적인 문화적 배경이라기보다는 돌보는 힘의 강력함과 그 표현형들을 탐구하는 효과적인 안내로서, "살아 움직이는 세계의 혼the animacy of the lifeworld"에 대한 관념을 포괄하고 있다.[39] 여느 곳곳과 다를 바 없이, 치앙마이에서는 산 자와 죽은 자가 때때로 교통하며 인간과 인간이 아닌 존재 모두 돌봄의 관계에 끌어들여진다.[40] 여기서 이끌어내기는 인간의 삶이 어떻게 다양한 비인간 존재들에게 의존할 수 있는지를 파악하는 하나의 방식으로도 중요하다. 팀 잉골드Tim Ingold는 혼animacy을 "어느 정도 사람 같기도 하고 사물 같기도 한 온갖 존재들이 지속적이고 상호적으로 서로를 존재하게 만드는 관계의 장 전체의 역동적이고 변형적인 잠재력"이라고 정의한다.[41] 이 관계의 장에는 혼령을 비롯해 여러 부류의 비인간 존재들이 있으며, 그것들은 일정한 힘을 발휘한다. 무엇보다 혼의 영역에서 힘은 실현 그 자체의 여부가 아니라 잠재성의 형식으로 드러난다.

앞서의 병동으로 돌아가보자. 분 할아버지의 침상 밑에는 10밧 짜리 동전이 놓여 있다. 침대에 머무는 혼령에게 바치는 작은 선물이다. 댕 할머니는 이렇게 설명했다. "누가 침대에서 죽으면, 그 사람의 원얀(영적 본질)이 그 자리에 남아 있어. 그래서 그들에게 돈을 주면서 우리가 잠시 그 침대를 빌려 쓰겠다고 알리는 거야. 그러면 영이 침대를 되찾고 싶어서 환자를 빨리 낫게 해주는 거야. 침대를 혼자 차지하려고." 그날 나는 남성 병동의 18개 침상 중 6개에서 죽은 자를 위한 동전을 찾을 수 있었다. 죽은 자의 치유력이 이 소박한 의례를 통해 이끌려 나오기를 곳곳에서 기다리고 있었다. 우리는 죽은 자를 위해 바쳐진 동전이 실제로 치유의 힘을 발휘하는지 아닌지 알 수 없지만, 동전을 놓아두는 행위 자체는 거기서 어떤 힘이 생겨날 수도 있다는 것을 예비한다. 특정한 의례적 기술을 통해 어떤 힘이 이끌려 나올 수도 있다는 잠재성을 현시한다.

　병원 침대에 놓인 제의물에는 신체에 대한 이 지역 고유의 인식, 그리고 치유와 보호의 작동 원리가 함축되어 있다. 인간의 신체는 다양한 힘이 머물며 상호작용하는 경쟁의 장이다. 삶의 부침은 생명력과 비인간 존재의 움직임과 연관되어 있다.[42] 콴과 윈얀, 즉 혼을 구성하는 요소들이 제대로 몸에 붙어 있지 않으면 아프거나 다른 혼령에게 쉽게 영향을 받게 된다. 혼이 몸을 영원히 떠난다는 것은 곧 죽음을 의미한다. 사람이 죽으면 윈얀은 피(귀신, 육체와 분리된 초자연적 행위자)로 변한다. 혼령은 고통과 질병, 불행을 불러오기도 하고, 보호와 안전, 번영을 주기도 한다. 영적 존재들은 악의와 자비 모두 행할 수 있기에 양면적이다. 강력한 상급의 영령과 신령들은 생명과 장소의 주인으로서 인간과 비인간 존재의 일에 관여한다.[43]

　이런 혼령 개념은 태국과 샨의 문화 전통에서, 더 일반적으로는 동남아시아에서 널리 발견되는 권력에 대한 주요한 사고를 반영한다. 권력은 단순히 직접적인 지배를 행사하는 힘이 아니다. 가능하게 하는 것이자 잠재태로 존재하는 것이다. 특정 소리나 단어, 이미지, 사물, 장소 등에는 다양한 힘이 깃들어 있다. 세계의 살아 있음을 전제하는 지형학에서는 이러한 다종의 힘들이 안전과 번영, 육성과 베풂의 원천으로 작동하게끔 잘 이끌어내는 것이 중요하다.[44] 샨 불교에 관한 니콜라 타넨바움Nicola Tannenbaum의 고전적 연구는 태국 북부의 믿음 체계에서 보호의 형식으로 등장하는 권력 개념이 종교적 교리와 문화적 관습의 주요 줄기라는 걸 잘 보여준다. 여기서 권력은 관계의 장에서 당겨지고 밀쳐지는 수동적인 형태의 힘으로 인식된다. 위험을 물리칠 수 있는 강력한 존재, 신령스러운 존재들만 권력을 지닌 게 아니라 취약한 인간이나 하급 영들처럼 상대적으로 약한 존재들도 권력을 발휘할 수 있다. 약한 존재들은 더 큰 권력, 즉 보호를 제공할 수 있는 존재들과 유효한 관계를 맺음으로써 힘을 얻을 수 있기 때문이다.[45] 역사학자 크레이그 레이놀즈Craig Reynolds는 이러한 불교 전통에서 드러나는 보호하는 힘에 대한 강조와 권력의 잠재적 속성 사이의 관계를 주의 깊게 살피면서, 권력이 "물체나 행위자의 고유한 속성이 아니라 가능성으로 존재하는, 생성 중인, 아직 실현되지 않은" 상태로 여겨질 수 있다는 점을 강조한다.[46] 이와 같은 힘의 존재론에서 혼령이 발휘할 수 있는 보살핌과 해악은 미리 정해진 것이 아니라 현실에서 실현되면서 끊임없이 재구성된다.

이러한 혼의 역학, 즉 생을 관장하는 힘이 수동성을 띤 것으로 혹은 미정의 잠재성으로 등장하는 역학을 자세히 살펴본다면, 우리는 국가권력의 발현과 생명정치의 형성에 대해 이전과는 사뭇 다른 통찰을 얻을 수 있다. 지금까지 동남아시아를 연구하는 여러 학자들은 권력에 대한 다양한 문화적 개념들의 중요성에 주목하면서, 특히 농촌의 정치사회와 중앙정부의 개발 사업 간의 관계를 규명하면서 국가가 번영과 수탈의 이중적 잠재성을 띤 힘의 장으로 등장하는 양상에 주목한 바 있다.[47] 마치 혼령의 힘이 그러한 것처럼 국가권력의 속성도 가변적이어서, 상황에 따라 파괴적인 힘을 발휘할 수도 혹은 역으로 보살피고 보호하는 힘의 성격을 띨 수도 있다. 결국 어떻게 국가로부터 보살피는 힘을 이끌어내고 구체화할 것인가가 사람들이 일상의 영역에서 정부 기관들을 대할 때 중요한 고려 사항이 된다. 즉, 복지와 의료는 단순히 국가가 인구군을 통제하기 위해 활용하는 기술적 개입의 장이 아니라 국가라면 마땅히 지녀야 한다고 여겨지는 국민에 대한 의무가 실질적으로 실현될 수 있도록, 보호와 증진의 방향으로 그 힘이 이끌어내져야 하는 유도의 영역이라고 할 수 있다.

　태국 북부의 문화적 세계가 알려주는 권력과 보호, 치유에 관련된 고유한 원리는 돌봄의 개념을 새롭게 구성할 수 있는 가능성을 열어준다. 돌봄은 생명정치적 지향에 따라, 즉 생명을 향해 일방적으로 작용하는 힘이 아니라 사람들 간에, 더 넓게는 다른 생명 형식들과의 관계와 상호작용에서 일으켜내지는 힘이라고 상상해볼 수 있다. 돌보도록 이끄는 일은 작은 몸짓의 형태로 표출되는 요청일 수 있지만 이는 "생명을 출현하게 하는, 서로 다른 존재들끼리 상호작용하는 양태"의 중요한 양상이다.[48] 이 책이 공들여 그려내고자 하는 돌봄의 풍경들, 무언가 일어나기를 애써 기다리고, 어리고 미약한 생명을 키우고, 다른 삶을 꿈꾸고, 그리하여 이전과는 다른 무언가가 되어가는 모습들은 돌봄의 대상이 생을 내려다보며 통치하는 힘의 산물로서만 등장하는 게 아니라, 자신을 둘러싼 다양한 인간, 비인간 행위자들이 돌보도록 이끄는 힘의 작용원이기도 하다는 점을 보여줄 것이다.

돌봄의 여러 자리

이 책의 여러 이야기들은 내가 어디로 어떻게 가야 할지 길을 헤매는 과정에서 발견한 것들이기도 하다. 나는 반팻 병원이라는 곳에서 만난 환자들이 앓는 질병의 궤적을 알아가는 데서부터 조사를 시작했고, 병원에서 집으로 또는 그 반대로 내가 만난 사람들의 여정을 뒤쫓았다. 결국 나는 공공 병원의 작동을 결정하는 두 영역, 즉 의학과 관료주의의 메커니즘을 이해하는 데서부터 출발하여 아픈 사람들이 찾는 장소들, 치유의 효력이 있다고 알려진 영험한 장소들과 보호의 힘이 있다고 여겨지는 사물들이 등장하는 경로에까지 닿게 되었다. 그리고 이 복잡한 돌봄의 회로망에 예상치 못한 여러 힘들이 숨겨져 있다는 것을 알게 되었다.

따라서 이 책은 반팻 병원을 중심점으로 삼아 치앙마이 지역의 대략적인 지형을 설명하면서 이와 연결된 다른 장소들로 이동한다. 2장에서는 병원의 하루 일과를 통해 이곳을 드나드는 사람들의 흐름을 보여주고자 하였다. 이 지역에서 공공 병원이 운영되는 방식은 가난하고 주변화된 사람들이 국가가 제공하는 의료 서비스에 어떻게 접근하고 의지할 수 있게 되는지를 들여다보는 렌즈가 되어준다. 중앙화된 보험 제도의 일환으로 보편적 건강보장은 누가 적합한 수혜자로 어떤 혜택을 받을 수 있는지를 전국적으로 동일하게 정하여 그 기준을 의료기관에 부과한다. 그러나 반팻 병원의 직원들은 이런 관료적 규칙을 무조건적으로 따르기보다는 환자들에게 필요하다고 생각되는 돌봄을 제공하기 위해 변용의 여지를 찾아내고자 하였다. 생명정치 메커니즘 안에서 발휘될 수 있는 권력이 두 가지 잠재성, 즉 돌봄과 배제를 모두 포함한다고 할 때, 반팻 병원의 종사자들은 이상적인 국가라면 제공할 만한 형식의 돌봄, 즉 도움이 필요한 이들 모두에 대한 일정한 책임을 실현하고자 하였다. 이러한 지향 속에서 지역의 공공 병원은 정부를 위해 복무한다기보다 스스로 다스리고 보살피는, 즉 고유한 주권 권력을 발휘하는 하나의 정부로서 작동한다.

여기서 공공 병원 종사자들이 직면하는 난관은, 모두에게 의료 서비스를 제공하려고 해도 이를 실제로 행하는 일은 재원의 부족으로 인해 지연될 수밖에 없다는 점이다. 이러한 맥락에서 이상과 현실 사이의 격차를 메꾸는 일은 병원 종사자들과 이용자들 모두의 부담이 된다. 3장 「기다리는 힘」에서는 고마움에서부터 좌절, 불만, 경원, 부채감에 이르기까지 병원에서 생겨나는 다양한 정동의 스펙트럼을 추적한다. 이런 정동적 반응들은 무상에 가까운 의료 서비스가 어떻게 갚을 수 없는 선물 혹은 빚으로 경험되는지를 보여준다. 동시에 공공 병원을 둘러싼 대중의 평가, 특히 불평불만과 날선 촌평은 정치적 정당성과 그에 요구되는 의무의 구성에 대한 사람들의 이해 방식에서 탁신 친나왓 전前 총리와 왕실의 아우라가 어떻게 환기되는지를 드러낸다. 권력에 대한 직관적 이해가 생겨나는 상호주관성의 영역에서, 국가의 지원은 단지 무료로 주어지는 게 아니라 도덕적 의존과 자율을 정동적으로 감지하는 과정 속에서 조심스럽게 이끌어내지는 것이다.

의료에 대한 보편적 접근을 지역에서 실현하는 과정에서, '누

돌봄이 이끄는 자리

가 과연 돌봄의 정당한 대상인가?'라는 질문은 특히 더 중요하다. 보편적 건강보험이 기반하는 관료제적 틀은 그 적용 범위를 합법적 태국 시민으로 제한하고 있지만, 치앙마이에는 국민국가의 구성원으로서 그 소속이 문제시되지만 돌봄과 치료가 필요한 많은 사람들이 있다. 대륙부 동남아시아의 중요한 국경지대인 이 지역의 가장 큰 특징은 여러 다양한 종족이 함께 섞여서 살아간다는 것이다. 콘므앙, 샨, 카렌, 몽, 아카, 리수 등으로 서로 구별되는 종족 집단들이 국민의 일부를 이루며 혹은 그 지위를 부정당하며 함께 살아왔다.[49] 이지역에서 주목할 만한 변화는 1990년대 이후 미얀마에서 온 많은 샨 사람들과 버마 사람들이 등록 또는 미등록 이주민의 지위를 부여받기 시작했다는 것이다. 세계화된 태국 경제가 미얀마의 군사적 분쟁 지역에서 가혹한 폭력을 피하고자 하는, 또 경제적 기회를 찾아 떠나야 하는 절박한 사람들을 끌어들이고 있기 때문이다.[50] 이런 맥락에서 반팻 병원은 접경 지역에 바로 위치하고 있지는 않지만 계절에 따라 이동하는 노동자들, 출생증명이 없어 국적을 부여받지 못한 소수종족민들, 이 밖에 여타의 시민권이 없는 사람들에게 의료서비스를 제공하는 최전선으로 기능하고 있다. 공적 의료 서비스에 의존할 수밖에 없는 여러 가난한 비시민 체류자들 가운데 특히 샨 여성들은 자격의 경계를 넘어 필요한 자원을 이끌어냄으로써 보편적 접근의 지형을 바꿔나가는 주인공들이다.

4장 「존재를 새겨넣기」에서는 샨 이주민 여성들이 공공 병원의 산전진료실을 더 많이 찾는다는 사실에 초점을 맞추어, 태아와 산모를 위한 통상적인 산부인과 진료에서부터 인간과 시민 사이에 간극이 생겨나는 과정을 조명한다. 이주 여성들은 임신과 출산 과정에서 산전검진 제도를 적극적으로 활용하며, 이를 통해 지역 병원에, 더 나아가 국가를 상대로 존재 인정과 시민권에 대한 요구를 가능하게 하는 서류들을 확보해나간다. 여기서 만들어지는 여러 문서들의 법적 효력은 불분명하지만, 그럼에도 불구하고 입증과 등록이라는 생명정치적 과정 그 자체가 어떻게 예상치 못한 존재의 영역을 만들어내는지를 확인할 수 있다. 산전진료실의 간호사들과 산 여성들은 일종의 동맹 관계를 형성하며, 이 협력의 틀 속에서 비시민권자인 이주 여성과 태아는 정당하고 바람직한 돌봄의 대상이 된다. 신중하고 꼼꼼한 기록 작업의 결과물로 등장하는 출생 서류들은 소속의 권리가 없다고 여겨지는 이들이 어느새 국가의 보호 영역 내에 미약하지만 깊이 뿌리내리고 있음을 증명한다.

갓 태어난 존재들 역시 돌봄을 이끌어내는 힘을 구체적으로 보여준다. 5장 「여린 삶, 어린 죽음」에서는 위독한 신생아를 위한 집중치료가 어떻게 조직되는지 살펴본다. 치앙마이의 만성적인 신생아 집중치료실 부족에 대응해, 반팻 병원은 부모의 법적 지위와 관계없이 모든 신생아에게 치료를 제공하기 시작했다. 삶과 죽음의 경계 문턱에서 미숙아들은 생명을 유지시켜주는 돌봄에 전적으로 의존할 수밖에 없는데, 여기서 우리는 생명권력의 특이한 발현을 목격하게 된다. 나는 극도로 취약한 환자를 전적으로 책임지게 된 의료진의 노력에 주목하면서, 집중치료를 중단하는 것, 그리하여 죽게 두는 일 역시 여린 생명을 기르는 데 필수적인 일이라는 점을 보여주려 한다. 죽음으로 이끄는 일 역시 여린 생명을 먹이고, 입히고, 미약한 기능을 보조해주는 일처럼 긴밀한 개입을 지속적으로 필요로 하는 관계적 성격을 띠고 있음을 보여주려 한다. 새로 도래한 이에 대한 무조건적인 받아들임과 신중한 거리두기가 조합된 이런 특수한 관계 방식은 환대의 실천으로 돌봄을 바라보는 데 중요한 통찰을 제공한다.

샨 여성들의 임신과 육아 경험은 주변화된 이주민 여성들이 감당해야 하는 돌봄의 고됨을 다시 생각하게 만든다. 6장 「집에서의 투쟁」에서는 자신과 가족을 위한 젠더화된 노동에 내포된 불확실성, 위험, 고통, 희망을 이야기한다. 이 장에서는 가난과 폭력에 노출된 환경에서 벌어지는 샨 어머니들의 투쟁을 통해 출산과 육아, 임금노동이라는 다중 부담이 여성들의 건강과 기본적인 안전을 어떻게 위협하는지를 그려낸다. 이들의 투쟁에서 모성 실천은 돌봄을 이끄는 방식에 따라 각기 다른 형태를 띤다. 자신의 몸과 영혼, 어린 자녀와 가족을 보살피기 위한 여성들의 분투 속에서 집은 변화와 치유, 증진의 가능성이 생겨나는 삶의 실험실이 된다.

서로 다른 삶의 형식들이 어떻게 상호작용하는가 하는 질문은 7장 「인간 너머의 돌봄」에서 더 자세히 탐구한다. 이 장에서는 병원과 환자의 집, 사당을 서로 연결하는 지역의 고유한 돌봄 회로망을 드러내고, 여기서 신령에게 내재된 힘을 활용할 수 있는 가능성이 어떻게 생겨나는지를 탐색한다. 신령을 모시는 사람들의 서사와 제의 기술을 통해 신앙이 인간적 삶의 유지와 증진에 어떤 중요성을 갖게 되는지 이해할 수 있다. 신령의 보호력을 불러내기 위한 이들의 시도를 비중 있게 다룸으로써 나는 어떤 대상을 믿고 의지하고자 하는 기원이라는 일상적 장르가 돌봄을 이끌어내는 일의 상상적 측면을 구성한다고 주장한다. 이는 신령이 실재하지 않는다는 의미에서가 아니라, 믿음이 삶에 대한 성찰의 영역과 분리되지 않으며 돌봄은 상상력을 발휘하는 행위이기도 하다는 점에서 그러하다. 사람과 혼령들 사이의 잠정적이지만 분명히 느껴지는 연결감은 삶의 우연성과 취약성에 근거하는 잠재태로서 돌봄의 힘을 증거한다.

마지막 장에서는 앞서 살펴본 돌봄이 유도되고 생겨나는 다양한 방식을 종합하고, 분배 정치라는 더 넓은 차원에서 이끌어내기의 정동과 실천이 어떤 중요성을 가질 수 있는지 논의한다. 돌봄을 이끌어내는 일은 어쩌면 착취에 기반한 지배적인 정치 질서에 저항하는 가장 손쉬운 방법은 아닐 수 있다. 그러나 이끌어내기의 동학은 누구와 무엇을 어떻게 왜 나눌 것인가라는 질문 앞에서 가치 있게 여겨지는 삶의 형식과 존재감을 다양화하고, 구조적 취약성을 강제하는 지배 규범과 긴장을 유발하며, 타자들 간에 서로의 필요에 응답하는 순간을 증대시킨다는 점에서 더없이 강력하다.

∞

이 책에 강점이 있다면 그건 아마 사람들의 삶과 그 궤적을 차근히 따라가면서 돌봄의 풍경을 익숙하고도 낯설게 그려내려고 시도한다는 점일 것이다. 그러나 이 과정에서 번역과 의사소통의 어려움을 피할 수 없었다. 태국의 북부 지역은 여러 언어와 종족 정체성이 공존하는 곳이며, 많은 지역 주민들이 나와 대화하기 위해 북부 태국어에서 중부 태국어로, 샨어에서 태국어로 표현을 바꾸는 애를 써야만 했다.[51] 여러 말들을 부족하게나마 익히고 이해할 수 있게 되기까지 여러 사람들의 도움을 받았고, 특히 현장연구 기간 동안 함께 지낸 두왕랏 식구들에게서 많은 도움을 받았다. 무엇보다 치앙마이대학교의 출중한 학생 연구자들로부터 많은 도움을 받았다. 인터뷰는 대부분 내가 직접 했지만, 이주한 지 얼마 되지 않아 태국어를 잘 모르는 이들과의 인터뷰는 영어를 구사하는 샨 연구자들의 도움을 받았다.

부족한 언어 능력으로 인해 나는 대화의 많은 부분들을 흘리고 놓칠 수밖에 없었다. 현장연구 중에 일어난 대부분의 사건은 일부만 겨우 이해할 때가 더 많았고, 어떤 이야기들은 다른 맥락에서 다시 접하거나, 뒤늦게라도 설명을 해줄 사람이 나타날 때까지 한참을 기다려야 그 내막을 이해할 수 있었다. 병원에서의 주요 방법론은 현장에서 보고 들은 것을 부지런히 기록하는 것이었는데, 무슨 일이 일어났는지 의료진이나 환자, 또는 보호자가 시간을 내어 다시 설명해줄 때까지 오래 기다려야 하는 경우가 더 많았다. 이 책에 인용한 대화는 그대로 받아 적은 것이라기보다는 내가 듣고 이해한 구절들을 여러 번 반복해서 확인한 조합에 가깝다. 이렇게 되묻고 되짚는 일련의 과정 속에서 미처 몰랐던 사건들이 부분적으로, 때로는 강렬하게 드러났고 이야기를 들려준 사람들의 삶에도 연결될 수 있었다. 여러 언어의 경계를 넘나드는 일에서 불확실성과 불완전함을 피할 수 없다고 할 때, 그나마 이야기의 큰 줄거리를 찾아가는 일은 의미의 조율과 조합을 가능하게 해주는 거의 유일한 방식이었다.

문화기술지가 전하는 이야기들은 따라서 제도와 현상에 대한 객관적 평가가 아니라 구체적 조건에 근거한 다중의 경험들을 기록하고 이에 대한 지식을 생산하고자 하는 시도라고 할 수 있다. 내가 이 프로젝트를 위한 현장연구를 처음 시작한 때는 보편적 건강보험이 전국적으로 도입된 지 8년이 지난 2010년으로, 중앙에서 도입된 제도와 입법의 변화가 지역 차원에서도 완전히 시행된 한편 제도 도입 이전 시기의 기억이 여전히 대중에게 남아 있던 때였다. 현장연구는 태국 사회의 심각한 정치적 양극화와 그 직후의 여파가 남아 있던 시기인 2010년부터 2012년 사이에 총 18개월 동안 집중적으로 실시했다. 그리고 2014년, 2015년, 2016년에 다시 태국을 찾아 제도의 변화가 국가와 지역민들의 관계에 어떤 돌이킬 수 없는 변화를 일으켰는지 지속적으로 추적하였다.

연구 초기 단계에서 나의 목표는 마을에 직접 살면서 지역사회와 병원의 관계를 파악하는 것이었다. 연구 현장을 물색하기 위해 치앙마이 소재의 14개 공공 병원을 방문하였는데, 반팻 병원은 위치와 규모 면에서 이상적이었다. 사실 현장의 선정에서 더 중요하게 작용한 점은 이 병원에서 20년 넘게 근무한 선임 간호사가 내 연구에 보여준 호의였다고 할 수 있다. 병원 경영진을 소개시켜주고 근처 마을에도 자리를 잡도록 도와주셨다. 본격적인 참여관찰 연구를 시작하고 나서야 반팻 병원이 의료의 평등한 접근에 특히나 의욕이 높은 곳이라는 걸 알게 되었다. 병원이 외부인의 연구 활동을 허가하고 운영의 모든 측면에 접근할 수 있도록 승인했다는 사실이 어쩌면 소속 근무자들의 자신감을 이미 입증했다고 할 수 있을 것이다.

이 책 전반에서 나는 반팻 병원과 그 인근에서 만난 사람들의 경험에 초점을 맞췄으며, 나의 한정된 시야가 태국의 공공 의료 체계라는 더 넓은 지형의 일부만을 담고 있다는 걸 염두에 두려고 하였다. 반팻 병원 나름의 성공과 실패를 기록해나가면서 내가 목표로 삼은 것은 이곳을 태국의 의료를 대표하는 전형으로 제시하는 것이 아니라, 이 병원의 특이성과 더불어 돌봄의 고유한 구조를 형성하는 공통 논리를 조명하는 것이었다. 병원 혹은 연구참여자의 실명이 공개될 경우 혹시 생길지 모르는 악영향을 방지하기 위해서 사람과 기관의 이름은 모두 가명으로 바꾸었고 세부 식별 정보를 수정했다.

최악을 고발하기보다는 가능한 최선의 돌봄을 제공하고자 하는 사람들의 이야기를 전하는 것이 내가 이 책에서 내린 해석적 선택이자 정치적 결정이라고 할 수 있을 것이다. 나는 국가, 병원, 의료진, 부모, 이방인, 혼령 등 매우 상이한 행위 주체와 단위들이 돌봄이라는 삶의 지속을 위한 회로망 안에서 서로 연관되는 양상을 그려내고자 하였다. 각 장에서는 이 각기 다른 힘들이 보살피고 다스리는 일상의 장면들을 어떻게 채우고 있는지, 어떻게 문제를 고쳐나가고, 바라고, 적응하고, 급한 대로 헤쳐나가며, 관계를 형성하고 또는 끊는지, 즉 삶에 중요성을 부여하는 여타의 일들을 어떻게 해나가는지를 조명한다. 이 문화기술지에서 나의 목표는 변화하고 생성하는 돌봄의 잠재력을 포착하는 것이다.

2장

병원이 정부와 같다면

지역 거점 병원

치앙마이의 유서 깊은 중앙시장에는 반팻 병원으로 가는 미니버스가 있다. 버스 노선은 두 개다. 옛 노선은 핑강을 건너 도시를 에두른 고속도로를 지나, 좁은 2차선 도로를 달리면서 벼농사를 짓는 마을들, 작은 시장들, 소읍의 상점가를 지난다. 그보다 빠른 새 노선은 사뭇 다른 교외의 풍경을 스친다. 드라이브스루 맥도날드, 일본과 한국에서 수입한 물건을 파는 근사한 슈퍼마켓 체인점, 가든 레스토랑, 영어 유치원, 미얀마에서 온 이주 노동자들이 가득한 공사장, 새로 지은 콘도미니엄. 이런 풍경이 날로 확장 중인 치앙마이 교외의 특징을 단적으로 보여주며 4차선 고속도로 양쪽을 따라 흩어져 있다. 이 두 개의 노선은 도시의 끄트머리이자 농촌의 중심지인 한 곳에서 만난다. 읍내의 활기 넘치는 신선식품 시장과 자치단체 청사(테사반)를 지난 후 치앙마이 주 북부로 이어지는 1001번 도로와의 교차로를 벗어나면 곧바로 주변에서 고즈넉함과 고요함이 느껴진다. 그 도로 옆쪽으로 먼지가 날리는 작은 길을 따라가면 병원이 나온다.

　반팻 병원은 도시와 시골의 경계선에 자리 잡고 있다. 치앙마이 시와 주변 마을의 지리적 변화는 오늘날 태국에서 전통적인 도농 구분이 모호해진 사회경제적 변화를 반영한다.[1] 병원을 둘러싼 지역은 여지없는 시골이지만, 병원 자체는 도시에서 불과 25킬로미터 거리에 있다. 주변에는 전통적인 벼농사를 짓는 마을들이 있고 사람들은 스스로 콘 반녹(촌사람)이라 부르지만, 많은 주민이 일상적으로 새 도로를 이용해 교외의 학교, 일터, 가게에 간다. 편리해진 교통으로 인해 이제 준도시 지역은 부유한 사람과 가난한 사람, 오랫동안 터전을 일궈온 주민과 새로 이주한 사람들을 모두 품을 수 있게 되었다.

그리고 정부가 제공하는 의료 서비스를 받고자 하는 지역 주민들이 반팻 병원을 찾는다. 도시와 가까운 지역이기 때문에 사실 이곳 주민들에게는 의학적 치료를 받기 위한 선택지가 많다. 의원이나 민간 병원도 여럿이다. 외국인 환자를 위한 통역을 제공하며 "국제"를 표방하는 병원들이 있는가 하면, 에어컨이 완비된 것은 물론 심지어 도어맨까지 있는 으리으리한 민간 병원도 많다. 민간에서의 치료 비용을 감당할 수 있는 사람에게는 선택의 폭이 넓다. 지불 능력, 고용 형태, 현대적이고 도시적 생활방식에 대한 태도, 공공 및 민간 의료 시스템에 대한 인식, 질병의 상태와 긴급성 등 모든 것이 어디서 의료 서비스를 받을지 선택하는 데 영향을 준다. 그러나 반팻 병원의 분주한 정경은 이 지역 주민의 대부분이 정부가 제공하는 공공 의료 서비스에 의존한다는 걸 보여준다.

과거 이 지역에서 유일한 의사가 살던 나무 기둥으로 된 작은 집을 기억하는 인근 마을의 나이 많은 농부들은 반팻 병원과 주변 마을의 전반적인 발전에 관해 들려줄 이야기가 많다. 지금은 마을의 작은 도로까지 다 포장되어 있고, 군청에서 운영하는 쓰레기 수거 트럭이 1주일에 한 번씩 오며, 보건소는 입원 병동을 갖춘 2층짜리 콘크리트 건물로 바뀌었다. 1980년대 말 나무로 지어진 작은 보건소였던 이곳은 이제 60개 병상 규모에 응급실과 3대의 구급차, 심지어 신생아 집중치료실까지 갖춘 어엿한 지역 거점 병원이 되었다. 의료진의 규모 역시 증가해 1990년에는 의사가 1명뿐이었지만 2012년에는 의사 8명, 치과 의사 1명, 약사 5명, 간호사 53명이 함께 일한다. 이 작은 병원의 역사는 태국의 공공 의료 시스템이 지난 20년간 이룬 놀라운 발전을 증명한다.

2002년 전국적으로 시행된 보편적 건강보험이 이러한 도약의 전기가 되었다. 정부 재정에 기초한 의료보험 제도의 도입은 이전까지 아무런 의료보험이 없었던 이들을 모두 포함하여 포괄적인 혜택을 제공했고, 특히 가난한 이들의 의료 서비스 접근성을 개선했다. 보편적 건강보험은 일차의료는 물론 항암치료나 심장 수술과 같이 상대적으로 복잡도가 높은 내외과적 치료, 정신질환 약물 처방까지를 포함하는 광범위한 외래 및 입원 서비스를 제공한다.[2] 이러한 전환을 성공적으로 안착시키는 데에는 농촌 지역의 공공 병원들이 중요한 역할을 했다. 보편적 건강보험의 혜택을 받는 빈곤 인구의 대부분이 농촌 지역에 살기 때문이다.[3]

2012년까지 반팻 병원은 이 지역에 거주하는 11만 4000명에게 의료 서비스를 제공하고 있었다. 12개 읍과 126개 면 단위 마을을 관할하는 지역 거점 병원으로, 보건소 13곳을 관리한다. 태국의 공중보건 부문은 지역 행정에 따라 세분되어 있다. 군 단위(암퍼) 지역마다 일차의료 서비스를 담당하는 거점 병원이 있고, 그보다 상위인 주(짱왓)마다 이차 및 삼차 의료를 담당하는 주립 병원 혹은 대학 병원이 있다.[4] 이런 구조에서 지역의 공공 병원은 중앙 행정기관인 보건부와 지역사회를 연결하는 중간기관이라고 할 수 있다. 지역

의료 시스템이 있었기 때문에 전국적으로 보편적 건강보험의 확장이 가능했는데, 이는 동시에 지역 거점 병원이 태국의 행정 배열에서 핵심적인 일부라는 것을 뜻하기도 한다. 지역의 공공 병원은 관공서, 경찰서, 우체국처럼 지방정부를 구성하는 데 꼭 필요한 기관 중의 하나이다.

반팻 병원은 많은 인구를 담당하는 데에 비해 외관은 초라하다. 아주 가끔 젊은 시간제 의사들이 주차장에 메르세데스 벤츠를 주차하기도 하지만, 병원 진입로는 대체로 스쿠터와 낡은 픽업트럭으로 붐빈다. 후문 콘크리트 기둥에는 교통편이 필요한 사람들을 위해 툭툭 기사인 느엉 아저씨의 전화번호가 휘갈겨 쓰여 있다. 병원 주변의 허름한 몇몇 가게에서는 포장 음식과 일상용품을 팔고, 선지를 넣은 칼칼한 국물이 유명한 작은 국수 가게가 노상에 하나 있다. 정문 주변 여기저기 흩어져 있는 행상들이 병원 방문객에게 먹을거리를 판다. 아침 식사를 거른 사람들을 위한 돼지고기 구이 가판대, 오후의 방문객을 위한 코코넛 아이스크림 손수레, 야간 근무조 간호사와 늦은 시간의 문병객을 위한 뚜이 아주머니의 튀김 가판대도 있다. 2층짜리 콘크리트 건물인 병원 본관에는 입원 병동, 외래 진료실, 분만실, 응급실, 약국 등이 자리하고 있다. 그 옆의 단층건물인 별관에는 치과, 물리치료실, 정신과 환자 상담실이 있다. 조리실과 세탁실, 병원 직원용 숙소는 본관 뒤편에 별도로 자리한다. 숙소와 병원 사이의 작은 정원에는 상량신과 토지신(짜오 티)을 위한 사당을 정성스레 꾸며놓았다.

사람들이 오가는 흐름은 병원의 하루 일과에 따라 바뀐다. 오전 7시부터 외래 대기실에 환자들이 들어오기 시작하고, 간호조무사들은 환자의 체온과 혈압을 확인하느라 분주하다. 8시가 되면 대기실이 이미 만원이라 빈자리가 없을 지경이다. 이쯤 되면 간호사들은 대기자들이 시간을 때울 수 있게 음악에 맞춰 간단한 스트레칭 체조를 선보인다. 우는 아기를 데리고 온 젊은 엄마, 반바지에 슬리퍼를 신은 농부, 젊은 샨 부부, 지팡이에 의지한 노인, 치과 검진을 위해 학교를 빠지고 온 교복 차림의 소년 소녀들이 간호사들의 구령에 맞춰 같이 몸을 움직인다. 음악이 끝날 때쯤이면 의사들이 진료실에 도착하고 병동에서 아침 회진을 돌기 시작한다. 보통 4, 5명의 일반의와 가정의가 하루에 300명 정도의 외래환자를 진료한다. 병원은 대기실에 가득한 사람들과 함께 바쁜 하루를 시작하고, 외래가 문을 닫는 늦은 오후에 잠깐 조용해진 다음, 응급실에 길게 대기줄이 늘어서는 자정이 지나서야 하루가 끝난다. 어느 날에는 작은 응급실로 구급대원들이 교통사고 환자들을 싣고 온다. 어느 밤에는 환자들이 시내의 큰 병원으로 이송되기도 전에 여기서 죽음을 맞는다. 어느 밤에는 취객들이 병원 주차장을 배회하고, 아이가 태어나기를 기다리는 아버지가 밤새 분만실 앞을 지키기도 한다.

∞

쉴 새 없이 돌아가는 하루 일과와 사람들의 끊임없는 흐름은 치앙마이 시 외곽에 위치한 반팻 병원의 활력을 말해준다. 이 장에서 나는 이곳에 정부의 역할이라는 가치 규범이 어떻게 자리 잡고 있는지에 초점을 맞추려 한다. 병원은 감독, 규율, 통제가 주를 이루는 전형적인 장소로, 이곳에서 의료는 인구의 통치를 위해 활용 가능한 하나의 메커니즘에 다름 아니다.[5] 미셸 푸코의 통치성 governmentality 개념은 특히 의학에 기반한 기관들을 권력의 중심 현장으로 이해하는 데 큰 도움이 되지만, 최근의 의료인류학 연구들은 생명권력 체계에 내재한 불안정성을 날카롭게 드러낸 바 있다.[6] 정부의 다양한 정책 기조들이 병원에 적용되지만, 병원의 일상 업무에서는 정책의 효능보다는 불안정성과 불충분함, 균열이 더 크게 부각되기도 한다. 실제로 지역 거점 병원은 행정기구로서 정부 시스템의 한 부분을 이루지만, 각각의 병원들은 나름의 독특한 이해 방식과 목표, 기능과 업무 수행 방식을 갖추고 있다.[7] 반팻 병원 역시 전 세계의 가난한 지역에 있는 많은 의료기관들이 그러하듯, 완전히 아무 기능도 못 하는 실패의 현장도 아니며 그렇다고 최첨단 의학의 대표적인 모델도 아니다. 이 소박한 지역 병원은 그 나름의 한계와 능력치로, 생명을 관장하는 힘의 궤도를 불완전하게나마 확립해나가고 있다.

다음에서 나는 돌봄을 행하는 정부가 어떻게 이곳에서 구체적으로 그 모습을 나타내는지를 보여주려 한다. 여기서 나는 "정부"라는 표현을 "사람들을 관리, 규제, 지원하기 위해 확립된 일군의 절차와 수행되는 조치들"이라는 넓은 의미로 사용한다.[8] 반팻 병원은 국가행정의 한 지역 단위이지만, 다스리고 돌보려는 열망을 기관 내부에 통합함으로써 주어진 기능 이상의 일을 하기도 한다. 반팻 병원이 만들어온 제도적 문화는 국가와 의료에 부여된 규범적 측면이 병원 직원의 일상적 실천과 어떻게 결합되는지를 탐구하게 해준다. 병원 관계자들이 정부의 작동에 대한 특정한 전망을 실현하려고 할 때, 이는 그저 정량화가 가능한 개선과 개입의 대상으로서 인구군을 규율하고 산출하는 일련의 조치를 적용하는 문제만이 아니다.[9] 이와는 다른 결의 생각과 실천을 통해 정부의 책임성이 구체화되기도 한다. 위기에 처한 취약한 삶에 대응하는 것, 자원을 최적화하고 아끼는 대신 오히려 돌봄의 대상을 확대하는 것과 같은 일이 외려 정부라면 마땅히 해야 하는 의무를 이행하는 수단으로 나타나기도 한다. 나는 자원 부족을 늘상 겪는 혼잡한 병동에서 출발해 병원장의 포부를 들어보고 간호사들과 함께 마을 방문을 나가보기도 하면서, 돌봄의 의도와 실천이 어떻게 특정한 정부 형태를 만들어내는 힘을 발휘하는지 들여다볼 것이다.

일반 병동: "계속 돌봐야죠!"

2012년 6월 어느 날 오후 4시의 남성 일반 병동. 에어컨이 없는 병동은 평소처럼 환자들이 가득했다. 간호사 3명과 간호조무사 2명이 24개 병상과 1인실 4곳을 돌아보느라 바빴다. 나는 6번 병상 옆에 서서 병문안을 온 가족들과 이야기를 나누고 있었다. 6번 병상에서는 만성폐쇄성폐질환 환자인 72세의 여성 노인이 매일 24시간 착용해야 하는 산소 투여용 코 튜브를 빙빙 돌리고 있었다. 여성 병동이 이미 꽉 차서 어쩔 수 없이 남성 병동으로 내려온 경우였다. 폐

암을 의심한 담당의는 아침 회진 때 추가적인 치료를 위해 더 큰 병원으로 진료를 의뢰해 전원하는 방법도 있다고 권했지만, 딸과 나머지 가족들은 나이가 많은 환자를 다른 곳으로 보낼 생각이 없었다. 시내까지 환자를 보살피러 가는 데 드는 교통비가 만만치 않기 때문이었다. 가족들은 더구나 수술이나 화학요법으로 큰 차도가 있으리라고 기대하지 않았다. "이 병동이 우리에겐 두 번째 집이나 마찬가지야." 노인 환자의 딸이 싱긋 웃으며 나에게 말했다. "엄마의 호흡곤란이 심해지면 언제든 달려올 수 있잖아, 한밤중이라 해도. 간호사와 의사들 모두 우리 가족을 아주 잘 알고. 우린 정말 운이 좋은 거야." 노인은 이전부터 이 병동을 자주 찾던 환자였고, 보편적 건강보험 덕분에 가족들은 할머니가 더 자주, 길게 입원해도 병원비를 걱정할 필요가 없었다.

6번 병상 맞은편에는 께 아저씨가 누워 있다. 42세의 샨 이주민이자 아버지인 그의 옆에는 걸음마를 하는 딸과 아내가 있었다. 께 아저씨는 기운이 전혀 없어서 내게는 눈으로만 인사했다. 그는 전날 악성 간암 진단을 받았다. 말기 암 환자에게 완화치료를 권고하는 주립 병원의 진료의뢰서를 가지고 막 이 병동으로 돌아온 터였다. 빨대로 오렌지 주스를 겨우 마시는 상태였지만, 그의 친척과 이웃들은 먹을 것을 잔뜩 싸들고 그를 보러 왔다.

나는 가족과 병동 간호사들의 도움으로 께 아저씨의 치료 경과를 되짚어볼 수 있었다. 가족들은 그가 5개월 동안 일을 나가지 못할 정도의 심한 복통과 무기력증을 겪었다고 했다. 치료를 해보려고 반팻 병원에 주로 왔고 다른 의원이나 전통 치료사를 찾아간 적은 없었다. 외래 방문 기록에 따르면 그는 복통을 호소하며 한 달 사이 다섯 번이나 병원을 찾았지만 아무도 그의 상태가 얼마나 위중한지를 감지하지 못했고, 진통제와 위궤양 약을 처방받았을 뿐이다. 마지막 외래 방문 당시 혈액검사를 받았는데, 그때 의사가 간염을 의심하고 15일 치 약을 처방했다. 차도가 없자 다시 병원에 왔고, 그제서야 입원 치료를 하기로 하고 주립 병원의 전문의에게 보내졌다. 그리고 1주일 후 그는 도로 반팻 병원으로 전원되었다. 입원 병동의 담당의는 주립 병원에서 항암치료를 하지 않은 건 이미 종양의 크기가 너무 컸기 때문이라고 전원 의뢰서를 다시 보며 내게 설명해주었다.

께 아저씨 옆줄에 놓인 침대에는 몸의 절반이 마비된 다섯 살 난 샨 소년 조가 뒤척이고 있었다. 얼마 전 폭포로 가족 여행을 다녀오던 길에 온 가족이 탄 오토바이가 자동차와 크게 부딪혔다. 오토바이를 몰던 아버지는 다치지 않았지만 뒷좌석에서 소년을 안고 있던 어머니는 한쪽 다리가 부러졌고 아이는 머리를 심하게 다쳤다. 합법적으로 등록된 이주민인 께 아저씨는 이주민 의무 건강보험을 적용받는 데 반해, 조의 가족은 모두 미등록 상태여서 아무런 보험이 없었다.[10] 조는 주립 병원 집중치료실에서 한 달을 보내다가 상태가 안정되자 이 병동으로 옮겨져 회복 중인 상황이었다. 오른쪽 다리에 깁스를 한 조의 엄마는 스무 날이 넘게 아들의 침대에서 같이 자면서도 내야 할 돈이 어느 정도인지를 아직 몰랐다. 아무도 병원비가 얼마라는 얘기를 꺼내지 않았고, 입원 생활은 여전히 계속되고 있었다.

1번 병상은 밍 할아버지 차지이다. 이 70세의 태국 남성은 자신의 주소도, 신분증 번호도 모르는 데다 더는 환자라고 할 수도 없었지만 아직 병동에 남아 있었다. 밍 할아버지의 입원 사유였던 감염증은 이미 몇 주 전에 깨끗이 나았지만 여전히 갈 곳이 없었다. 가족은 이미 수년 전에 그를 버렸고, 오래 의탁했던 절에서도 그를 다시 받아주기를 거절했다고 한다. 그래서 더는 치료해야 할 병이 없는데도 간호사들은 '환자' 간호 기록을 작성해야 했다. 한 간호사가 나에게 말했다. "노인을 위한 자선단체 몇 군데에 연락을 해봤지만, 할아버지를 보낼 마땅한 곳을 아직 못 찾았어요. 결국 어쩌겠어요? 그냥 계속 돌보는 거죠(두래 떠 빠이)."

어쨌든 계속 돌봐야 한다는 간호사의 말에는 병동이 무얼 할 수 있는지와 없는지가 동시에 드러난다. 사실 환자 가족들의 도움 없이 환자를 보살피기에는 병동 직원이 충분하지 않았다. 이날 간호사들은 1명당 8명의 환자를 돌보고 있었다.[11] 간호사들 모두 서류 작업과 병동의 일상 업무로 정신이 없었고, 2명의 간호조무사 역시 물병에 물을 채워넣고 침대 시트를 갈고 환자와 간호사들의 온갖 요청에 응하느라 분주했다. 결국 이 병동에서 "계속 돌본다"는 말은 완벽한 돌봄을 제공한다는 의미가 아니다. 어느 밤에는 밍 할아버지의 기저귀 갈아주는 걸 모두가 깜빡한 나머지 환자가 밤새 더러운 침대에서 자야 했다. 병동 직원들 역시 환자에게 밥을 주고, 씻기고, 산소 공급이나 기본적인 통증 완화치료를 제공하거나 머물 장소를 내주는 일이 모두 현상유지를 위한 것이지 병세를 기적적으로 개선할 여지는 없다는 걸 잘 알고 있었다. 그러나 기술적으로 복잡한 의료적 처치와 개입이 불가능할 때, 이런 기본적인 형태의 보살핌은 그 한계에도 불구하고 반드시 필요한 것이었다. 그걸 멈추지 않고 계속하는 것이야말로 이 병동을 가득 채우고 있는 사람들이 처한 난관에 대응하는 데 불충분하지만 가장 현실적인 방법이었다.

보편적 접근과 가난한 사람들

보험 제도로 보편적 건강보장을 실현하는 일은 법적으로 정의된 수혜자의 자격 범위와 적용을 규정하는 구체적인 조항들에 바탕을 두고 있다.[12] 보편적 건강보험의 법적 근거인 국가건강보장법 제5조는 "태국 거주민은 이 법에서 정한 기준에 부합하는 효과적인 의료 서비스를 받을 자격이 있다"고 규정한다. 법은 의료와 관련된 사회적 권리를 보편화하는 토대로 기능할 수 있지만, 태국에 살고 있는 모든 사람에게 "태국 거주민"이라는 동일한 지위와 권리가 부여되는 것은 아니다. 보험의 시행 과정에서 보편적 건강보험의 자격 기준이 시민권 보유 여부에 따라 결정되었기 때문이다.[13] 공무원의료보험이나 정규직 민간 근로자를 위한 고용사회보험 가입자가 아닌 모든 사람들이 이 새로운 보험 제도에 포함될 수 있었지만, 태국 국적이 없는 다수의 소수종족 거주민은 애매한 상태에 처하게 되었다.[14] 또한 이주 노동자와 그 부양가족에 대한 건강보험 제도가 2001년부터 도입되었지만 여전히 다수의 이주민이 미등록 상태로 남아 있는 실정이었다.[15] 이런 상황에서, 반팻 병원의 일반 병동에서 강조하는 돌봄의 의무는 의료에 대한 보편적 접근이라는 사회적 이상이 현실에 적용되는 고유한 방식과 밀접하게 연결되어 있다.

일반 병동이 만성질환 관리, 말기 암 환자의 통증 완화치료, 기본적인 외상치료, 갈 곳 없는 이들을 위한 쉼터와 식사 제공 같은 여러 일들을 담당하고 있다고 할 때, 나는 병동 직원들이 일상에서 자격의 문제를 거의 고려하지 않는다는 사실에 종종 놀라곤 했다. 내가 환자의 건강보험 여부에 대해서 물으면 간호사와 의사들은 종종 이렇게 대답했다. "모르겠는데. 그 사람은 태국 사람은 아니니까, 아마 이주민 보험카드가 있지 않을까요? 원한다면 차트를 확인해보죠." 그게 아니면 대체로 동등한 돌봄의 원칙을 강조하는 식이었다. "환자의 보험 상태는 사실 중요하지 않아요. 정부 병원은 기본적으로 모든 사람에게 진료를 제공해야 해요."

이러한 답변 방식은 이 병원에서 보편적 건강보장의 자격 대상을 어떻게 재정의하는지를 이해하는 데 중요한 의미가 있다. 이때 평등한 접근을 강조한다고 해서 환자의 건강보험 상태가 병원의 일상 업무와 무관한 것은 아니다. 병원 예산은 국가건강보험국National Health Security Office의 지급금에 주로 의지하고 있으며, 이러한 예산 구조 내에서 각 환자의 건강보험 현황은 개별 차트, 전산망, 정기적인 내부 감사를 통해 꼼꼼히 기록되고 체계적으로 관리된다. 보험 가입이 불가능한 환자들, 즉 태국 시민이 아닌 이들에게 주어지는 서비스와 치료에 들어가는 비용은 국가건강보험국에서 보전해주지 않으며, 이 경우 보통 병원에 재정적 손실로 남는다는 사실 역시 의료진도 잘 알고 있다.[16] 건강보험 운영의 이러한 재정적 측면은 의

심할 여지 없이 병원 직원들의 우려 사항이지만, 중요한 건 이게 보험이 없는 환자들의 치료를 거부할 결정적인 이유가 되지는 않는다는 데 있다.

오히려 반팻 병원이 설정한 보편적 건강보장의 범위는 보험 급여의 차원을 넘어서는 것으로 보인다. 내가 병동 주임 간호사에게 보험 없이 장기간 입원한 환자를 어떻게 할 예정인지 물었을 때, 그는 이렇게 설명했다. "우리가 할 수 있는 건 없어요. 그들이 다 나아서 집에 갈 준비가 될 때까지 계속 돌보는 수밖에 없죠. 이 병원은 정부에 속한 거여서, 사람들에게 돈을 내라고 할 순 없어요." 옆에서 듣고 있던 한 간호사가 대화에 끼어들더니 자신이 지금껏 돌봤던 환자들의 특징을 간결하게 정리했다. "대체 이 사람들이 어떻게 병원비를 내요? 한번 보세요. 다들 찢어지게 가난하잖아요(쫀 짜 따이)." 지역의 공공 병원에서 이런 환자들을 계속 돌보아야 한다는 건 빈곤층에 대한 정부의 의무와 무관하지 않았다.

보편적 건강보장은 국가의 의료 제공이 기존의 빈곤층에 한정한 지원에서 모두를 위한 것으로 패러다임이 바뀌는 역사적 변화를 입증하지만, 반팻 병원 직원들이 그간 마주해온 변하지 않는 현실은 지역의 공공 병원은 여전히 다른 선택의 여지가 없는 가난한 이들에게 최후의 의지처라는 것이다. 보험의 논리로 따지자면 자격이 없는 사람들의 경우 공공 의료 서비스에의 접근을 거부할 수 있고 거부해야 하지만, 그럼에도 불구하고 병동은 등록 이주민과 미등록 이주민, 태국 시민권이 없는 소수종족민들, 가족에게서 버려진 사람들, 만성질환 환자들로 가득 차곤 한다. 그리고 이런 상황에 대처하는 병원 직원들의 업무 기조는 가난한 사람들을 돕는 것이다. 각 환자의 보험 여부를 토대로 적격/부적격 집단으로 구분하는 대신, 병동에 있는 모든 환자를 합법적이고 정당한 돌봄의 대상으로 여기고자 한다.

정부의 의무가 의료 서비스의 거래적 측면보다 우선할 때, 이는 의료진이 빈곤층을 연민해서라기보다는 자신들이 하는 일이 공적 서비스의 일환이라는 공유된 인식에 따른 결과라고 할 수 있다. 나는 병원에 돌봄의 에토스라고 불릴 만한 정신을 살아나게 하는 고유한 정치철학이 있다는 것을 깨닫기 시작했다. 이런 사고방식을 공유하는 여러 사람들 중에는 정부의 책무성을 적극적으로 적용해온 병원장 끼앗 박사가 있다. 그의 이야기를 듣기 위해 병원장실로 향했다.

병원장실: "우리가 정부입니다!"

끼앗 박사는 MBA 학위가 있는 50대 의사로, 민간 부문에서 성공한 대학 동기들과 달리 공공 영역에서만 경력을 쌓아왔다. 농촌의 지역 병원 발전을 위한 열정과 헌신으로 많은 존경을 받아온 그는 종종 환자들의 대기 시간을 단축하기 위해 병원장임에도 이른 아침부터 외래에 나와 환자를 보곤 하였다. 오전 외래가 끝난 어느 오후 우리는 그의 사무실에서 그간의 경력과 보편적 건강보장의 중요성에 관해 긴 대화를 나누었다. 어느 시점에서인가 내가 의료 민영화의 위험성에 대한 예로 마이클 무어 감독의 다큐멘터리 「식코」에 나오는, 병원비를 감당할 수 없는 환자들은 길거리에 버린다는 미국 의료 서비스에 대한 공포담을 꺼냈다. 그는 곧바로 답했다. "그런 곳을 생지옥이라고 부를 수 있겠죠, 안 그래요?" 그러면서 자신이 그간 병원에서 강조해온 돌보아야 할 의무를 다시금 이야기했다. "의료 서비스는 상품이 아니라 권리예요. 바로 그래서 미국 시스템이 그토록 끔찍한 겁니다. 부자가 되고 싶으면 사업가가 돼야 맞는 거죠. 의사가 된다는 건 어떤 식으로든 부자가 되는 식의 성공과는 관계가 없어요. 의료의 최우선 과제는 사람 목숨을 구하고 지역사회를 돌보는 겁니다. 돈을 버는 게 아니에요."

이때 그가 정부가 운영하는 공공 병원의 기본 원리를 설명하는 방식이 특히 중요했던 이유는, 당시 반팻 병원의 재정 적자가 늘어나는 중이라는 게 분명해지고 있었기 때문이다. 보험 적용을 받지 않는 환자 비율이 증가할수록 병원에는 재정적 부담이 될 수밖에 없다. 내가 보험 적용이 안 되는 인구 규모가 특히 큰 치앙마이 주 공공 병원들의 만성적인 적자 문제를 언급하자, 그는 분명히 대답했다.[17] "병원의 재정적 손실 여부는 사실 중요하지 않아요. 서비스를 계속 제공할 수 있다면, 예산은 언젠가 결국 들어오기 마련이죠. 여기는 공공 병원이니까 돈벌이를 걱정하면 안 돼요. 환자가 보험카드가 있는지 없는지가 의료진의 관심사가 되어선 안 되죠. 그건 예산을 운영해야 하는 국가건강보험국의 관심사일 뿐이에요. 하지만 공공 병원이 늘 그들의 규칙을 따라야만 하는 건 아니에요. 여기서는 우리가 정부(랏타반)이고, 그건 곧 우리가 모든 사람에게 돌봄을 제공해야 한다는 뜻입니다."

병원장은 인권 차원에서 건강을 바라보는 입장을 일반적으로 제시하기보다는 정부기관으로서 지녀야 할 의무를 강조하는 병원의 입장을 확인해주었다. 그의 주장에 따르면 의료 서비스는 도덕적, 정치적 덕목의 하나로 이를 제공하는 일은 곧 정부가 지닌 여러 잠재력을 실행하는 한 방법에 다름 아니다. 그의 신념에 따르면 지역 병원은 공공 보건 체계에서 상위에 있는 국가 행정부의 명령을 수용하는 최하위 기관이 아니라, 나름의 자율성을 지닌 정부기관이어야 한다. 정부에 부여된 의무와 의료의 규범적 성격이 밀접하게 연결될 때, 공공 병원 업무의 중심에는 돌봄의 책무가 놓인다.

내가 끼앗 박사를 비롯한 여러 의료진이 공유하는 이런 종류의 자기실현 욕구를 이해하기까지는 꽤 시간이 걸렸다. 생명을 구한다는 도덕적 약속과 정부의 일환으로 일한다는 측면이 서로 겹치는 양상은 반팻 병원에 신생아 집중치료실을 설립하기 위한 병원장의 분투에서 더욱 분명하게 드러났다. 치앙마이에서 발생하는 신생아 환자들을 수용할 곳이 없어서 타 지역까지 보내야 하는 문제를 해결하기 위해 그는 지역의 공공 병원들에 요청해 기금을 모으기 시작했고, 마침내 2006년에 총 4대의 인큐베이터를 갖춘 신생아 집중치료실을 열었다.[18] "과거에는 우리 병원의 신생아 환자들을 나콘사완까지 보내야 했어요. 나콘사완이 어디 있는지 알아요? 방콕에서 자동차로 네 시간 거리예요. 치앙마이에는 신생아를 위한 병상이 충분히 없어서 그 먼 길을 가야 했던 거죠. 말도 안 되는 얘기죠. 치앙마이대학 병원의 신생아 집중치료실은 규모가 너무 작아서 이 지역에서 생겨나는 그 많은 조산아를 다 감당할 수가 없었어요. 결국 신생아 병동이 추가로 필요했고, 그래서 내가 우리 병원에 새 신생아 집중치료실을 만들겠다고 제안했던 거죠. 처음에 보건부에서는 아무런 지원도 하지 않았어요. 이 작은 병원에 신생아 집중치료실을 만든다는 계획을 다들 비웃었죠. 하지만 병상이 없다는 이유로 아기들이 구급차 안에서 죽어가는데, 손 놓고 그냥 가만히 앉아 보고 있을 수는 없는 거예요."

병원에 신생아 집중치료실을 만들기 위한 병원장의 고생담을 들으면서, 나는 어떻게 부끄러움이 무언가를 해보아야겠다는 자극제가 되었는지 궁금해졌다. "우리 스스로 나서기 전에는 아무도 우리를 돕지 않았어요. 우리는 우리 힘으로 시작해야 했습니다. 보건부나 국가건강보험국의 높은 사람들은 그 어린 환자들을 살릴 수 없다는 사실에 아무런 부끄러움도 느끼지 않았을 거예요. 그게 자기들 책임이라고 생각하지도 않았겠죠. 치앙마이는 태국에서 두 번째로 큰 주인데도 아픈 신생아들을 위한 병상이 충분하지 않았어요. 그들은 이걸 문제로 느끼지 않았어요. 그냥 지켜보기만 할 뿐이죠. 그게 그들이 잘하는 일이거든요. 두고 보는 거. 하지만 우리는 신생아 집중치료실이 절실히 필요한 이유를 잘 알고 있었죠. 여기 사람들을 돌보는 건 우리니까요." 나는 신생아 집중치료에 들어가는 예산 문제와 함께 보험금 청구를 위해 국가건강보험국을 상대해야 하는 관료적 절차의 부담에 관해 이어서 물었다. 그가 답했다. "돈 문제가 의사들의 업무를 방해해서는 안 되죠. 국가건강보험국은 예산 할당만 다루는 곳이에요. 우리한테 이래라저래라 명령할 권한이 없죠. 그들은 보건부 같은 정부 부처가 아니거든요. 하지만 우리는 다르죠. 사람들을 위해 일해야 하는 정부니까요."

이러한 정서적 의무감은 국가의 이상적 역할과 어떻게 상호작용할까? "우리와 그들", 지역의 공공 병원과 중앙의 상위 부처가 서로 대비될 때, 국가의 책임은 당연하게 실현되는 것이 아니라 지역에 있는 공공 병원의 적극적인 열망과 노력으로 성취되었다. 상급 정부기관이 지역 차원에서 생사를 가르는 문제의 시급성을 인식하지 못한다고 하더라도, 병원장을 비롯한 여러 의료진은 공공 병원이 정부기관의 연장으로서 행동에 나서야 한다는 믿음을 공유하고 있었다. 이러한 사고 전개에서 병원장과 간호사들이 정부를 병원 위에서 지시를 내리는 주체로 개념화하지 않는다는 점을 주목할 필요가 있다. 오히려 정부와 공공 병원은 서로의 존재 이유를 입증한다고 볼 수 있다. 정부에게 기대되는 통치의 규범은 병원이 실현하고자 하는 돌봄 없이는 달성될 수 없기 때문이다. 반팻 병원은 돌봄의 공여라는 도덕적이고 정치적인 행위를 통해 정부와 지역 인구군의 필요 사이의 관계항을 구체화하며, 생명의 관리라는 국가의 권한을 나름의 고유한 방식으로 예시하고 적극적으로 행사한다.

마을 출장: 경계에서 정부처럼 행동하기

반팻 병원은 지역에서 정부로서 행동하려고 하며, 이를 위해 생명을 구한다는 명분을 강조하는 것은 물론 지역 거주민과의 관계를

돌봄이 이끄는 자리

다지는 데에도 조직적인 노력을 기울이고 있었다. 병원과 지역사회의 유대를 발전시키는 사업의 진행에서는 특히 간호사들이 중추적인 역할을 한다. 의사들의 업무가 보통 병원 내에서 이뤄지는 데 반해, 간호사들의 책임은 종종 병동과 병원의 경계를 넘어선다. 많은 간호사가 지역 주민(차오반) 및 공동체(춤촌)와 관계를 맺는 것을 자신의 업무 영역이라고 긍정적으로 받아들이고 있었다. 반팻 병원에서 20년째 근무하고 있는 우본 간호사는 언젠가 간호사로서의 자긍심을 이렇게 말했다. "내 딸들도 간호사가 되었으면 좋겠어. 간호사는 사람들을 돕고 공덕도 쌓는 좋은 직업이잖아. [……] 우리가 하는 일은 간호사로서 또 공무원으로서 환자를 돌보는 거니까, [이 두 역할은] 분리될 수가 없지. 우리 일은 환자와 지역, 또 국가를 위한 거잖아. 다 아우르는 거지. 그리고 우리 간호사 자신을 위한 일이기도 하고. 직업이니까 먹고살 돈을 벌게도 해주잖아? 그래서 우리는 자신뿐만 아니라 환자들, 그리고 랏타반(정부)을 위해 일한다고 할 수 있는 거지. 그게 간호사로서 우리의 일이야." 공무원 신분이 부여된 연차가 높은 간호사들은 흔히 자신들의 역할을 이렇게 설명한다.[19]

공무원으로서 간호사에게 부여된 이중의 의무는 간호사들을 따라 가정방문을 함께 해보면서 더욱 분명히 알 수 있었다. 반팻 병원의 간호사들은 퇴원한 환자를 방문하기 위해 여러 "현장 출장"을 자발적으로 조직했다. 이와 같은 가정방문은 주로 첫아이를 낳은 산모들, 만성폐쇄성폐질환이나 만성신부전으로 가정에서 복막투석을 하는 환자들, 와상 상태의 노인 환자들을 위한 것이었다. 입원 병동과 외래 부서에서 경력이 오래된 간호사들이 가정방문이 필요한 환자 목록을 자체적으로 작성하는데, 보통 반복해서 입원하는 환자나 "복합적 문제가 있는" 환자를 대상으로 선정한다. 태국인은 물론 샨 출신의 젊은 엄마들도 건강보험 가입 여부에 관계없이 방문 대상이 된다. 일단 방문 일정이 정해지면 관리자급 간호사들이 평간호사들에게 참여를 권유한다. 간호사 팀이 마을에 도착하면 보통 보건소를 먼저 들르는데, 여기에 소속된 보건요원들이 환자의 집을 찾는 데 도움을 준다. 가정방문을 주도하는 원동력은 주로 경험이 많은 관리자급 간호사들로부터 나온다. 이런 방식의 지역사회 방문 활동과 관련해 병원장이나 행정관리 부처의 직접적인 지시는 전혀 없다. 보통은 관리자급 간호사들이 직접 병동 및 외래 진료 부서의 업무량을 살펴보고 가정방문 시간을 별도로 마련한다.

간호사들을 따라 마을에서도 특히나 가난한 가정, 외딴 과수원에 있는 낡은 판잣집, 골프장 뒤쪽에 숨겨진 샨 이주민을 위한 임시 캠프 같은 곳을 방문하면서 나는 병원 주변의 익숙하면서도 낯선 장소들을 점차 익힐 수 있었다. 사전에 방문 시간을 꼭 짚어 정하지는 않았지만 대부분의 경우 집에 사람이 있었고, 가끔은 시원한 음료와 집에서 키운 과일을 내오기도 했다. 환자와 가족들은 의사와 간호사의 차이를 명확히 알고 있었지만, 사회적 존경의 표시로 간호사들을 "의사 선생님(쿤 머)"이라고 부르기도 했다. 기본적인 의료 키트를 가져가기는 해도 사실 방문의 주요 목적은 환자 진료가 아니었다. 간호사들은 대체로 집을 둘러보고 환자와 가족들과 함께 앉아 짧은 대화를 나누며 시간을 보냈다. 진료 그 자체보다는 직간접적인 관찰과 질문을 통해서 와상 환자의 침대 상태는 어떠한지, 환기는 되는지, 기본적인 위생 상태는 어떤지, 약은 제대로 먹고 있는지 등을 더 자세히 알고자 했다.

가정방문의 핵심 목표는 환자의 상태를 더욱 구체적으로 이해하기 위한 것이었지만, 알고자 하는 욕구가 반드시 실질적인 개입으로 이어지지는 않았다. 어떤 경우에는 의료진들이 해결하기에 가정 형편이나 주거 문제가 너무 심각했다. 집은 말 그대로 쓰러지기 일보 직전이었고, 가족 돌봄자가 너무 지쳐서 환자를 방치하고 있기도 했고, 어떤 이주민 산모들은 갓 출산한 아기뿐 아니라 아픈 자녀들까지 함께 돌봐야 했다. 이런 상황에서 간호사들은 안쓰러움을 표하기는 하지만, 방문의 원래 목적을 잊지 않고 한정된 자원을 고려해 가족이나 동네 문제에 직접 개입하는 일은 피했다. 이런 식의 방문에서 무엇보다 주목할 점은 간호사들이 환자에 관해 잘 알게 된다는 것뿐만 아니라 간호사들 역시 지역사회에서 중요하게 여겨지게 된다는 것이다.

간호사 핌은 외래 진료부의 중간 연차 간호사로 지역사회에서 고혈압 환자들의 관리를 담당하고 있었는데, 가정방문에 종종 나를 데려가주었고, 우리가 함께 만났던 환자들의 예후에 대해서도 곧잘 알려주었다. "환자와 가족들에게 우리가 신경 쓰고 있다는 걸 알리는 게 제일 중요해요. 우리가 그들에게 관심이 있다는 걸 알려주고 기운을 북돋아주려고(깜랑 짜이) 노력하죠. 그래야 가족들이 환자를 보살필 힘을 낼 수 있으니까요." 가정방문은 간호사들이 지역사회에 공개적으로 모습을 드러내는 순간일 뿐만 아니라 그들과 병원이 주변 지역을 돌보고 있음을 알리는 기회이기도 하다. 결국 가정방문의 목적은 환자 가족들의 필요 그 자체를 충족시키기 위한 것이라기보다는 지역사회로부터 인정을 이끌어내는 데 있다고 할 수 있다.

어떤 면에서 이러한 방문 방식은 의료적 시선을 병동에서 가정으로 확장하고, 환자의 행동을 통제하고 지시하려는 의도를 지닌 것으로 볼 수도 있다. 진료실에서 하는 임상적 검사뿐 아니라, 환자의 일상생활을 분류하고 파악해서 조사하는 기술 역시 신체와 인간을 가시화하고 특정한 방식으로 인식하게 해준다.[20] 그러나 이러한 기획에서 흥미로운 점은 가정방문이 그 자체로 지역 주민을 세밀하게 통치하는 전략적 도구로 쓰이지는 않는다는 점이다. 이러한 방문의 주요 목적은 공식적 평가를 하기 위함이 아니며, 가족의 행동을 직접 감시하기 위한 것도 아니다. 가정방문을 조직하라는 명시적인 정책 지시도 없고, 이런 방문이 병원 외부에 보고되는 일도 거의 없다. 방문 결과를 치료 계획과 통합하는 행정 체계도 존재하지 않고, 방문 횟수 통계도 작성되지 않는다. 실상 가정방문 프로젝트가 만들어내는 가장 뚜렷한 성과는 간호사들의 순환적 움직임에 의해 지역 병원이 담당하는 영역이 어디까지인지가 구체적으로 정해진다는 데 있다. 간호사들은 가정방문을 조직함으로써 지역사회에 병원과 환자의 관계가 지속되고 있다는 것을 공적으로 확인시켜 준다. 여기서 간호사들은 퇴원 이후가 걱정되는 환자를 한 번 더 만나고자 할 뿐만 아니라 신뢰와 책임성의 출처로 보이고자 하는 바람을 동시에 드러낸다.

다스리기와 돌보기

이러한 활동은 돌봄의 특정한 논리가 정부라는 소우주에 어떻게 스며들 수 있는지를 잘 보여준다. 입원 병동 간호사가 강조했던 "두 래 떠 빠이(계속 돌본다)"라는 말을 떠올려보자. 태국어 동사 두래는 감정(마음을 씀)보다는 행동을 뜻한다.[21] 이는 의료진이 환자와 가족의 고통과 괴로움에 무관심하다는 의미가 아니라 상황적 실천을 통해 돌봄이 실현되는 양상이 더 중요하다는 뜻이다. 두래로 표현되는 타인을 돌보는 행위에는 다양한 상호작용들, 즉 건강과 안전을 지키거나 보호하는 행위, 먹이고 관리하고 통제하거나 또는 억제하는 행위 등이 모두 포함될 수 있다.[22] 어쩌면 무엇보다 중요한 것은, 이런 돌보기에 대한 관념이 다스리기에 대한 인식을 암시하고 있다는 것이다. 『왕립태국어사전』에는 돌봄과 통치의 결합에 대한 흥미로운 예가 있다. 뽁크렁두래(다스리고 돌본다)라는 단어는 특히 관직에 있는 이에게 부여된 힘을 뜻한다고 한다.[23] 태국어 문법에서는 두 동사를 하나로 합쳐서 쓸 때 별도의 접속사가 필요하지 않은데, 이 표현은 간호사이자 공무원인 이들의 업무가 다스림과 돌봄이라는 두 영역에 동시적으로 엮여 있는 상태를 간명하게 전달한다.

'돌보기'와 '다스리기'의 이 긴밀한 연관성은 간호사들의 제복에도 그대로 드러난다. 흰옷을 입은 간호사의 전형적 이미지가 연민과 전문성의 젠더화된 상징이라면, 이 지역 병원의 간호사들은 총 세 종류의 제복을 입는다. 병동에서 일할 때는 흰색의 간호복을, 지역사회에 나갈 때는 파란색 체크무늬 바지 제복을, 국가 의식에 참석할 때는 군복 스타일의 공식 제복을 입는다. 이 복장들은 간호사들의 업무가 얼마나 세분화되었는지를 드러낸다기보다는 이들이 돌보며 다스리는, 즉 각기 다르면서도 서로 겹쳐지는 정치적 기획을 함께 해내고 있다는 사실의 반영에 가깝다.

정부처럼 행동하기의 이원적 양태는 병원 직원들이 국가를 개인적, 제도적 행위력의 원천으로 이해하고, 경험하고, 체화하면서 실현된다. 국가에 관한 인류학 연구는 특히 정부 관리와 지역 주민 사이의 관계를 "국가라는 실체를 구현하는 핵심적 요소"로 매우 중요하게 다뤄왔다.[24] 여기서 주목해야 할 점은 하급 공무원들이 지역 차원에서 국가의 실체를 구현하는 창구 역할을 할 때 그들의 일상 업무는 국가의 단일성 내부로 완전히 흡수되지 않으며, 국가가 할 수 있고 해야 하는 일이 무엇인지를 재정의하는 다양한 상상과 실천을 포함한다는 점이다. 병원 직원들은 보험 운영을 비롯해 각종 행정 규칙을 기꺼이 따르지만 동시에 단순히 명령을 따르기만 하는 건 아니다. 오히려 그들은 자신이 맡은 사람들을 보호하고 돌볼 능력을 갖추는 걸 목표로 설정함으로써 국가의 의무 개념을 더 확장하고 있었다.

결국 이는 지역 차원에서 공공 의료를 제공하는 여러 방식들이 모두 규율 메커니즘과 관료적 합리성으로 환원되지는 않는다는 걸 의미한다. 병원은 건강보험을 비롯한 여러 행정 메커니즘에 의해 결정된 각종 분류와 규정에 기반하고 있지만, 이것들이 반드시 병원 운영의 모든 측면을 좌우하지는 않는다. 오히려 병원에서 돌봄이 수행되는 데 필수적인 부분은 국가의 덕목에 대한 상상이 병원이 마땅히 수행해야 하는 역할을 구체화하는 과정에 내재되어 있다는 데 있다. 따라서 여기서 돌봄의 의무는 단순히 의료윤리에 근거한 도덕적 지향만이 아니라, 지역 인구를 통치하는 데 필요한 여타의 제도적, 관료적 프로젝트의 일환이기도 하다. 이와 같은 의무의 관념 속에서 돌봄과 통치는 상충하거나 반대되는 가치가 아니라, 오히려 생명을 관장하는 권력의 잠재적 경향이 실현되는 양상과 조응한다.

돌보기와 다스리기가 함께 실현되는 양상은 인류학자 캐럴라인 험프리Caroline Humphrey가 "지역화된 주권 권력"이라고 부른 것과 비슷하다고 볼 수 있을 듯하다. 그는 주권 권력의 실현을 무엇이든 압도하는 강력한 권력의 부정적 측면이 드러나는 양상으로 파악하기보다는, 실천의 양상들, 즉 삶의 방식이나 "관계의 실질성"에 초점을 맞추어서 지역의 미시적 세계가 어떻게 "주권 권력과 주체들 사이에 특정한 관계성을 형성하는 방식으로 권위를 구체화하고 상징적으로 드러내는 나름의 독특한 방식"을 생성하는지에 초점을 맞추어야 한다고 주장한다.[25] 공공 병원이 지역의 인구군에 관여하는 효과적인 연결망의 중심이 될 때, 이 기관은 비록 작지만 주권 권력을 지닌 실체로 떠오르게 된다. 국가기관으로서 병원은 특정 인구 집단을 "생명에 대한 계산된 관리"를 위해 죽게 내버려두어도 되는 육체로 축소하는 권한을 행사할 수도 있다.[26] 그러나 반팻 병원은 "버려짐의 공간zone of abandonment"[27]을 만드는 대신에 고유한 돌봄과 통치의 영역을 창출해냈다. 삶의 지속을 위한 자원과 관계를 요구하는 사람들의 존재를 가능한 한 모두 포함하는 보편성의 원칙을 채택하고, 환자와 지역사회, 그리고 여타의 다른 정부기관들이 공공 병원의 운영 능력을 알게끔 함으로써 이를 가능하게 했다.

이와 같은 돌봄의 미시 정부가 안고 있는 핵심적인 긴장은 그것의 작동이 늘 더 큰 정치적 과정의 영향을 받는다는 데 있다. 그리하여 "계속 돌보라"는 주문은 의도와 달리 실망과 좌절, 불안 등의 감정과 맞닥뜨리지 않을 수 없다. 다음 장에서 우리는 환자와 지역 주민들이 이러한 지역화된 돌봄의 구현을 어떻게 경험하고 해석하는지를 특히 정치적 격변과 정권 교체가 반복되는 태국 정치사의 최근 맥락에 초점을 맞추어 알아본다.

3장

기다리는 힘

말기 신부전증 환자인 르언이 반팻 병원에 입원한 지도 이미 꽤 시간이 흘렀다. 문제는 그의 긴 입원이 오로지 투석을 받을 수 있는 상급 병원으로 전원될 기회를 기다리기 위해서라는 데 있다. 르언은 재산이라고 할 만한 게 없는 일용직 노동자로, 그의 변변치 못한 수입으로는 민간 병원에 갈 여유가 없었다. 보편적 건강보험을 통해 공공 병원에서 치료를 받는 게 그에게 남은 유일한 희망이었다. 아침 회진 때 의사가 오늘은 어떤지 물으면 르언은 의사의 다음 말을 이미 알고 있다는 듯이 약간의 냉소를 섞어 답하곤 했다. "아직도 [전원을] 기다리고 있네요." 역시나 돌아오는 대답은 한결같았다. "조금 더 기다려봅시다." 르언은 나에게 지난 한 달간 받았던 약물치료가 별 소용이 없는 상황에서 오는 실망과 좌절을 털어놓기도 하였지만, 대체로 병동에 조용히 머물러 있었다. 날로 악화되어가는 자신의 상태와 진료 의뢰 체계의 느려터진 대응에 대놓고 불만을 터뜨리지는 않았다. 그는 종종 이렇게 말하곤 했다. "아픈 건 참을 수 있어, 남자라면 이 정도는 참을 수 있어야지." 그러나 엄청나게 부어오른 그의 몸은 더는 오래 버틸 재간이 없어 보였다. 그의 의식은 자주 혼미해졌고 사지의 움직임도 점점 힘겨워졌다. 병동 의료진들도 전원 의뢰가 이토록 오래 지연되는 걸 심각하게 걱정하고 있었다. 그러나 이 모든 우려에도 불구하고, 반팻 병원 의료진 역시 상급 병원의 전문의들과 협상할 힘이 별로 없었다. 이들 역시 그저 기다리는 것 말고는 별다른 수가 없었다. 수차례의 전화 연락 끝에 마침내 병동 간호사가 주립 병원의 신장 전문의와 외래 진료 예약을 잡을 수 있었지만, 르언이 과연 언제 투석치료를 받을 수 있을지는 그 누구도 장담할 수 없었다. 공공 의료 체계에 전적으로 의존하고 있던 그에게 남은 방법은 오로지 참아내는 것, 고통스럽더라도 기다리는 것뿐이었다.

　르언이 자신의 생명을 연장해줄 치료를 받을 수 있다는 희망이 거의 없는 상황에서도 병동에 버티고 있을 때, 그의 기다림은 두 가지 효과가 있었다. 그에게 기다림은 무엇보다 주어진 상황에 매달릴 수 있는, 유일하게 남은 적극적인 방법이었다. 그가 병동에 머무는 동안 의료진은 어쨌거나 그의 생존을 위해 무엇이라도 해야 했기 때문이다. 물론 그의 기다림, 언제 무슨 일이 일어날지 모르는 불확실성에 그저 굴복해야 하는 시간은 본질적으로 수동적이고 비관적인 경험이었다. 전원이 계속 지연되는 동안 르언이 할 수 있는 거라고는 오직 기다리는 일밖에 없었다. 병동에서 느껴지는 북적거리면서도 조용한 분위기는 태국의 공공 병원에서 의료가 제공되는 방식을 단적으로 보여준다. 르언뿐 아니라 수많은 가난한 사람들이 병동에서, 응급실에서, 대기실에서 차분하게 자기 차례가 오기를 기다린다. 언젠가 한 간호사가 태국어와 영어를 섞어 이렇게 설명해주었다. "환자라면 우선 기다려야 해요. 페이션츠 떵 비 페이션트(환자들은 인내심을 가져야 해요)." 기다려야만 하는, 잘 참을 줄 아는 대상이 되어야 한다는 건 도대체 무슨 의미일까? 이처럼 당장 도움이 필요한 사람들의 긴 기다림을 허용하고 정당화하는 사회정치적 구조는 과연 무엇일까? 이런 기다림의 상태에서는 도대체 어떤 생각과 감정, 정서가 생겨나고 억눌릴까?

　이 장에서는 공공 병원의 돌봄에 의존하는 사람들이 어떻게 보편적 건강보장을 이해하고 경험하는지 살펴보려 한다. 보편적 건강보장의 확립은 국가적이고 지역적인 차원 모두에서 변화를 일으킨 정치적 과정이라고 할 수 있는데, 현대 태국에서는 특히 국가의 의미, 포퓰리즘 정치, 시민의 자격이라는 문제와 함께 치열한 논쟁을 불러일으킨 바 있다. 긴 대기 시간이 곧 국가가 지원하는 공공 의료 서비스의 비효율성에 대한 증거로 여겨진다고 할 때, 나는 의료 및 돌봄을 지원한다는 약속과 그 실패가 어떻게 병원 의료진, 환자, 환자 가족, 더 나아가 국가가 상호작용하는 일종의 관계적 장을 형성하는지 살펴보고자 한다. 기다림이 어떻게 공공 의료 서비스를 받기 위한 전제조건이 되는지를 이해하는 데 르언의 이야기는 매우 중요하다. 나는 르언, 그리고 그의 가족과 함께 병동에서 여러 날을 보낸 후에야 그의 참을성 있는 기다림이 장기화된 사회적 고통을 증거할 뿐만 아니라 의존 상황에서 기다림이 돌봄에 대한 실존적 요구가 되기도 한다는 걸 깨달을 수 있었다.

이 장에서 나는 병원의 직원들이 아니라 이용객들의 관점에서 보편적 건강보장의 실현을 살펴보며 무상에 가까운 의료가 어떻게 선물이자 빚으로 재구성되는지에 초점을 맞추고자 한다. 여기서 의료를 받는 일은 의무에 기반한 상호주관적인 연결감이 생겨나고 이를 기반으로 고유한 정치적 주체성이 생겨나는 과정과 긴밀히 연결되어 있다. 반팻 병원에서 드러나는 보편적 접근의 주된 내적 동학은 대갚음 없이 받기만 한다고 여겨지는 상황을 둘러싼 정서로 구체화된다. 다시 말해 주고받음의 균형이 이뤄지지 않는다는 느낌이 병원 이용자가 치료 과정을 밟아나가고 병원 직원들을 대하는 방식을 지속적으로 구조화한다고 할 수 있다. 이런 맥락에서 기다림은 국가의 지원을 받아야만 하는 이들이 겪는 고질적인 상태이기도 하지만[1] 한편으로는 돌봄을 이끌어낼 공간을 여는 적극적인 행위이기도 하다. 나는 더 나아가서, 돌봄의 적절한 대상이 되기 위해 보여주는 여러 실천과 걱정이 받는 자의 종속적인 위치를 드러내기도 하지만, 동시에 돌봄의 의무를 구성하는 회로망을 유지하면서 상호성과 도덕적 자율성을 성취하기 위한 나름의 노력을 예시한다는 것을 강조하고자 한다.

이어지는 글에서 먼저 나는 축출된 전 총리인 탁신 친나왓과 왕실이라는 중요한 두 정치적 형상이 사회적 보호와 돌봄의 원천으로 거론되는 방식에 초점을 맞춤으로써 태국에서 보편적 건강보장이 고유한 의미를 획득하는 과정을 논의하고자 한다. 여기서 보편적 건강보장이 전개되는 방식의 특수성은 현대 태국의 정치 지형에서 가난한 이들에게 돌봄을 제공하는 것이 어떻게 권력의 정당성을 드러내는 명시적인 표현으로 자리 잡게 되었는지를 잘 보여준다. 아울러 나는 국가가 제공하는 공공 서비스에 의존할 수밖에 없는 사람들이 의료를 받기 위해 기다림과 무력함의 연쇄를 겪으면서 도대체 무얼 하는지, 어떤 생각과 감정에 붙들리는지를 따라가고자 한다. 감사, 좌절, 불만, 존경, 부채감 등 병원 공간에 흐르는 여러 정동들의 스펙트럼은 돌봄 관계를 이끌어내고 지속하려는 가난한 사람들의 끈질긴 노력을 반영한다.

"모든 것이 단돈 30밧!": 탁신의 그림자

공공 병원에 의존해야 하는 가난한 태국 시민들은 보편적 건강보장의 메커니즘을 도대체 어떻게 이해하고 평가하고 있을까? 이 질문에 답하기 위해서는 먼저 태국에서 보편적 건강보험을 뭐라고 부르는지를 살펴볼 필요가 있다. 병원에 등록할 때 필요한 카드에는 밧 쁘라칸 숙카팝 투안 나(보편적 건강보장 카드)라고 쓰여 있지만, 이걸 실제로 이렇게 부르는 사람은 거의 없다. 그보다는 보통 밧 삼십 밧(30밧 카드) 또는 밧 텅(금색 카드)이라고 부른다. 이 이름들은 각각 병원 방문 1회당 본인부담금이 30밧(한화 약 1000원)이라는 점과 카드의 색깔이 노란색이라는 점을 강조한다. 동시에 이 별칭들은 태국 정치의 중요한 이념적 구분을 환기시키기도 한다. 탁신의 타이락타이당은 집권 당시 '30밧 의료 서비스'를 자신들의 주요 정책으로 강조했다. 밧 텅이라는 이름은 보편적 건강보장이 막 도입되기 시작했을 때 이 정책에 일종의 고급스러움을 부여하기 위해 사용되었다가,[2] 2006년 쿠데타로 탁신을 몰아내고 새롭게 집권환 친왕실 군부 정권이 30밧의 본인부담금을 내는 정책을 폐지하면서 다시 한 번 이 이름으로 홍보되었다.[3]

삼십 밧 락사 툭 록(30밧으로 모든 질병 치료)이라는 간결하고 명확한 메시지는 탁신 정부가 펼친 빈민 복지 프로그램의 핵심적인 상징이라고 할 수 있다. 탁신이 주요 정치인으로 부상하고 쇠락하는 과정에서 보편적 건강보험은 농촌 유권자의 광범위한 지지를 얻은 성공적인 정책이었다. 2010년 현장연구 당시 탁신의 고향인 치앙마이에서는 그의 귀환을 촉구하는 정치 집회가 최고조에 이르렀고, 삼십 밧 락사 툭 록의 슬로건은 탁신이 재임기 동안 국민에게 안겨준 가시적인 혜택을 강조하고자 하는 모든 지역 정치인들의 연설에서 으레 등장하던 단골 메뉴였다.

2010년 당시 공공 병원을 이용하는 많은 이들에게 30밧 카드는 탁신의 여전한 존재감을 입증하는 징표 중 하나였다. 위암 환자인 남편을 간병하던 73세의 한 태국 여성에게 30밧 카드는 탁신의 정책 중 가장 고마운 것이었다. 그는 이렇게 말했다. "30밧 카드가 없었다면, 남편이 암 수술을 받는 건 꿈도 못 꿀 일이지." 이 이야기를 들으며 나는 할머니에게 예전에 이들 부부가 주립 병원에서 엄청나게 오래 기다렸다고 했던 걸 넌지시 상기시켰다. 할머니는 중병을 앓는 남편을 데리고 아침 6시에 병원에 도착했지만 늦은 오후가 될 때까지 아무런 진료도 받지 못하고 기다리고 있어야만 했다. 나의 되물음에도 할머니의 대답은 여전히 확고했다. "30밧 카드가 나쁘다고 얘기하는 사람들은 어리석은 거야. 목숨보다 더 중한 게 어디 있나. 탁신이 우리 같은 가난한 사람을 위해 30밧 카드를 만들어준 게 진짜 고마운 일이지. 탁신이 우리를 위해 빨리 태국으로 돌아올 수 있다면 좋을 텐데 말이야."

이와 같은 평가는 보편적 건강보험이 태국에서 어떻게 독특한 정치적 공간을 열었는지를 보여준다. 물론 여기에 탁신의 정책이라는 꼬리표가 붙음에 따라 사회보장제도의 구조적 변화가 한 명의 포퓰리즘 정치가를 위한 정치적 자산으로 한정된 측면이 있다. 사실 보편적 건강보험의 도입이 가능해진 것은 한 정치가의 영웅적 의지 때문이 아니라, 해당 분야 전문가들이 오랫동안 조율해온 개혁 운동 덕분이었다. 사회학자 조지프 해리스Joseph Harris는 태국에서 보편적 접근의 길을 닦기 위해 의사 협회는 물론 보건 관련 국제기구, 국내 정당들과 오랜 동맹을 맺어온 보건 관료들의 연합을 연구한 바 있다.[4] 다른 한편 모든 질병을 30밧이면 치료할 수 있다는 단순한 구호는 급속히 실시된 보험 제도 개편으로 발생한 여러 골치 아픈 문제들을 가려주는 역할을 했다고 할 수 있다. 제도의 시작 단계에서 급여 범위에 관련된 문제, 공공 보험의 재원 구조, 규제받지 않는 민간 의료 시장의 급속한 확대와 관련된 여러 사항들이 고려되어야 했지만, 이는 주로 행정 관료나 보건 전문가, NGO 등 매우 제한된 영역에서만 논의되었다.[5] 결국 일반 대중에게 이 정책은 배후의 복잡한 여러 문제와는 관계없이 매우 저렴한 가격에 받는 사회적 보호—단돈 30밧으로 모든 치료가 제공된다—라는 매력적인 약속으로만 제시된 것이다.

그러나 이 정책의 대중적 매력이 특히 농촌의 빈곤층 사이에서 정치에 대한 대중적 이해를 형성하고 전환하는 데 큰 역할을 하였다는 점은 매우 중요하다.[6] 농촌 빈곤층에게 이 정책이 크게 환영받았다는 사실은 종종 이 개혁이 대다수 빈곤층의 표를 얻으려는 순전히 '포퓰리즘적' 음모라는 식으로 종종 해석된다. 그러나 보편적 건강보험의 영향은 여타의 선심성 지역개발 사업들보다 훨씬 광범위하다. 한 통계 연구에 따르면 태국 농촌 지역의 빈곤층 대다수가 이 제도의 혜택을 받고 있으며, 특히 전체 인구의 소득 5분위 중 소득이 가장 적은 분위가 가장 높은 이용률을 보였다.[7] 또 다른 연구는 현재의 보험 제도가 빈곤 가구를 재난적 의료비 지출로부터 보호하는 데 특히 효과적이라는 점을 입증한다.[8] 태국에서 보편적 건강보험의 지속 가능성은 무엇보다 빈곤층 대다수의 강력한 지지에 기반을 두고 있다. 이들은 국가가 지원하는 의료 서비스에 의존할 수밖에 없으며, 더욱이 의료 영역에서 국가 역할의 변화를 직접 체험한 유권자층은 이후 선거 정치의 대중 동원을 위한 비옥한 자원이 되었다.

이러한 정책의 고유성은 탁신의 정치적 성공으로 인해 태국의 정치문화에 더욱 "직접적이고 보편화된 시민-국가 관계"의 형성이라는 급진적인 변화가 나타났다는 것을 시사한다.[9] 그러나 보편적 건강보험이 감사의 감각을 포함하는 여타의 정동적 인정이 배태된 정치 영역을 열어주었다는 점을 감안할 때, 이러한 새로운 관계성을 일종의 권력과 시민 사이의 거래 양상으로 정의하는 것은 충분하지 않을 수 있다. 보편적 건강보험과 관련한 일상 대화에서 종종 그 정책 자체가 마치 빈민에 대한 탁신의 세심한 관심을 입증하는 것처럼 여겨진다는 점에 주목할 필요가 있다. 여기서 나는 농촌 거주민들이 축출된 정치가의 정치적 영향력과 사회 전반에 미치는 정부의 역할을 혼동하고 있다고 주장하는 게 아니다. 그보다는 가난한 이들을 대변하고 걱정하는 정치인의 표상으로 탁신이 거론될 때, 그에 관한 이야기가 보편적 건강보험이라는 비교적 복잡한 정책을 구체적으로 이해하는 주요 통로로 자리 잡았다는 것이다. 즉, 사람들이 공공 의료 서비스를 통해 국가를 마주할 때, 탁신은 정치적 상징물로 가난한 이들의 필요를 파악하고 보살피는 국가의 능력을 체현

한다.

보편적 건강보험에 대한 대중의 반응에서 주되게 드러나는 감사의 감각은 보다 자세히 들여다볼 필요가 있다. 자녀들로부터 아무 지원을 받지 못한 채 남편을 돌보고 있는 노인 여성이 탁신의 도움에 감사를 표할 때, 그의 지지는 논란의 여지가 많은 포퓰리즘 정치인에 대한 농촌 빈곤층의 정치적 충성심을 환기하는 동시에 시민 주체와 국가 사이의 정서적 유대를 드러낸다. 고마움은 도움을 받았다는 사실을 인정하는 데서부터 나오는 것이며, 여기서 생겨나는 유대는 시민적 권리라기보다는 선물 개념을 내포하는 사회성의 한 형태라고 할 수 있다. 사람들이 탁신의 베풂을 강조하는 양상은 그의 정치적 중요성을 지지하는 것을 넘어 돌봄과 보호를 제공하는 국가의 선한 잠재력을 요청하는 방식이라고 할 수 있다.

왕실의 자선과 공공 의료 서비스

탁신이 실제보다 영향력이 과장된 인물이라고 할 때, 태국의 다원적인 정치권력 구조에는 오랜 정치적 아우라를 자랑하면서 자선과 돌봄을 대표해온 또 다른 인물이 있다. 현대 태국의 왕실은 상좌부 불교 전통에 기반하여 스스로를 덕성과 베풂의 원천으로 내세우면서 사회 내에서 매우 중요한 위치를 확립해왔다.[10] 불교의 도덕률에 입각하여 통치하는, 공명정대하며 선정을 베푸는 국왕의 형상은 왕실의 자애를 과시하는 수많은 공적 행사를 통해 정교하게 빚어져왔다. 특히 푸미폰 아둔야뎃 국왕은 왕실의 자선사업을 정치적 영향력을 확대하는 주요 통로로 활용했다. 태국의 정치학자 탁 잘른티라나Thak Chaloemtiarana는 왕실이 주도하는 자선 프로젝트가 왕실의 적극적 역할을 통해 당시 정부의 실질적인 능력을 넘어서서 후견주의적 국가주의를 성립 가능하게 하였다고 분석한 바 있다.[11] 1960년대부터 시작된 왕실의 자선사업은 재난 구호, 반공 사업을 위한 기부, 접경지 경찰과 군인의 복지 지원, 고산지대의 소수종족을 위한 프로그램 개발, 학술 재단 설립 등의 형식으로 다각화되었다. 태국에서 판매가 금지된 푸미폰 국왕 전기를 쓴 폴 핸들리Paul Handley 역시 자선에 기반한 왕실의 전략적 개입에 내포된 상징적, 정치적 함의를 추적한 바 있다.[12]

의학과 공중보건은 특히 '개발주의적 국왕'의 이미지를 구축하는 데 중요한 요소였다. 왕실과 서양의학 도입의 연관성은 19세기 후반 몽꿋 왕 시대부터 찾아볼 수 있으며, 이는 마히돈 왕자(푸미폰 왕의 아버지)가 현대의학 교육의 발전에 힘쓰면서 계속 이어졌다.[13] 탁 잘른티라나는 1963년에서 1971년까지의 추밀원 기부 목록을 바탕으로 의료 지원 및 의약품이 왕실의 주요 기부 내역을 차지하였다는 사실을 밝혀낸 바 있다. 이 시기 전체 기부금 가운데 57퍼센트 이상이 왕비가 총재로 있던 적십자와 병원 의료에 쓰였다. 전국적인 규모에서 체계적으로 이뤄진 왕실의 자선활동에서 무엇보다 흥미로운 점은, 재원의 분배는 물론 보살핌에 대한 강조와 세심함이 핵심 메시지로 제시되었다는 것이다. 태국의 여러 공공기관이 흔히 그렇듯이 공공 병원에는 곳곳에 국왕을 비롯한 왕실 주요 구성원의 사진 이미지가 게시되어 있다. 병원에서는 왕실의 주요 기념일마다 의전용 장식품을 전시하고 관련 행사를 진행할 뿐 아니라, 모유 수유, 금연, 건전한 식습관을 홍보하는 여러 건강 캠페인에도 왕실 관련 이미지를 사용한다. 이처럼 왕가의 얼굴이 두루 쓰이는 점을 고려하면, 공공 병원에서 왕실의 보살핌과 베풂을 떠올리는 사람들을 만나는 것은 전혀 이상한 일이 아니었다.

공공 병원에서 국왕이 얼마나 중요한지를 이야기하는 사람들이 모두 탁신에 반대하는 건 아니지만, 켁 아주머니는 30밧 카드를 탁신의 성과라고 말하는 사람과는 바로 맞붙을 준비가 되어 있는 골수 왕당파라고 할 수 있다. 58세인 켁은 지난 20년 동안 병원 미화부에서 일한 노동자 여성으로, 탁신이 왕에 대한 국민의 사랑을 무너뜨릴 거라는 불안감을 안고 있었다.

30밧[의료보험]은 탁신한테서 나온 게 아니에요. 그거 전부 다 우리가 낸 세금이에요. 탁신이 병원에 새 건물을 지어줬다고 말하는 사람들을 볼 때마다 너무 답답해요. 그건 사실이 아니거든. 그리고 그 사람들[탁신 지지자들]은 왕실이 병원 발전에 얼마나 이바지했는지 도통 이해를 못 해. 병원의 값비싼 의료 장비는 다 프라 텝["천사 공주", 마하 짜끄리 시린톤 공주를 가리킴]이 기증한 거예요. 그래서 여기 의사들이 환자를 치료할 수 있고, 멀리 대학 병원에 보낼 필요가 없어진 거지. 홍수 같은 큰 사태가 일어났을 때, 탁신이 뭐라도 기부했다는 얘기를 어디서든 들어봤어요? 탁신은 그냥 돈 욕심 많은 사업가일 뿐이야. 국왕은 가는 곳마다 국민을 돌보고 지역 발전을 시켜줬지. 우린 국왕께 많은 빚을 졌어요(미 분쿤 여 막), 태국 사람들은 날마다 국왕 얼굴을 보는 거나 다름없어요. 심지어 1밧 동전에도 국왕의 얼굴이 있으니까. 나는 땅에 1밧 동전이 떨어져 있는 걸 보면, 꼭 주워. 그냥 놔두면 사람들이 국왕의 얼굴을 밟게 되잖아.

켁은 세금을 언급하며 보편적 건강보험의 기본적인 재정 구조를 명확히 파악하고 있음을 드러냈지만, 동시에 공공 의료 서비스에 대한 왕실의 기여 역시 강조하고 있었다. 그는 정부 정책의 운영과 태국 왕실이 서로 분리된다는 사실을 잘 알고 있지만, 이러한 설명 구조에서 공공 의료를 비롯한 여러 복지 프로그램은 왕실이 베푸는 자선의 일환으로 묘사된다. 여기서 드러나는 빈민과 자비로운 국왕 사이에서 상상적으로 느껴지는 연결감, 역으로 가난한 이들에게 반드시 자비를 베풀어야 한다는 국왕의 의무는 주권 권력과 정치체를 상상하는 일반적인 방식에 깊이 뿌리내리고 있다.

탁신의 정치적 영향력에 대한 강한 반감과는 무관하게, 켁의 서사에는 탁신 지지자들이 보여준 것과 유사한 감정 구조가 드러난다. 분쿤(은덕)이란 감사와 빚짐에 얽힌 감정으로, 주고받기, 즉 교환을 둘러싼 정서적이고 도덕적 영역을 건드린다. 일반적으로 분쿤은 부모의 내리사랑처럼 무조건적으로 주어져 대갚음할 수 없는 종류의 선물을 뜻한다. 여기서 중요한 점은 왕실의 기부와 자선이 태국에서 주권 권력의 의미를 구성하는 토대를 이룬다는 것이다. 왕실의 자선에 대한 그간 누적되어온 체계적인 선전 활동은 왕실의 이

넘적 지배를 가능하게 할 뿐 아니라, 왕실을 보살핌의 원천으로 규정하게 하는 데 큰 역할을 해왔다. 이러한 재현 방식을 통해 왕의 빈민을 향한, 나아가 국가 그 자체를 향한 끝없는 베풂은 왕에게 부여된 주권적 권위의 정당성을 입증한다. 여기서 형성된 군주와 국민 사이의 정동적 유대는 왕의 얼굴이 새겨진 동전을 언제든 줍고자 하는 켁의 반응이 입증하듯 추상적 차원이 아니라 즉각적이고 친밀한 차원으로 자리 잡고 있다.

여기서 나는 베풂과 감사의 모티프가 태국에서 보편적 건강보험의 정착에 중요한 기여를 했다는 점을 강조하고 있지만, 그렇다고 탁신과 왕실이 동등하게 이런 역할을 하고 있다는 주장을 하려는 것은 아니다. 그보다는 보편적 건강보장이 정부가 마땅히 해야 하는 일이라는 인식이 생겨나고, 이를 경험하는 과정에서 탁신과 푸미폰 왕이 국가적 보살핌의 출처로 유사하게 제시되었다는 점에 주목할 필요가 있다. 태국의 공공 의료 서비스에서 고마움은 빈곤층에서 주로 나타나는 반응이다. 국가가 제공하는 의료에 의존해야만 하는 이들에게 무상 의료는 일종의 주권적 선물, 국가권력으로부터 주어진 것으로 제시된다. 물론 고마움은 무언가를 주고받는 과정에서 생기는 유일한 정동적 반응이 아닐 수 있다. 그러나 여기서 내가 주장하려는 것은 국가를 대리한다고 여겨지는 표상들과 사람들이 왜 이런 정서적 유대를 맺는지를 자세히 검토할 필요가 있다는 것이다.

태국에서 보편적 건강보험이 가지는 독특한 특징들은 자유주의적 사회복지의 개념으로는 국가권력이 발생시키는 관계적 측면을 충분히 이해할 수 없다는 것을 보여준다. 공공 의료 서비스는 선거 포퓰리즘, 정치적 후견주의, 그리고 관료주의적 행정 권력의 발현에서 비롯하는 도덕적, 정치적 기획의 구체적 실현으로 여겨져야 한다. 보편적 건강보험이 돌봄의 증여를 통해 국가가 사람들의 삶에서 그 정당성을 찾는 주된 방식이 되었다면, 이 새로운 약속은 공공 의료 서비스에 의존하는 빈곤층에게 어떤 상황을 열어내고 있을까? 나는 고마움과 부채감이 공존하는 이 불편한 공간이 어떻게 경험되는지를 파악하기 위해 증여에 관한 인류학적 관점을 활용하고자 한다.

기다림과 조용한 좌절

삼십 밧 락사 툭 록이라는 약속에 얽힌 신소리 하나는 삼십 밧 툭 콘 짜 따이(30밧이면 다 죽는다)이다. 이 냉소적 농담이 암시하듯, 국가가 제공하는 의료 서비스에 많은 이들이 고마움을 느끼지만 동시에 매우 회의적인 시각을 갖고 있기도 하다. 특히 중상류층의 경우 이 제도에서 제공하는 의료의 질이 매우 낮다는 식의 비판이 나오는 것을 쉽게 들을 수 있다. 1997년 경제 위기 이후 민간 의료 부문은 정부의 투자 속에 급속히 성장한 바 있으며, 특히 외국에서 온 의료 관광객을 크게 끌어들였다.[14] 민간 의료 부문이 성장하면서 제기된 주요 문제는 보편적 건강보험이 계층 간 의료 자원의 불평등한 분배를 완화하기보다는 오직 빈곤층을 위한 프로그램이 되었다는 것이다.

반팻 병원에 가득 찬 사람들이 입증하듯이 기다림이야말로 공공 병원을 결정짓는 특징이다. 대기 시간이 길다는 건 단순한 시스템의 비효율성이나 혼란 이상을 뜻한다. 이는 사람들이 불확실성과 통제 불가능성에 대처하는 방식에 깊이 관련되어 있기 때문이다. 공공 병원의 여러 공간에서는 대기가 일상적이며, 여기에는 방치되었다는 좌절감이 깊이 스며 있다. 그러나 공공 병원에 의존해야 하는 사람들이 이런 상황에 반감을 직접적으로 표시하는 경우는 흔치 않다. 내가 한 환자 가족에게서 들었던 가장 강한 비판은 롱파야반(병원)이 아니라 롱카삿(도살장) 아니냐는 말이었다. 그는 오래전 에이즈로 죽은 친구를 떠올리며 이렇게 전했다. "그를 위해 뭐라도 해준 사람이 한 명도 없었어. 씻겨주지도 않았고 제대로 돌보지도 않고. 아픈 사람을 병동에 집어넣고는 그 환자가 죽을 때까지 기다리기만 한 거나 다름없었다고."[15] 이와 같은 직접적인 비난은 다른 사례들과 함께 더 자세히 논의할 필요가 있지만, 내가 병원 공간에서 점차 깨닫기 시작한 보다 중요한 측면은 불만 그 자체의 표출보다는 사람들이 기다림이라는 조건에 익숙해지는 방식이었다.

많은 환자와 가족들이 당장의 요구를 들어달라고 큰소리를 치거나 방치되고 있다는 데에 직접적인 분노를 표하기보다는, 자신들이 공공 병원에서 받을 수 있는 돌봄과 치료에 한계가 있을 수밖에 없다는 점을 받아들였다. 한계가 불가피한 곳에서 돌봄을 받으려면 종종 차분하고 참을성 있는 기다림의 자세가 필요했다. 공공 병원을 이용할 때 흔히 쓰는 표현인 "기다리는 수밖에 없다(다이 때러 양 디아우)."는 진료를 위해 대기하는 사람들의 불만에 더하여 기다림의 경험을 다루는 원칙을 드러낸다. 나는 병원에서 연구참여자들과 그저 기다리는 것 말고는 별다르게 할 일이 없어 복도나 진료실 앞에서 많은 시간을 함께 보냈다. 이런 경우에 사람들이 병원 직원에게 얼마나 오래 기다려야 하는지, 또는 왜 기다려야 하는지를 다그쳐 묻는 법은 거의 없었다. 아픈 사람들로 꽉 찬 분주한 대기실에서 따져봤자 별 소용이 없다는 걸 나 역시도 서서히 납득하게 되었다. 여기서 내가 사람들과 어느새 받아들이게 된 기다림은 분초로 계산 가능한 시간의 문제라기보다는 병원에 있는 동안 자연히 따르게 되는 암묵적 규칙에 가깝다고 할 수 있다.

사회학자 하비에르 아우예로Javier Auyero는 아르헨티나에서 제공되는 빈곤 및 복지 프로그램에 대한 장기간의 문화기술지 연구를 바탕으로, 복지 혜택을 받기 위한 기약 없는 기다림이야말로 "정치적 종속을 배우는 일상적 교습"에 다름 아니며 이러한 "지배 전략"으로 인해 도시 빈곤층은 "국가의 환자(patient, 받는 자)가 되는 법을 배운다"고 주장한다.[16] 평범한 기다림을 빈곤층과 국가의 상호작용을 관통하는 핵심으로 보는 그의 예리한 접근은 "오랜 기다림에 습관적으로 노출"되는 것이 어떻게 "권력에 굴종하는 특유의 경향을 형성"하는지를 파악하는 데 큰 도움이 된다.[17] 그러나 기다림을 지배와 복종의 양상으로만 보는 아우예로와 달리, 나는 기다림의 경험과 돌봄의 의무로 연결된 회로망 사이에 어떤 관계가 있는지 탐구하고자 한다. 여기서 우리는 태국의 정치 지형 내에서 공공 의료 서비스가 일종의 선물, 즉 증여 관계로 재구조화되고 제시되었다는 점을 상기할 필요가 있다. 태국 공공 병원에서 장시간의 대기

는 국가행정 체계가 환자-주체에게 임의적 명령을 견디게 한다는
점에서 권력의 예측 불가능성과 함께 행정 체계를 마냥 신뢰할 수
는 없다는 걸 깨닫는 경험이라고 할 수 있다. 그러나 이러한 돌봄의
배치에서 눈에 띄는 것은 여기에 일종의 부채감이 자리 잡고 있다
는 점이다. 베푸는 것, 필요한 무언가를 제공하는 것이 국가권력을
드러내는 주요한 표현이 될 때, 기다림은 선물 관계가 야기하는 깊
은 딜레마와 불가분의 관계에 있다.

『증여론』의 결론에서 마르셀 모스Marcel Mauss는 선물의 에토
스와 새롭게 등장하는 복지국가 사이의 연관성을 이야기한다. 모
스가 보기에 사회보험 제도의 발전과 국가가 "개인들을 보살피고자
하는 욕구"[18]를 드러내는 양상은 공적 선물public giving의 재등장이
라는 측면에서 서로 연결되어 있다. 사회보장, 연대, 상호 의존을 둘
러싼 근대적 관념의 중심에는 선물 관계의 오랜 원칙, 즉 주고받음
에 대한 의무의 회로망이 놓여 있다는 것이다. 반면에 선물 관계의
위험성은 불평등한 권력관계라는 상호 의존의 어두운 측면과 결부
되어 있다. 자신이 받은 것을 되돌려줄 수 없는 사람에게 공짜 선물
은 마냥 좋은 게 아니다. 선물은 독이 될 수도 있다.[19] 아우예로가 아
르헨티나의 복지 사무소에서 살펴본 빈민들과 마찬가지로[20] 태국
공공 병원에서 내가 만났던 사람들 대부분 역시 자신들이 여기에
있는 이유를 달리 갈 데가 없기 때문이라고 설명하곤 했다. 선택의
여지가 있는 사람들과 달리 가난한 이들에게 무상 의료를 받는 일
은 역설적으로 고통스러운 경험인데, 대갚음할 수 없는 선물을 받
을 수밖에 없는 상황에 놓여 있기 때문이다. 이는 원치 않더라도 주

어진 조건에 순응해야 한다는 것을 뜻한다. 따라서 병원에서의 차분한 기다림은 받기 위한, 즉 돌봄의 대상이 되기 위한 시작점이다. 이제부터는 공공 병원의 일상 속으로 다시 돌아가, 돌봄의 빚을 갚으려는 시도가 환자와 그 가족들에게 무거운 숙제가 되는 양상을 되짚어보고자 한다.

끄렝 짜이: 받는 자의 불편함

누완이 간호사실에 달린 작은 미닫이창을 열고 안쪽에 있는 간호사들에게 예의를 차려 말했다. "환자가 통증이 너무 심하대요. 와서 좀 봐주시겠어요?" 누완의 남동생은 말기 췌장암 환자로, 당시 그의 아내와 어린 두 딸 모두 병동에서 함께 지내고 있었다. 가족들 대부분이 환자를 집에 데려가는 게 좋을지 아니면 병원에 계속 두는 게 좋을지 갈팡질팡하고 있을 때 누완이 나서서 동생의 상태에 관해 의료진과 의논을 해보려고 하던 참이었다. 복도에서 그는 내게 말했다. "올케가 너무 끄렝 짜이해서, 간호사나 의사한테 뭘 물어보지를 못하겠대요. 그러니 나한테 말해달라고 부탁하더라구. 내가 먼저 나서서 묻지 않으면 동생이든 올케든 간호사가 보러 올 때까지 하염없이 기다릴 거야." "그럼 누완 씨는 별로 끄렝 짜이하지 않은 거죠?" 내가 물었다. "난 영국에서 20년 살았거든. 그래서 친척들은 내가 태국 사람 같지 않대." 그가 싱긋 웃으며 답했다.

누완은 소농 집안의 딸로 태어나 20대 초반에 영국 남자와 결혼해서 함께 이주했다가 남편이 죽자 치앙마이로 돌아왔다고 하였다. 남동생이 암 진단을 받은 후 그는 동생을 따라 병원에서 많은 시간을 보내게 되었다. 보편적 건강보험은 화학요법을 포함한 기본적인 암 치료를 보장하지만, 공공 병원 간 진료 의뢰를 통해 만난 주립 병원과 대학 병원의 전문의들은 모두 종양이 이미 너무 커졌다는 이유로 수술이나 화학요법을 시행하지 않았다. 건설 하청업자로 일하던 동생의 나이는 겨우 서른일곱이었다. 동생이 암 진단을 받았음에도 공공 병원을 통해 아무런 치료도 받지 못하자 누완은 그를 민간 병원으로 데려가 2차 소견을 구했다. 단 하루 입원해 몇 가지 검사를 받았을 뿐인데 병원비가 무려 8만 밧(한화 약 270만 원)이 넘었다. 누완이 우선 병원비를 냈지만, 하루도 더 입원할 수가 없어서 서둘러 집으로 돌아갔다. 통증이 참을 수 없을 만큼 심해지자 결국 환자는 처음 입원했던 반팻 병원으로 되돌아올 수밖에 없었다.

누완 자신도 영국에 있을 때 위암 수술을 받은 적이 있다고 했다. "영국에서 10년 넘게 살면서 다른 사람들이랑 똑같이 세금을 냈으니까, 그래서 거기서는 치료비의 50퍼센트만 지불했죠. 하지만 남편은 영국인이라 아팠을 때 한 푼도 내지 않아도 되었어요." "영국 병원에 입원했을 때도 혹시 끄렝 짜이가 느껴지셨나요?" 내가 이어 물었다. 누완은 이렇게 답했다.

아뇨, 전혀요. 영국 사람들은 자기한테 권리가 있다고 생각해요, 이미 다 세금을 냈으니까요. 하지만 태국 사람들은 공공 병원이 공짜로 치료해준다고 생각하죠. 자기가 낸 세금으로 공공 병원이 운영된다는 걸 모르는 사람들도 있어요. 부자들이야 민간 병원에 다니면서 원하는 모든 서비스를 받을 수 있죠. 하지만 공공 병원을 이용하는 사람들은 이게 다 공짜라고 생각하고, 그래서 고마움과 끄렝 짜이를 느끼기 마련이죠. 공짜 진료를 받는 것만으로도 이미 좋으니, 더 많은 걸 요구해서 병원 직원들을 귀찮게 하지 않아야 한다고 느끼는 거예요. "조금 더 기다리자, 다들 바쁘잖아. 나중에 간호사가 오겠지." 다 이런 식으로 생각해요. 묻고 싶은 게 많은데도요. 우리 친척들도 다 간호사와 의사한테 도움을 청하는 걸 어려워해요. 그래서 내가 대신 물어볼 때까지 기다리기만 하는 거예요.

끄렝 짜이를 느낀다는 게 도대체 무슨 뜻일까? 고마움의 뒷면이라고 할 수 있는 끄렝 짜이는 공공 병원에서 진료를 받는 사람들이 흔히 쓰는 표현으로, 사실 의미가 매우 복잡한 말이다. 일상적인 태국어 표현이지만 모국어 사용자가 아닌 많은 이들이 번역에 애를 먹는데, "영향력 있는 사람들 앞에서 느끼는 당혹감",[21] "배려심",[22] "다른 사람을 방해하지 않으려는 겸손과 존중의 태도"[23] 등으로 풀이된다. 겸손과 공손함을 뜻하는 개념인 쾀 끄렝 짜이는 태국에서 다양한 사회적 맥락에서 사용되는데, 이 표현이 의미하는 바는 사회적 관계의 성격에 따라 조금씩 다를 수 있다. 반 에스테릭Van Esterik은 갈라테사라는 개념을 들어, 태국 사람들의 사회적 적절성에 대한 감각은 시간과 공간의 맥락적 차이에 대한 민감한 이해, 그리고 상호작용하는 상대가 누구이고 지금이 어떤 상황인지에 대한 인식을 통해 설정된다고 설명한다.[24] 태국에서 사회적 위치를 설정하는 일은 과연 무엇이 적절한 행위인지를 명확히 규정하는 규약이나 의례 규칙에 따라 확정되어 있지 않으며, 따라서 사람들은 "시간이나 공간의 작은 변화로도 [상호작용의] 경험이 바뀔 만큼 매우 섬세한 배치 속에서" 끊임없이 사회적 신호를 읽어내야만 한다.[25]

여기서 나의 주된 관심사는 끄렝 짜이라는 특정한 정서가 공공 병원이라는 사회적 구조 안에서 어떻게 구성되는가에 대한 것이다. 긴 대기의 장소로서 병원이 안도감과 불편감, 희망과 실망이라는 복잡한 감정을 이끌어낸다고 할 때, 끄렝 짜이는 여러 감정들 중에서 특히나 돌봄과 치료의 공간을 헤쳐나가기 위해서는 어떤 양태의 관계가 필요한지를 가장 명확하게 드러낸다. 여타의 사회적 규범과 마찬가지로 끄렝 짜이는 사람들에게 자연스레 생겨나는 감정이자 공공 병원이라는 장소에서 느끼지 않을 수 없도록 이미 강제된 사회적 감각이기도 하다. 도대체 이 불편감과 왜소화, 겉치레가 뒤섞인 끄렝 짜이라는 정동이 공공 병원의 이용 경험에 관해 우리에게 말해주는 것은 무엇일까?

아직 30대인 젊은 말기 암 환자가 반팻 병원에서 삶의 마지막 나날을 보내던 때, 누완과 환자 아내는 내게 이미 상황을 받아들였다고 말했다(탐 짜이).[26] 여기서 받아들였다는 것은 임박한 죽음을 맞이할 마음의 준비를 하고 있다는 의미일 뿐만 아니라, 자신들이 더 이상 병원과 협상할 능력이 없다는 걸 알고 있다는 뜻이기도 하였다. 누완의 설명에 따르면 이건 다 끄렝 짜이 때문이었다. 가족들은 환자를 살릴 방법을 절박하게 찾고 있었지만, 공공 병원 시스템에서 더 많은 무언가를 요구할 수는 없다고 여겼다. 그래서 결국 이들은 끄렝 짜이 같은 걸 느낄 필요가 없는, 돈만 주면 치료를 받을 수 있다는 민간 병원으로 갔다. 그러나 그곳에서 요구하는 병원비는 평범한 농촌 가족이 감당할 수 있는 한계를 훌쩍 넘어섰다. 의료진과 환자 가족 사이의 위계적 관계는 민간 병원이든 공공 병원이든 대체로 비슷할 수 있으나 공공 병원에서 돌봄을 받는 이들은 많은 경우 자신들이 선택권이 없는 상황, 다시 말해 "주는 대로 받아야만 하는, 선택이나 결정에 아무 발언권이 없는" 위치에 있다고 느낀다.[27] 이 젊은 암 환자의 사례에서도 환자든 가족들이든 간에 행정적으로 이미 정해진 치료 과정, 그리고 병원의 결정 방식과 관련해서 자신들에게 주어진 위치를 받아들이는 것 외에는 별다른 도리가 없었다.

공공 병원에서 자신이 사회적으로 더 열악한 위치에 놓여 있다는 감각은 다양한 순간에 사람들의 행동에 영향을 미쳤다. 가난한 사람들이 조심스럽고 삼가는 태도로 병원 직원을 대해야 한다고 인식하는 것은 그들에게 그 어떤 권한도 없기 때문이기는 하지만, 이런 식의 단순한 설명은 끄렝 짜이를 통해 표현되는 미묘함을 전달하지 못한다. 사회적 공간에 대한 이 실질적 감각은 피에르 부르디외Pierre Bourdieu가 "개념적 설명이 따로 없는 지식"이라고 부르는 앎의 차원과 밀접한 관련이 있다.[28] 병원 내에서 사람들은 특정 방식으로 행동하도록 직접 압박을 받거나 규율을 강제받지 않는다. 그러나 동시에 여기서 끄렝 짜이를 느끼는 건 암묵적으로 당연하게 여겨진다. 부르디외의 말처럼 "개인과 사회 세계의 관계, 그리고 그

안에서 자신에게 적절하다고 여겨지는 위치와 맺는 관계는 그가 타인들에게 뭔가를 받을 자격이 있다고 느끼는 시간과 공간에서 가장 명확하게 표현된다".[29] 공공 병원에서 치료받을 때, 여기서 받는 사람은 받을 자격과 빚짐 사이의 불편한 틈에 빠지고 만다. 더 받고 싶고, 더 알고 싶은 욕구의 반대쪽에는 받기만 하는 상태에 대한 불안과 불편이 자리 잡고 있다. 다음에서 나는 이 빚을 진 것 같은 감각과 대갚음할 수 없는 선물이 야기하는 불안한 긴장이 공공 의료 서비스를 활용하는 샨 이주민들에게는 어떻게 나타나는지를 구체적인 예를 통해 살펴보고자 한다.

일방적인 선물, 또는 갚을 수 없는 빚

샨 이주민이자 얼마 전에 출산을 한 눈에게 지난 두 달은 길고 험난했다. 눈은 치앙마이 시내에서 멀리 떨어진 어느 산간지역의 거점 병원 응급실에서 쌍둥이를 조산했고, 아기들은 출산 직후 즉시 반팻 병원 신생아 집중치료실로 옮겨졌다. 눈은 아이들이 집중치료를 받게 된 걸 매우 다행으로 여겼지만 병원비 걱정이 태산이었다. 신생아 집중치료실에 이미 두 달이나 머무른 눈이 어느 날 나에게 병원비가 얼마나 나올 것 같냐고 물었다. 너무 끄렝 짜이해서 간호사에게는 돈 문제를 직접 물을 수가 없다고 했다. 쌍둥이들은 곧 퇴원할 만큼 건강해졌고, 마침내 진실의 순간이 다가왔다. 신생아 집중치료실 간호사가 퇴원 준비를 위해 눈에게 수납계로 가서 병원비를 정산하라고 한 것이다. 나는 늄과 함께 아래층으로 내려갔다.

젊은 수납원이 늄에게 건강보험카드가 있는지 물었고, 늄은 기한이 만료된 취업 허가증을 보여주었다. 이윽고 1000밧(한화 약 35만 원)을 수납대 위에 놓으면서 가진 건 이게 다라고 설명했다. 나는 늄과 함께 영수증을 보면서 이날 그가 지불해야 할 병원비 총액이 거의 15만 밧(한화 약 525만 원) 정도라는 걸 알게 되었다. 유리 칸막이 너머에 있던 수납원은 부드러운 북부 태국말로 그 금액을 한꺼번에 다 내지는 않아도 된다며 늄을 위로했다. 돈을 좀 벌고 나서 나중에 와서 내도 된다는 설명도 덧붙였다. 그러고는 「반환 약정」이라는 서류에 서명을 하라고 했고, 늄은 지장을 찍었다.

늄은 수납계에서 대화를 끝낸 후 약간 안도한 표정이었다. 신생아 집중치료실로 돌아가 쌍둥이와 소지품을 챙기고 직원들에게 작별 인사를 했다. 긴 입원의 끝이었지만 마지막 대화는 매우 짧게 마무리되었다. 간호사들은 새로 입원한 환자를 수속하느라 분주했고 늄은 이들에게 제대로 감사 인사를 전할 기회도 없었다. 병원 정문에서 함께 오토바이 택시를 기다리는 동안 나는 늄에게 병원비를 어쩔 생각인지 조심스럽게 물었다. "정말로 병원비를 낼 돈이 없어. 너무 큰 돈이잖아. 하지만 할 수 있다면 일부라도 갚고 싶지. 간호사 선생님들이 우리한테 정말 잘해줬잖아. 간호사가 쉬운 직업이 아니란 걸 인제는 진짜 안다니까. 정말 열심히 잘해줬잖아. 돈만 생기면 갚을 거야." 늄이 차분히 답했다.

당시 나는 병원 수납원이 늄에게 어떤 부정적인 말도 하지 않았던 것이 인상 깊었다. 늄을 바래다주고 다시 수납대로 돌아가 직원에게 병원비를 다 내지 못하고 퇴원한 신생아 집중치료실의 엄마를 어떻게 생각하는지 물었다. 수납원은 이렇게 대답했다. "우리 병원에 신생아 집중치료실이 생긴 후로 그런 일은 꽤 흔해요. 아시다시피 거기 치료비가 이만저만 비싼 게 아니잖아요. 30밧 카드가 없는 사람들 대부분은 이주민이거나 산에 사는 소수종족 출신이에요. 가난한 사람들이죠. 민간 병원처럼 그 돈을 다 내라고 할 수 없어요. 정부 병원이 민간 병원과 같을 수는 없으니까요." 수납원의 대답은 2장에서 살펴본 돌봄에 대한 병원의 광범위한 의무를 반영하고 있었다. "우리가 뭘 어떻게 할 수 있었겠어요? 아픈 아기들은 우리를 찾아오고, 우리 병원은 정부 소속이잖아요. 우린 모두를 다 보살펴야 해요." 보험이 없는 환자들에게 지출한 비용은 정부가 보전해주지 않으므로 결국 병원의 재정 적자로 남게 된다.

이날의 퇴원 수속은 눈이 병원에 빚을 졌다는 것, 그리고 그가 부채 상환을 약속하는 일종의 계약을 병원과 맺었다는 것을 말해준다. 그러나 사실 「반환 약정」 문서는 어떤 실질적인 법적 의무도 명시하고 있지 않았다. 반팻 병원은 개인 채무 정보를 1년 이상 보관하지 않았으며, 미납금의 총액만 집계하고 있었다. 여기서 가장 흥미로운 측면은 병원 측이 부채를 회수하려는 강한 의지를 전혀 보이지 않았다는 점이다. 눈의 아기들이 입원할 때 아무도 앞으로 나올 진료비에 관해 말하는 사람이 없었다. 퇴원일이 되어서야 수납원이 총액을 알려주었고, 별다른 이자 없이 상환 약속을 제안했을 뿐이다. 병동에서 의료진은 환자에게 치료비를 언급하는 경우가 거의 없었고, 보험이 없는 환자가 퇴원을 앞두고 수납계를 찾아가면 행정 직원이 비용 총액을 안내했다. 만약 내지 않는다고 하더라도 나중에라도 내겠다고 하면 별다른 조치 없이 퇴원을 하게 했다.

반팻 병원에서 미지불금은 환자 개인의 부채가 아니라 지역사회에 대한 병원의 도덕적 의무로 여겨진다. 건강보장법과 국가의 공공 의료 예산 배정 정책에 근거해 볼 때, 비시민권자나 보험 자격이 없는 사람을 공공 의료 시스템에서 배제하는 것은 어쩌면 정당한 조치일 수 있다. 그러나 보험이 없는 사람들이 대부분 채무 상환 능력이 없다는 사실을 현실적으로 감안할 때, 또 병원은 모두에게 진료를 제공할 의무가 있다고 여길 때, 여기서 포함과 배제의 경계는 달라지기 시작한다. 반팻 병원이 제시하는 국가의 도덕적 의무는 시민권자와 비시민권자의 구분을 흐릿하게 만들고, 공공 의료의 포괄적 측면을 강화한다.

나중에 알게 된 사실이지만 눈이 병원에 빚을 진 건 이번이 처음은 아니었다. 쌍둥이가 퇴원하고 한 달 후, 나는 치앙마이 시에서 200킬로미터 정도 떨어진 팡 지역에 있는 눈의 집을 찾았다. 눈은 작은 오렌지 농장 옆 나무판자로 지은 오두막에 살고 있었다. 10년 전 미얀마에서 태국으로 건너온 그는 오렌지 농장에서 처음 일을 시작했다. 나는 눈의 가족과 저녁 식사를 마친 후 벽에 걸린 남편 사진을 보다가, 아버지가 왜 갓난아기들을 보러 병원에 오지 못했는지 알게 되었다. 그는 한쪽 다리가 절단되어 있었다. 몇 년 전 오토바이 사고를 당해 치앙마이대학 병원에서 큰 수술을 받았다고 했다. "사고 때문에 큰돈을 썼겠어요." 내 말에 눈이 대답했다. "응, 하지만 병원에서는 아니었어. 병원에서 나중에 갚으라고 했는데, 퇴원하고 갚을 수가 없었어. 그때는 휴대전화도 없던 때여서 병원에서 우리한테 연락을 하려고 해도 방법이 없었지. 지금 같지 않았으니까." 나는 늄이 이미 무상으로 진료를 받은 경험이 있는데도 반팻 병원의 신생아 집중치료실에서 왜 그렇게 병원비를 걱정했는지 잘 이해가 되지 않았다. 늄이 이어서 말했다. "못 갚아도 아마 별일은 없을 거야. 병원에서 나를 경찰에 고발하거나 뭘 더 하지는 않을 테니까. 그래도 끄렝 짜이하잖아. 다는 아니라고 해도 일부라도 꼭 갚고 싶어."

끄렝 짜이한 마음은 어느새 병원의 담장을 넘어 이 고단한 이주민 가족의 삶에도 한자리를 차지하고 있었다. 늄은 이전의 경험을 통해 병원 빚이 탕감될 수 있다는 것을 알고 있었지만, 그래도 빚을 지었다는 감각을 떨치지 못했다. 상황만 보면 기회주의적으로 빚 따위는 훌훌 잊고 지내도 될 것 같은데 늄이 아직도 병원과의 관계에서 비대칭성을 느끼고 있다는 게 나에게는 꽤 충격으로 다가왔다. 여기서 그가 빚진 상태에 대해 느끼는 꺼림칙함에는 빚과 고통, 도덕적 자격, 신운 사이의 뚜렷한 연관성을 가정하는 업karma의 논리가 배어 있다는 것을 이해할 필요가 있다.[30]

반팻 병원 신생아 집중치료실에서 여러 이주민들이 진 빚이 결국은 선물로 전환된다고 할 때, 이는 공공 병원에 대한 취약한 이들의 절대적인 의존과 병원 직원들이 이들에게 느끼는 연민에 기반한 것이다. 병원은 시민권이 없는 환자들에게도 아낌없이 돌봄과 치료를 제공했지만, 시민과 비시민을 구분하는 더 큰 정치 공동체의 날선 논리는 여전히 뚜렷이 상처를 남기고 있었다. 배제와 포함의 이 불확실한 경계에서 늄은 고마움을 느끼면서도 동시에 권리 없는 자로서 끄렝 짜이할 수밖에 없는 것이다.

상호의존성, 자유, 그리고 존엄한 삶

나는 태국의 공공 병원 이용자들이 모두 순종적이고 무력하다는 인상을 주기를 원치 않는다. 보편적 건강보험의 도입은 동등한 의료 접근을 보장하는 사회적 권리의 확대에 기반하고 있으며, 환자들의 일반적인 권리 의식도 날로 강화되어 병원을 대상으로 하는 소송 건수 역시 크게 늘어나는 추세이다.[31] 또한 여기서 태국의 공공 의료 서비스가 흔히 말하는 '복지 의존적' 인구를 만들어냈다고 주장하려는 것도 아니다. 태국의 사회보장 역사가 매우 짧다는 것을 감안할 때, 광범한 사회적 혜택을 주겠노라는 약속을 지킬 만큼 공공 인프라가 충분히 포괄적이지는 않기 때문이다. 태국에서, 특히 농촌 빈곤층 사이에서 보편적 건강보장의 실질적 의미와 관련해 반드시 설명되어야 할 것이 있다면 그것은 여기서 의료가 어떤 과정을 거쳐 보살핌의 의무를 기반으로 하는 회로망으로 작동하고 있느냐에 대한 것이다.

　보편적 건강보장을 태국의 고유한 상황에 맞춰 정착시키는 과정에서 작용한 전반적인 논리는 크게 둘로 구분해볼 수 있다. 먼저, 제도에 대한 병원 이용자들의 대중적인 이해는 태국의 정치 지형에서 돌봄의 재현이 넓은 의미에서 정치적 정당성을 구현하는 데 매우 중요하다는 것을 말해준다. 권력자 개인의 덕성과 베푸는 힘의 발현을 밀접하게 연결하는 방식은 태국에서 사회보장을 지역에서 구체화할 때 드러나는 중요한 특징이다. 자선을 베푸는 국가는 태국에서 종교와 결합한 정치권력의 오랜 기반이라고 할 수 있으나, 여기에는 후견주의를 넘어서는 정치적 문제가 걸려 있다. 의료 서비스가 전 세계적으로 자유시장화되는 가운데, 국가가 약속하는 보편적 돌봄이라는 그 정체가 모호한 선물은 구조적 불평등을 은폐하고 도대체 국가가 제공하는 돌봄의 실체가 무엇인가라는 불확실성을 둘러싼 긴장을 수반한다.

다음으로 이러한 방식의 통치는 고유한 정치적 주체를 만들어 낸다. 인내를 요하는 기다림은 공공 의료 서비스를 받기 위한 기본 조건이다. 이때 보편적 보장의 약속이 지켜지지 않는다는, 공공 서비스의 실패에 대한 불만족은 태국의 현실에서 매우 중요한 일면이다. 그러나 불만족보다 더 깊고 큰 함의가 '인내'의 측면에 담겨 있다. 국가가 제공하는 의료를 받을 자격이 있지만 동시에 여기밖에는 의지할 데가 없는 상태가 결합된 미끄러운 경사면에서, 기다림과 머뭇거림의 정동적 결합이라고 할 수 있는 끄렝 짜이는 비대칭적 권력관계 내에서 받는 자, 즉 수혜자의 종속적 지위를 반영한다. 특히 모두에게 의료를 제공하겠다는 공공 병원의 비공식적 약속에 의탁해야 하는 미등록 이주민 집단에게 이 선물과 부채 사이의 긴장은 더욱 심해진다.

그리고 이 돌봄의 회로망에서 더 많은 걸 바라는 마음과 그러면 안 된다는 망설임은 서로를 억누르면서 교차한다. 한편에는 무상에 가까운 치료를 받을 수 있다는 상황에 대한 감사의 마음이 있기도 하지만, 다른 한편에는 기다림을 당연히 요구받는 '참고 견디는' 주체가 되어야 한다는 씁쓸함이 있다. 사람들은 의료진의 선의와 국가의 사회적 보호를 신뢰하면서도, 동시에 공공 의료와 민간 의료 사이에서 원하는 걸 마음대로 선택할 수 있는 자유와 그걸 가능하게 하는 경제적 수단을 갈망하기도 한다. 공공 병원에서 형성되는 사회적 유대는 매우 조심스럽게 다뤄지지만, 동시에 이 의무의 그물은 자율성과 권한의 결여를 입증하기도 한다.

이러한 긴장과 관련해서, 우리는 부르디외가 강조했던 증여와 지배의 연관성을 떠올릴 수 있다. 시장에서 필요한 걸 맘껏 살 능력이 없고, 따라서 국가의 지원에 의존해야만 하는 사람들이 겪는 어려움은 부르디외가 전前 자본주의 경제의 주요 특징으로 규정했던 "부드러운, 보이지 않는 형식의 폭력"의 경험과 유사하다고 할 수 있다. 부르디외는 "절대 폭력으로 인식되지 않는" 종류의 폭력이 있다고 지적하면서 이는 "겪는다기보다는 선택된" 형태로 나타나는데, "신용, 신뢰, 의무, 개인적 충성, 환대, 선물, 감사, 경건에 내재된 폭력"이 바로 그것이다.[32] 환자가 느끼는 받는 자로서의 부담은 상징 폭력이 합의하게 하는 영역, 돌봄과 억압의 긴밀한 연관이 만들어내는 증상이라 할 수 있다. 그러나 이러한 폭력 개념으로는 의존적 상황에 놓인 사람들이 드러내는 도덕적 자율성의 측면을 온전히 다 설명할 수가 없다. 비록 끄렝 짜이가 개인적 행동의 제약을 반영한다고 하더라도, 이 미묘한 주저함과 삼가는 태도는 누군가의 행위성이 완전히 억제된 상태를 뜻하기보다는 의존적 상황에서도 나름의 존엄을 추구하고자 하는 시도와 더 관련되어 있다.

실제로 빚을 지는 데서 오는 위험 부담은 단지 폭력적인 보복이나 소외에 대한 두려움에서 나오는 것만은 아니었다. 오히려 받은 것을 가능한 한 되돌려주고자 하는 사람들의 바람은 삶의 존엄을 확보하고자 하는 하나의 방식이기도 했다. 샨 이주민이자 어린 아이를 키우는 아버지인 피이는 의료보험이 없는 임시 체류자 신분으로, 세 살짜리 아들과 함께 병동의 작은 침대에서 종종 잠을 청하곤 했다. 공사장에서 일을 마치고 병원에 들를 때면 피이의 셔츠는 허연 회반죽 먼지로 뒤덮여 있었다. 피이는 거의 매일 퇴근 후 병원에 와서 아들과 아내를 살폈는데 매번 피곤에 절어 축 늘어져 있었다. 어느 날 피이가 그간 병원에 무려 1만 3000밧(한화 약 45만 원)이나 갚았다는 말을 들었을 때, 나는 그 이유가 언뜻 이해가 가지 않았다. 피이는 예전에도 병원 빚을 진 적이 있기 때문에 이걸 다 갚지 않아도 자신이나 아들에게 직접적인 영향이 없다는 걸 분명히 알고 있었다. 그래도 그는 힘이 닿는 한 빚을 갚으려 했다. 피이의 빠듯한 가정 형편을 아는 나로서는 그가 1만 3000밧을 저축하기까지 얼마나 힘이 들었을지를 생각하니 마음이 아렸다. 왜 병원 빚을 그냥 모르는 척하지 않았냐고 내가 묻자 그가 답했다. "그렇게 살라고 배우지 않았거든요. 돈이 있으면 빚을 갚아야 맞는 거죠. 빚지는 건 싫어요." 피이는 아픈 아들 때문에 진 병원 빚을 전부 청산할 수는 없었지만, 그래도 최선을 다해 갚았다. 피이의 조용한 결단은 한편으로는 끄렝 짜이한 마음에서 비롯하였을 것이다. 그러나 이는 동시에 자신의 아들을 살려낸 돌봄의 의무망에 그 역시 조금이라도 기여하고 말겠다는 업에 대한 윤리적 감각 또한 깊이 결부되어 있었다.

의존과 자율성, 자유와 의무의 경계선에서 피이가 보여주는 일상의 도덕성은 가능한 최대한의 상호성을 이루려는 노력을 여실히 드러낸다. 피이는 스스로를 낮출 수밖에 없는 사람들이 의존 상태에 있다고 하더라도 자존감과 존엄에 대한 감각을 잃지 않으려고 애쓰는 양상을 분명히 보여준다. 비록 피이가 병원비를 다 갚는다고 해도 그에게 도움을 준 사람들과 동등한 위치가 되지는 않겠지만, 대갚음에 대한 이러한 미완의 시도는 돌봄의 관계에서 생겨나는 도덕적 의무에 응답하려는 노력이라고 할 수 있다. 돌봄을 받는 일이 여러 차원에서 일어난다고 할 때 중요한 점은 그 누구도 동등한 호혜성을 달성할 수 없다는 데 있다.[33] 예를 들어, 생명을 선물로 받았을 때 이를 그대로 갚는 건 불가능하다.[34] 목숨은 받은 만큼 다시 줄 수가 없다. 그리고 돌봄의 힘이 생성되는 출처들에서는 지배와 억압, 합법적 권위, 개인적 유대와 같이 여러 형태의 사회성이 내포된 혼종적이고 다각적인 관계들이 함께 작용한다. 이 복잡한 관계의 그물 속에서 돌봄은 조심스럽게 이끌어내져야 한다. 그리고 이처럼 마냥 편하지만은 않지만 실체가 있는 연결성이야말로 "서로가 서로의 삶이 유지될 수 있도록 함께할 것이라는 열린 합의"를 만들어내는 토대라고 할 수 있을 것이다.[35]

여기서 얻을 수 있는 중요한 교훈 중 하나는 돌봄이라는 선물의 제공이 반드시 주는 자의 지배력을 강화하거나 혹은 받는 자의 권리와 권한을 강화하는 식의 양상으로 단순하게 양분되지는 않는다는 점이다. 현재의 시스템에서 르언과 피이 같은 사람들은 피해자도 승리자도 아니다. 르언은 길고 고통스러운 기다림 끝에 말기 신부전증 환자의 생명을 유지시켜줄 치료인 복막투석을 마침내 시작할 수 있었다. 피이는 여전히 보험이 없는 어린 아들을 병원에 자주 데려왔고 비록 빚을 다 청산하지는 못했지만 필요할 때마다 치료를 받고 간다. 두 경우 다 각각에게 필요한 게 주어졌지만, 이런 종류의 관계에 얽혀드는 건 신체적으로나 도덕적으로나 고통스러운 과정이었다. 태국 국민인 르언과 샨 이주민인 피이는 국적과 시민권의 여부도 다르고 처한 상황도 크게 달랐지만, 그저 내쳐지기보다는 이 불완전한 지원의 영역에 어떻게든 한 발이라도 얹겠다는 굳은 마음을 공유하고 있었다. 무언가를 받아야 하는 수동적 상태라고 하더라도 기다림 속에 자신을 내어놓음으로써, 필요를 끈질기게 알림으로써 버티어나갔다. 이들이 보여주는 돌봄을 이끌어내는 힘이야말로 가난한 사람들의 삶에서 국가의 지원과 사회적 지원이 구체화되는 중심적 요인이라고 할 수 있을 것이다. 그리고 이러한 애씀은 상호 의존이 그저 주어진 상태가 아니라 분투의 한 형식이라는 점을 다시금 생각하게 해준다.

덧붙이기
공공 의료의 몇몇 구성 요소들

공공과 민간의 구별

한국과 태국의 의료 체계에서 가장 큰 차이는 영리 병원이 허용되는가 그렇지 않은가이다. 태국은 자본 투자가 허용되는 영리 병원이 주도하는 민간 영역과 정부기관 산하의 병원이 중심이 된 공공 영역이 명확히 구분된다. 한국은 투자자에게 수익 배분을 하는 것이 목적인 기업형 병원의 설립이 허용되지 않으며, 소유 및 운영 주체가 정부이든 개인이나 법인이든 간에 모든 의료기관이 반드시 국민건강보험 가입 환자를 진료해야 하는 법적 의무를 부여받는다. 이를 '건강보험 당연지정제'라고 부른다. 태국의 민간 병원들은 이와 같은 의무를 지지 않으며, 자체적으로 가격을 책정할 수 있다. 고용사회보험 및 공무원의료급여 수혜자의 경우 미리 지정되거나 선택한 민간 병원을 이용하거나 일부 혹은 전액 환급을 받을 수 있지만 보편적 건강보험의 적용을 받는 대다수의 사람들은 민간 병원을 이용할 경우 모든 비용을 개인이 직접 지불해야 한다.

이러한 의료 체계의 이분화는 한편으로는 태국 사회의 극심한 경제적 불평등을 반영한다. 즉, 지불 능력이 있는 소수의 사람들은 민간이든 공공이든 가리지 않고 어느 병원이나 이용할 수 있지만, 그렇지 않은 사람들, 특히 보편적 건강보험의 적용을 받는 사람들은 거주지 근처에 있는 공공 병원 이외의 선택지를 가질 수가 없다. 이는 다른 한편으로는 태국의 공공 의료 체계가 민간의 자원에 크게 기대지 않고도 자체적으로 운영이 가능할 정도의 완결성을 갖추고 있다는 것을 뜻하기도 한다. 이러한 차이는 두 나라의 전체 의료기관 수와 병상 수의 분포를 비교하면 확연히 드러난다. 2021년 기준으로 보건지소와 의원부터 대학 병원까지 총 4만 3245개에 달하는 태국 전체의 보건의료기관 중 민간 시설은 72퍼센트나 차지하지만, 전체 병상의 80퍼센트는 공공 병원에 속한다.[1] 이러한 차이는 대다수의 의원급 시설들은 민간 소유이지만, 입원 치료를 제공하는 병원급 이상에서는 공공 영역의 비중이 압도적으로 높기 때문에 생겨난다. 한국은 대부분의 의료기관이 민간 소유이며, 전체 병상 수의 약 10퍼센트만이 국가나 지방자치단체 및 공공단체가 설립하여 운영하는 의료기관에 속한다.[2]

태국의 공공 병원은 대부분이 보건부 소관으로 운영되며, 여타 행정부 및 지방자치단체를 통해 운영되는 병원이 일부 있다. 태국은 한국으로 따지면 읍 단위보다는 크고 군 단위보다는 작은 행정단위별로 최소 한 개의 지역 거점 병원(10병상에서 90병상 사이)을 운영하는 것을 기본 체계로 삼는다. 태국의 지역 거점 병원은 한국식 구분으로 따지면 동네 의원급에서 하는 진료를 하면서 종합병원

덧붙이기: 공공 의료의 몇몇 구성 요소들

의 기능 일부를 동시에 수행한다. 일반 외래를 통한 만성질환 관리, 영유아 접종, 소아 진료, 지역사회 건강 증진 활동과 같은 일차 보건 의료 서비스를 하면서, 여기에 더해 결핵, HIV(사람면역결핍바이러스), 뎅기열, 말라리아 등 주요 감염병 치료, 24시간 응급실 운영, 입원 및 재활 치료, 산전관리실과 분만실 운영, 출산 전후 관리 등을 기본 적으로 맡는다. 태국은 분만 전문 간호사를 훈련하고 이들이 주축 이 되어서 분만실이 운영되도록 하는 제도를 오랜 기간 동안 유지 해왔다. 산전진단을 통해 고위험 분만이 예상되는 요소들이 없다고 평가되는 경우에 한하여 지역 거점 병원에서도 분만이 이뤄진다. 대부분의 지역 거점 병원들이 일반의 및 가정의 중심으로 운영되 며, 당직 근무 체계도 적용하기 때문에 산부인과 전문의나 응급의 학의가 아니라고 하더라도 분만실과 응급실 대기를 수행해야 한다.

진료 의뢰 체계

태국에서는 지역 거점 병원의 역량으로는 감당할 수 없는 보다 전 문적인 치료가 필요할 경우 상급 의료기관, 즉 주 단위에 최소 한 개 이상 있는 전문의 중심의 종합병원 및 대학 병원으로 환자를 의뢰 한다. 상급 기관 역할을 해야 하는 종합병원 역시 대부분 보건부 소 속 기관이다. 태국에 있는 대부분의 의과대학이 국공립 대학에 속 해 있으며, 따라서 교육부 관리 하의 수련 병원이자 진료 의뢰의 마 지막 종착지로 특수하고 고도화된 치료를 제공하는 역할을 맡는다. 극소수의 사립 대학에서 병원을 운영하기도 하고, 국공립 대학 병원 내에 별도로 영리 추구를 허용하는 치료 센터 등이 운영되는 경우도 일부 있지만, 한국으로 따지면 상급 종합병원 역할을 맡는 대부분의 병원들은 재원 조달과 운영 전반에서 지역 거점 병원과 동일한 체계 내에 위치한다.

따라서 반팻 병원과 같은 지역 거점 병원들은 마을 단위의 보건지소부터 상급 병원까지 소진료권과 대진료권 간에 연계가 이뤄지도록 하는 데 중요한 역할을 한다. 지역 내 보건지소의 운영과 관리에도 책임이 있기 때문에 지역사회의 건강 증진에 관련된 다양한 프로그램들을 조직해야 하며, 상급 병원으로 환자를 보내고 또 급성기 치료가 끝난 환자를 다시 인계받아 회복기 치료를 맡는 전달 체계의 허리 역할을 해야 한다. 즉, 태국은 지역을 기본 단위로 의료 자원이 단계적으로 배분되어 있고, 환자들 역시 응급 상황이 아닌 경우에는 이 단계에 따라서만 진료 의뢰를 받을 수 있다. 3장에 나오는 눈의 쌍둥이들은 이런 전달 체계를 통해 자신이 사는 지역의 거점 병원에서 반팻 병원 신생아 집중치료실로 이송되어 입원 치료를 받았고, 이후 대학 병원의 안과 전문의, 심장 관련 전문의들에게도 진료를 받을 수 있었다. 무슨 치료를 받으려면 어느 병원에 가야 하는지를 환자가 직접 찾고 스스로 정하는 게 아니라 지역 거점 병원의 의료진이 어느 병원의 어느 과에 가야 하는지 지정해준다.

더 높은 단계로 올라가는 것뿐만 아니라 더 낮은 단계로 내려가는 일도 중요하다. 예를 들어 반팻 병원의 고혈압·당뇨병 클리닉의 간호사들은 지역 내에서 자신들이 담당하는 환자가 복약을 중단하거나 진료 예약을 자주 건너뛰면 환자의 거주지에 있는 보건지소에 연락을 취하고, 보건지소에서는 해당 마을을 담당하고 있는 보건 요원을 통해 환자 상태를 확인하는 조치를 취하기도 한다. 즉, 단순히 환자가 오지 않으면 거기서 진료를 멈추는 게 아니라 중증으로 악화되지 않도록 병원에 오도록 하는 역할을 하기도 한다. 건강 증진 프로그램의 운영에도 많은 책임을 부여받고 있기 때문에 병원에서 근무하는 영양사, 약사, 운동치료사가 정기적으로 함께 모여 만성질환자를 대상으로 하는 식습관 교육 및 복약 지도, 운동 프로그램을 진행하기도 하고, 2장에서 제시한 것처럼 장기 재활치료가 필요한 경우에는 가정으로 직접 방문하기도 한다.

태국에서 보편적 건강보험이 운영되는 방식은 환자의 자유로운 선택을 허용하지 않는다는 점에서 한국과 근본적으로 다르다. 한국은 민간이든 공공이든 환자가 자신이 원하는 의료기관을 자유롭게 선택하는 것을 폭넓게 허용하며, 상급 종합병원에서 진료를 받기 위해서는 의뢰서를 받아야 하기는 하지만 형식적 절차에 불과해 결국 환자 자신이 전국 어디든 원하는 병원에 가서 접수하고 진료를 볼 수 있다. 태국은 공공 병원 체계만으로 보편적 건강보험을 적용할 수 있도록 하기 위해서 이용자의 선택을 제한하고 의료 제공자들에게 진료 범위와 순서를 정할 권한을 더 많이 부여하였다. 가장 큰 문제는 전원을 받은 상급 병원이 보다 전문적인 치료를 제공할 여력이 없을 경우, 환자들은 기다리는 것 이외에 별다른 방법이 없다는 것이다. 3장에 등장하는 르언의 경우가 바로 그러하다. 르언은 복막 투석을 시작하기 위해 배에 튜브를 삽입하는 시술을 받아야 했지만 당시 반팻 병원에는 외과의가 없어서 상급 병원으로 환자를 인계해야 했다. 그러나 거기서도 대기 인원이 너무 많아서 언제 시술을 받을 수 있을지 알 수가 없는 상황이었다. 진료 지연은 환자뿐만 아니라 지역 거점 병원 의료진들에게도 큰 부담으로 다가온다.[3] 또 3장의 말기 췌장암 환자를 동생으로 둔 누완이 그러했던 것처럼 환자와 보호자들은 치료의 효용이나 예후에 대한 의료진의 판단과 관계없이 지푸라기라도 잡는 심정으로 어떤 수술이든 받기 원할 수 있다. 그러나 태국의 공공 병원 간 진료 의뢰 체계는 이런 종류의 요구를 수용하지 않는다. 누완이 동생을 민간 병원에 데려간 이유는 거기서는 지불 능력만 있으면 환자의 요구에 따른 처치를 받을 수 있다고 기대했기 때문이다.

태국의 민간 병원은 별도의 민간 보험이 없을 경우 지불해야 하는 비용이 너무 크기도 하지만 무엇보다 고도의 수술이나 복잡한 치료, 희귀 의약품을 제공할 능력을 충분히 갖추고 있지 않은 경우가 대다수이다. 즉, 중환자 치료를 비롯하여 기술적 복잡성이 높은 수술 및 처치는 훈련된 인력과 장비, 연구가 필요하며 장기적인 투자가 있어야 가능한데, 민간 병원은 주로 단기간에 수익을 많이 낼 수 있고 표준화된 영역에 집중하기 때문에 중환자 치료를 위한 기반을 제대로 갖추고 있지 않은 경우가 더 많다. 예를 들어 반팻 병원 의료진은 산모 본인이 아무리 원한다고 하여도 적응증에 부합하지 않을 경우 제왕절개술을 받을 수 있도록 상급 병원으로 전원 의뢰를 해주지 않지만, 신생아 집중치료실 운영을 위한 설비와 훈련된 인력을 모두 갖추어 24시간 운영한다. 치앙마이 시내에 있는 가장 큰 민간 병원에서는 비용만 지불하면 선택적 제왕절개술을 받을 수 있지만, 중증 신생아 치료를 위한 설비는 갖추고 있지 않다. 따라서 시내에서 가장 좋은 민간 병원에서 태어난 아기가 응급한 치료가 필요한 경우 외관상 훨씬 더 허름한 반팻 병원으로 이송이 되는 경우도 흔히 있다.

지불 방식

태국의 공공 병원이 운영되는 방식이 한국의 관점에서 낯설게 느껴지는 이유는 의료 제공자 및 의료기관에 보수를 지불하는 방식이 다르기 때문이다. 한국은 행위별 수가제, 즉 의료진이 제공하는 각종 처치를 약 6000개 정도로 항목화하고 거기에 금액을 매겨 보상하는 방식을 취한다. 이러한 방식에서는 진료나 처방, 수술 등의 의료 행위를 더 많이 하면 할수록 수입이 증가하는 양상을 띤다. 행위별 수가제는 건강보험이 적용되는 의료 행위를 하는 데 투여되는 자원과 비용, 노동에 대한 대가를 보상해주기 위한 계산 방식이며, 여기에 붙여진 금액은 흔히 생각하는 것처럼 의료 행위의 가격이 아니다. 가격은 엄밀히 말해 특정 재화를 화폐로 교환해서 거래할 때 그 가치량의 변동을 표현하는 지표이다. 보험 체계 하에서 의료 행위는 제공자와 이용자 간에 개별적으로 거래되지 않으며, 거래의 빈도에 따라 가치량이 변동하지도 않는다. 건강보험 체계 내에 미리 설정된 규칙에 따라 사전 혹은 사후에 지불이 이뤄진다. 다시 말해 수가는 지불 금액 전체의 산정을 위해 임의적으로 붙여진 일종의 데이터 값이지, 특정 행위의 화폐화된 가치량을 반영하지 않는다. 수가를 가격으로 오해하면 마치 각 행위에 붙여진 금액이 그 행위의 쓸모를 반영하여 보상하는 것처럼 착각을 일으킨다. 즉, 높은 가격으로 보상하지 않으면 해당 행위의 중요성과 필요를 인정하지 않는 것이라고 여기게 한다. 행위별 수가제는 무엇보다 의료 영역에서 이뤄지는 행위가 마치 하나하나의 서비스 단위로 쪼개질 수 있는 것처럼 여기게 한다는 점에서 문제적이다. 의료 행위가 언제나 과정의 산물이며 여럿이 함께 이루는 총체적인 성격의 일이라는 점을 잊게 만든다.

태국의 공공 병원 의료진들은 자신이 하는 행위에 따라 보상을 받지 않으며, 더 많은 환자에게 더 많은 처치를 한다고 병원의 수익이 더 늘어나지도 않는다. 즉, 태국의 지역 거점 병원들은 자신이 맡고 있는 지역의 인구수에 따라 일정액을 할당받으며(인두제), 해당 인구수의 연령비 등을 기준으로 산출된 예산을 해마다 일괄 지불 받는다(총액예산제). 이때 입원 환자의 경우에는 질병군별로 지불 금액이 조정되고 고혈압이나 당뇨병과 같은 만성질환 관리에는 가치 기반 지불제도가 적용되어서, 등록된 환자들의 건강 상태가 악화되지 않고 잘 유지될수록 인센티브가 붙기도 한다. 태국 전체에서 보편적 건강보험을 운영하는 국가건강보험국이 여러 진료비 지불 방법을 혼합하여 그해 책정된 전체 예산 내에서 병원별로 지불 금액을 조정하여 배분한다. 또한 태국의 공공 병원은 의사와 간호사 및 필수 행정직의 상당수가 보건부 소속 공무원으로 각 직급과

호봉에 따라 봉급을 받으며, 이외 별도로 필요한 인력만 병원이 자체적으로 채용한다. 즉, 인건비의 상당 부분이 국가 재정을 통해 지급되기 때문에 병원이 자체적으로 수익을 내서 인건비 전체를 보전해야 한다는 압력이 높지 않다.

이러한 지불 제도의 차이는 의료 제공자들이 일하는 방식에 큰 영향을 끼친다. 한국은 공공 병원이든 민간 병원이든 행위별 수가제가 적용되는 것은 동일하기 때문에 수가가 별도로 책정되어 있지는 않지만 환자의 건강 증진에 긍정적인 영향을 끼치는 행위를 독려할 방법이 거의 없다. 이를테면 진료를 보러 오지 않는 환자에게 전화 연락을 해서 상태를 확인하는 일에 별도의 보상이 없다면 혹은 보상이 충분하다고 여기지 않는다면 개별 의료기관이나 의료인이 이런 일을 할 필요를 느끼기 어렵다. 건강 증진 프로그램도 마찬가지이다. 한국에서 동네 의원은 의료 전달 체계가 작동한다면 일차의료를 제공하는 기관으로서 단순히 매주 먹어야 하는 약을 처방해주는 걸 넘어 환자의 건강 관리에 보다 많은 역할을 할 수 있지만, 환자도 이러한 종류의 개입을 기대하지 않고 의료진도 환자에 대한 진단과 약 처방, 처치 이상의 개입을 하는 법을 아예 모르거나 해야 할 근거가 없다고 여기는 경우가 대부분이다.[4]

또한 현재 한국의 건강보험 제도는 반드시 제공되어야 한다고 여겨지는 행위와 영역에는 수가가 책정되어 있지만, 해당 서비스를 제공하기 위해 투입해야 하는 비용이 이에 미치지 못하는 경우도 있다. 따라서 보험 수가를 통해 보상받지 못하는 비용을 비급여 부분, 즉 환자 개인이 지불하는 금액을 통해 벌충해야 하는 압력이 최근 줄어들고는 있다 해도 상당 기간 지속된 바 있다. 즉, 한국의 의료기관들은 급여와 비급여 수입을 잘 합하고 지출에서 큰 비중을 차지하는 인건비를 줄이면 수익을 낼 수 있다는 점에서 공공이든 민간이든 경영 방식의 전반적인 지향이 크게 다르지 않다. 수익이 창출되는 비급여 진료를 더 많이 할 수 있는 특정 과의 의사는 크게 늘어나지만, 간호사 고용은 지출로 여겨 기회만 있으면 줄이고자 하는 행태가 여기서 기인한다. 공공 병원이라고 하더라도 운영의 기본 구조는 민간 병원과 크게 다를 바 없으며, 다만 노무 관리나 행정에서 더 많은 규제를 받고 적자 부분을 정부 혹은 지자체의 보조금으로 메꾸어주기도 한다는 점에서만 차이가 있을 뿐이다.

태국의 공공 병원에서 의료진들은 자신이 하는 행위량에 따라 봉급을 더 받지도 않고, 병원에 대한 예산이 즉각적으로 늘어나지도 않지만 기본적으로 자신들이 일하는 곳이 해당 지역민 전체에게 의료 제공을 할 책임을 지고 있다는 점을 늘 염두에 두어야 한다. 이러한 방식에서 최대 약점은 의료진들이 책임 의식을 충분히 발휘하지 않을 경우 과소 진료를 당연시하고 의료의 질이 크게 떨어질 수 있다는 것이다. 즉, 예산이 상당 부분 이미 정해져 있는 태국의 방식은 더 많은 환자가 병원에 올수록, 또 더 복잡하고 어려운 치료를 시도할수록 추가적 보상 없이 의료진의 노동 강도만 높아지기 때문에 가능한 한 적게 일하고자 할 경우 환자에게 필요한 의료가 충분히 제공되지 않을 수 있다. 무엇보다 보편적 건강보험 하에서는 증상이나 환자의 호오에 따라 병원을 선택하는 것 자체가 원천적으로 불가능하기 때문에 환자 입장에서는 의료진이나 병원이 제공하

덧붙이기: 공공 의료의 몇몇 구성 요소들

는 치료에 크게 실망을 한다고 하더라도 국민건강보험국에 민원을 제기하는 것 말고는 별도의 협상력을 발휘하기 어렵다.

의료인 양성 및 근무 방식

이러한 차이는 두 국가의 재정 규모, 소비수준 및 의료에 지출하는 비용 자체가 상이하기 때문이기도 하지만 동시에 공공 병원의 역할에 대한 이용자 및 종사자들이 가지고 있는 기대와 관념이 크게 다르기 때문이기도 하다. 태국에서는 병원이 사립인지 아니면 정부가 운영하는 곳인지에 따라 운영 방식이 다르다는 인식이 오랫동안 존재해왔다. 따라서 환자뿐만 아니라 의료진을 교육할 때부터 이러한 양분화된 지형에 대한 고려가 들어가 있다. 태국의 공공 병원 체계는 특히 의료기관이 부족한 농어촌 지역을 최우선에 두고 설계되었으며, 지역에서 일할 의료진을 충분히 양성해야만 유지가 가능하다. 이를 위해 태국 정부는 1968년부터 모든 국공립 의대생이 졸업 후 지방에서 3년간 의무 근무를 하는 대신 학비 보조를 하는 정책을 도입하였고, 1972년부터는 사립 의대를 포함한 모든 의대, 국공립 간호대, 치대, 약대 졸업생은 정부로부터 학비 보조를 받는 대신 3년간 지방에서 의무 근무를 하도록 범위를 확장한다. 또 1994년부터는 의사가 부족한 지역 출신일 경우 의대 입학 시 우선 선발하고 졸업까지 장학금을 지급하되, 출신 지역에서 최소 12년간 근무하도록 하는 제도를 도입하였다. 의대 졸업생이 의무 근무를 하지 않을 시 일반 입학의 경우에는 1500만 원, 지역 우선 선발의 경우에는 7200만 원 상당의 벌금을 내야 한다.[5]

이와 같은 의무 근무 제도는 모든 의료인이 졸업 후 반드시 방콕이 아닌 비수도권의 공공 의료기관에서 일하도록 기대된다는 점에서 직업의 성격과 여기에 부여된 가치를 구성하는 데 매우 중요한 역할을 해왔다. 태국에서 의료인이 된다는 건 어쨌거나 자신의 선호와 관계없이 의료인이 필요한 곳에 가서 일해야 하는 제약을 받는 경험에서부터 시작한다. 물론 의무 기간을 채우면 언제든 민간 병원으로 이직할 수 있고, 부유한 집안 출신의 졸업생인 경우 벌금액을 변제하고 의무 근무 자체를 쉽게 피해갈 수 있기도 하다. 그러나 의무 근무 제도는 단순히 인력 배치에 강제를 가하는 것을 넘어 의료에 관련된 일을 한다는 것에는 지역사회의 필요를 충족할 책임이 따른다는 걸 기본 관념으로 삼게 한다는 점에서 의학 교육의 구성 전반에 큰 영향을 끼쳐왔다.

한국에서도 비슷한 제도로 공중보건의사를 들 수 있을 듯하다. 과거에는 의사나 의료 시설이 없는 마을에 도움을 주기 위해, 현재에는 보건의료 취약지역으로 지정된 곳의 주민에게 보건의료를 제공하기 위해 의사, 치과의사, 한의사를 대상으로 의무 근무 제도를 운영하고 있다. 이 제도의 가장 큰 약점은 의무 근무 기간이 병역 의무를 대체하는 수단이기 때문에 직업적 능력 향상의 시간으로 여겨지기보다는 일종의 유예 단계로 치부되는 경우가 주를 이룬다는 데 있다.[6] 이에 비해 태국의 의대생, 간호대생, 치대생, 약대생은 모두 성별에 관계없이 졸업 후 바로 지역 거점 병원이나 보건지소에서

덧붙이기: 공공 의료의 몇몇 구성 요소들

최소 3년간 일할 것이 기대되며, 따라서 의학 교육 역시 이에 필요한 업무 능력을 갖추게 하는 데 초점이 맞추어져 있다. 특히 의사의 경우 의대 졸업 후 바로 전문의 과정을 이어서 밟는 것이 아니라, 일반 의로서 다양한 임상 문제를 다루면서 일차의료 중심의 기관 운영에 참여하고 이에 필요한 보건 인력을 직접 훈련할 수 있는 복합적 역할을 수행할 것이 기대된다. 따라서 모든 의대생들은 이를 준비하기 위해 재학 중 최소 3~6개월은 공공 병원에서 실습하도록 되어 있으며, 내과학이나 외과학, 산부인과학을 반드시 배우는 것처럼 지역사회의학community medicine이 모든 의대에서 주요 분과로 교육된다.

태국에서는 이렇게 양성된 의료인들이 공공 영역에 장기적으로 남아서 수준 높은 진료를 할 수 있도록 만드는 것이 가장 중요하고 어려운 문제로 남아 있다. 2016년부터 2020년까지 태국 전체 의대 졸업자의 취업 현황을 분석한 연구에 따르면, 전체 졸업생 중 약 83.5퍼센트가 공공 병원에서 근무를 지속하고 있었고 16.4퍼센트가 의무 근무를 하지 않고 이탈했다.[7] 다른 연구에 따르면 지역 우선 선발로 입학한 경우 의무 근무 기간 이후에도 장기 근속하는 비율이 일반 입학생보다 더 높은 것으로 나타났다.[8] 민간 영역으로의 의료 인력 유출은 경제적 요인뿐만 아니라 대도시 거주 선호 및 자녀 교육, 공공 병원의 높은 업무 강도 등의 문제와 모두 얽혀 있다. 태국은 공공과 민간 간에 의사의 임금 격차가 매우 크기 때문에, 공공 병원 근무자라고 하더라도 근무 외 시간에 민간 기관에서 일하는 것을 원천적으로 금지하지는 못하고 있는 형편이다.[9]

겸직과 이중 취업은 정규 시간에 해야 하는 업무에 집중하지 않는 태만 혹은 더 많은 환자를 끌기 위해 공공 병원에서는 하지 않거나 할 수 없는 처치 혹은 시술을 별도로 제공하는 식의 영업 경쟁을 야기할 수 있다. 결국 이러한 행태는 결과적으로 표준 치료 개념 자체를 무너지게 하고, 공공 병원이 아니라 민간 의원이나 병원에 가야 더 좋은 치료를 빨리 받을 수 있다는 인식을 강화하기도 한다. 특히 혈액투석과 같이 보편적 건강보험에서 특수한 경우에만 제공하는 치료의 경우 공공 병원에서 일하는 신장 전문의가 의료기기 회사의 지원을 받아 별도의 외부 투석실을 차리고 대기자로 올라와 있는 환자들을 대상으로 고수익을 올리는 일도 빈번하다. 태국 보건부에서는 의료인의 이중 취업을 억제하기 위해 민간 기관에서 일하지 않을 경우 추가 인센티브를 주는 제도 역시 운영하고 있으나, 근본적인 해결책은 아니다. 반팽 병원에서 일하는 의사들의 경우 모두 의무 근무 기간이 끝난 이후에도 계속해서 공공 병원에 남아 일하고 있는 경우로 2012년 당시 총 8명의 의사 중 1명이 시내에서 야간 의원을 운영하고 있었다.

의료진이 지역 거점 병원에 근속하게 하면서 동시에 진료 역량을 향상할 기회를 제공하는 것 역시 중요한 의제이다. 태국에서는 공공 병원의 의사들이 전문의 교육을 받을 수 있도록 보건부가 임상 교육을 제공하는 상급 병원을 지정하고, 여기서 보다 전문적인 수련을 이어갈 수 있도록 지원하는 제도를 운용하고 있다. 또 전문의로의 수련 과정 자체가 공적 자원을 활용하는 것이기 때문에, 벌금을 내고 의무 근무를 회피했다고 하더라도 전문의가 되기 위해서는 최소 1년은 농촌 지역에서 의무 근무를 해야 한다. 반팻 병원에서 일하는 두 명의 소아과 전문의, 사몬과 펑의 경우 모두 치앙마이 지역 출신은 아니지만 졸업 후 일반의로 치앙마이 지역의 산간 오지에서 의무 근무를 하였고, 이후 방콕과 치앙마이에 소재한 상급 병원에서 소아과 전문의가 되기 위한 수련을 마친 후에 다시 반팻 병원에서 근무를 이어간 경우이다. 두 사람 모두 의사로서 본격적인 임상 경험을 소규모의 지역 거점 병원에서 시작하면서 특히 증상을 스스로 설명할 수 없고 언제 상태가 급변할지 알기 어려운 영유아와 소아에 대한 진료의 중요성을 절감하였다고 한다. 한국에서 전문의 자격이 많은 경우 의사 자신의 미래를 위한 개인적 투자로 여겨지는 반면, 태국의 공공 병원 체계 내에서 일하는 의사들에게 전문의 수련은 정부 지원을 통해 이뤄질 뿐만 아니라 수련 과목의 선택에서도 공적 필요에 대한 고려가 우선시된다.

어떤 가치를 우선할 것인가?

한국과 태국은 모두 고도로 자본주의화된 사회이며, 따라서 욕망의 측면에서는 서로 크게 다르지 않을 수 있다. 무엇보다 두 사회에서 모두 선택의 자유와 능력, 즉 내가 원하는 때에 원하는 걸 스스로 고를 수 있는 능력을 갖는 일은 너무나 당연하게 바람직한 일로 여겨진다. 특히 한국의 의료 현장에서 '스스로 고를 수 있는 여지'로서 선택은 환자와 의사 모두에게 단 한 치도 양보할 수 없는 절대적 가치로 작동하는 듯하다. 많은 환자가 자신이 가고 싶은 병원에서 치료받고 원하는 의사를 고를 수 있어야 한다고 여기고, 의사 역시 자신이 원하는 전공을 당연히 스스로 정할 수 있어야 하고, 원하는 지역과 기관에서 근무할 수 있도록 서로 경쟁해서 더 우수한 사람이 원하는 걸 차지하는 게 당연하다고 여긴다. 선택할 권리, 경쟁할 권리의 공정성을 가장 중시하지만, 문제는 이런 종류의 권리를 보장한다고 건강할 권리가 크게 증진되지 않는다는 데 있다. '빅5'라고 불리는 병원으로의 전국적 쏠림 현상도, '명의'가 하는 말이라면 당연히 따라야 한다는 권위주의적인 의료 문화도, 지방에는 의사도 의료기관도 없어서 수백 킬로미터를 달려 서울로 가야만 하는 문제도 모두 이 선택에 대한 선호와 무관하지 않다.

태국은 계층 간, 지역 간 경제적 불평등이 극심한 사회로 특권적 상류층과 도시 중산층 정도는 되어야 선택의 자유를 맘껏 누릴 수 있다. 이들을 제외한 나머지 90퍼센트에 달하는 사람들은 모두 선택의 제한을 받아들여야 하며, 이는 태국의 많은 사람들에게 심각한 부정의이자 불평등으로 다가온다. 특히 거주지로 등록한 지역의 거점 병원에 가야지만 보편적 건강보험의 적용을 받을 수 있는 방식에 불편을 느끼는 경우가 많았다. 거주지가 아닌 곳에서 일하고 있는 경우, 특히 근처에 민간 의원이나 병원은 많지만 공공 병원은 없는 도심 거주민의 경우 제도에 대한 불만이 더욱 컸다. 이를 해결하기 위해 태국에서는 민간 의원 및 병원과도 계약을 맺고 이들이 특정 요건을 만족할 경우 지역 거점 병원 역할을 할 수 있도록 허가하는 방식을 도입하고 있다.[10] 2024년부터는 등록 거주지와 관계없이 어디서든 보편적 건강보험 적용을 받을 수 있도록 선택의 폭을 조금이나마 넓히고자 시도하고 있다. 그러나 보편적 건강보험 체계로 들어오려고 하는 민간 병원이 아직 많지 않고, 이들을 어떻게 관리 감독할 것인지를 두고 여러 난항이 예상된다.

더 큰 문제는 지난 10년간 태국에서 민간 보험의 폭발적인 성장이 일어났다는 데 있다. 여러 다국적 민간 보험사들이 시장을 키워 별도의 보험에 가입하기만 하면 시내의 각종 클리닉을 편리하게 이용하고, 붐비는 공공 병원의 긴 대기 시간과 진료 의뢰 단계를 건너뛰어서 에어컨 등 각종 편의 시설이 완비된 민간 병원 1인실에 언제든 입원할 수 있다고 선전한다. 이제는 치앙마이의 농촌 지역에서도 민간 보험 대리점을 쉽게 볼 수 있고, 경제적 여유가 조금이라도 있으면 하나쯤 미리 들어두는 게 좋다는 인식이 더욱 커졌다. 여기서 핵심은 민간 보험의 성장과 민간 병원의 수익 추구가 서로 밀접히 연결되어 있다는 데 있다. 의료 이용을 늘리면 늘릴수록 돈을 번다는 이해관계를 두 산업이 공유할 때, 사람들의 선택에 대한 욕망을 부추기면 부추길수록 이들에게는 이득이다. 민간 보험이 많이 팔려서 민간 병원의 이용이 늘어나면 민간 시장은 더 많은 의료진이 필요하게 되고, 결국 공공 영역보다 훨씬 더 많은 임금을 제시하며 인력 빼오기에 혈안이 된다. 역으로 이중 취업이나 민간 병원으로의 이직이 늘어날수록 공공 영역의 의료진은 더 많은 업무에 시달리게 되고, 이용자의 대기 시간은 더 늘어난다. 민간 보험은 단순한 종류의 수술과 입원 시에는 편리하게 이용할 수 있지만, 중증도가 높아지고 치료가 복잡하고 만성적이거나 희귀한 질병일수록 보장성은 턱없이 떨어진다. 결국 많은 자원의 투여가 필요한 환자들은 다시 보편적 건강보험 체계로, 공공 병원으로 돌아와 끝없이 기다려야 한다. 선택할 자유의 해악이 이렇게 순환한다.

그렇다면 사회보장의 의무는 어떻게 순환하는가? 더 많은 이들의 삶을 지키는 의료를 가능하게 하는 가장 큰 힘은 두 사회 모두 놀랍게도 그러지 않아도 됨에도 해내려고 애쓰는 사람들로부터 온다. 예를 들어 부산에서 급성기 뇌경색 환자를 보는 한 신경과 의사는 민간 병원 소속이지만 지역 전체를 책임지는 권역 심혈관센터를 운영하기 위해 예순이 다 되어가는 나이에도 1주일에 4일씩 응급실 야간 당직을 선다고 한다.[11] 2024년 전공의 집단 사직 장기화라는 초유의 사태에서 한국의 의료 체계가 그나마 겨우 버티어낼 수 있는 건, 그럼에도 불구하고 환자를 보는 일이 자기 일이기 때문에 상황이 어떻든 나와서 애쓰는 사람들이 있기 때문이다. 태국도 마찬가지이다. 시내에 신장 투석실을 차리기만 하면 돈을 쓸어담을 수 있다는 곳에서도 지역 거점 병원에서 일하면서 환자들에게 복막 투석하는 법을 가르치는 신장내과 의사도 여럿이다.

삶을 지키고 살리는 일에서 의무를 다하는 것은 단순히 개인의 헌신이나 희생에서 비롯하지 않는다. 2장과 3장이 보여주는 것처럼 증여와 베풂은 통치 행위의 속성을 결정하는 권력 투쟁의 장이며, 선물과 빚의 관념을 구성하는 의무의 순환에는 온갖 종류의 이해타산이 늘 얽혀 있다. 갚을 수 없는 선물을 받는 일은 마냥 이롭지 않으며, 3장의 여러 환자들이 토로하는 것처럼 극도로 자본주의화된 사회에서 무언가를 사지 않고 주는 걸 받기만 해야 한다는 건 그

141
덧붙이기: 공공 의료의 몇몇 구성 요소들

자체로 무력함이 강제되는 경험이기도 한다. 이 모든 한계와 제약에도 불구하고 중요한 건 공공 병원이 잘 작동하는 일이 이용자와 의료진 모두에게 이로울 수 있다는 데 있다.

공공 병원 의료진도 마냥 희생을 하는 건 아니다. 여기서 일하는 여러 이점이 있다. 병원이든 의원이든 경영에는 투자가 필요한 만큼 손실의 위험도 따르기 마련이다. 반팻 병원에서 일하는 의사 사몬은 돈도 좋지만 민간 병원에서 환자들의 온갖 변덕에 맞추어야 하는 스트레스를 감당할 자신이 없다고 솔직하게 말한다. 환자가 소비자의 권리를 주장하며 '고급' 서비스를 기대할 때와 같은 동네 주민으로 다가올 때, 의사와의 관계 역시 크게 달라진다. 또한 공공 병원은 간호사들에게도 고용 보장과 함께 여러 분야에서 리더십을 발휘할 더 많은 기회를 제공한다. 2장의 우본 간호사는 반팻 병원에서 정년을 맞았다. 젊은 간호사만 계약직으로 고용하고 나이가 들면 쉽게 해고하는 민간 병원에서는 상상하기 어려운 일이다. 1990년대 약도 써보지 못하고 에이즈로 죽어가는 환자들을 처음 보살펴야 했던 우본 간호사는 반팻 병원에서 정년퇴직 직전까지 치앙마이 주 전체에서 치료 유지율이 가장 높은 HIV 클리닉을 전담해서 운영했다.[12] 민간 병원에서는 간호사들에게 절대 주어지지 않을 자율성과 직업적 권위를 누릴 수 있었다. 그게 다가 아니다. 마을에서 만난 한 할머니는 그 옛날 우본이 자기 집에 와서 스무 살 꽃다운 나이에 에이즈로 죽은 어린 딸의 마지막 순간을 지켜주던 때를 아직도 고맙게 기억한다. 공공 병원에서 간호사로 일하는 건 월급은 적어도 퇴직 후 안정적인 연금을 기대하며 하는 일이기도 하지만, 언제나 그 이상이 있다. 다른 사람의 생명과 죽음을 지키는 일, 세상에 꼭 필요한 일을 할 때 다른 무언가가 피어난다.

∞

그 어떤 의료 체계도 완벽하지 않다. 의료의 상품화를 더욱 부추기고 자본주의적 팽창과 이윤화를 당연시할 때 이로부터 사회를 보호할 힘은 더욱 쪼그라든다. 의료진과 환자 모두 철저하게 타산적일 수 있다. 그러나 보다 중요한 사실은 고통을 겪고 다루는 일에서 모든 사람들이 단기간에 더 많은 돈을 버는 일을 유일한 이득으로 여기고 당연하다는 듯이 선택하지 않을 수도 있다는 것이다. 돈으로 따져볼 때 나만 이득을 보면 그만이라고 다른 사람의 사정을 모르는 체하지 않을 수 있다. 어쩌면 3장에서 날품팔이를 하면서도 조금이라도 병원비를 갚으려고 했던 피이가 해준 말에 답이 있는지 모른다. "그렇게 살라고 배우지 않았다." 결국 차이를 결정짓는 건 단순히 선한 가치를 추구하라는 도덕적 명령이 아니라 의무에 대해, 자신의 삶에 대해, 사회에 대해 어떤 상상력을 갖는가에 있다. 우리는 모두 "스스로 엮은 의미의 그물 속에서 살아가는" 존재이다.[13] 어떤 일에 어떤 가치를 부여할지를 두고 여러 사회경제적이고 정치적인 힘들이 작용한다고 할 때, 핵심은 각자가 치는 의미의 그물이 사회 안에서 서로 연결되어 있다는 데 있다. 과연 우리 사회는 의료라는 영역에서 나름을 뜻을 펼치고 의미를 찾아가고자 하는 사람들에게 얼마나 길을 열어주고 있을까? 삶을 지키고 살리는 일에 어떤

덧붙이기: 공공 의료의 몇몇 구성 요소들

의미를 엮어내고 어떻게 얽매일지를 두고 우리 모두에게 나름의 몫이 있다. 그 몫을 하려고 애쓰는 사람들이 있어서 의무의 순환이 일어난다.

4장

존재를
새겨넘기

어느 평범한 탄생

2010년 8월 1일, 나는 파이네 아들이 태어난 지 한 달이 된 걸 축하하는 가족 잔치에 초대되었다. 파이는 미얀마에서 온 샨 이주 여성으로 스물여섯에 첫아들을 얻었다. 아이의 건강과 안녕을 기원하는 목욕 의식이 끝난 후, 가족 친지들이 덕담과 함께 아기 손목에 흰색 무명실을 묶어주었다.[1] 몇몇은 축하 선물로 작게 접은 지폐를 함께 묶어주기도 하였다. 무명실에는 아기의 어리고 여린 혼이 몸에 잘 붙들려 있기를, 그래서 가족과 이웃들 사이에서 잘 크기를 바라는 마음이 담겨 있다.[2] 내가 파이를 처음 만난 건 당시 임신 중이었던 그가 주기적으로 방문했던 반팻 병원의 산전진료실에서였다. 첫 인터뷰 이후 나는 치앙마이에 살고 있는 파이의 가족 친지들과 쉽게 친해질 수 있었다. 파이의 가족들은 지난 20년 동안 미얀마의 샨 주에서 태국으로 이주해왔는데, 한 가족이지만 모두 각기 다른 유형의 거주 자격을 갖고 있었다. 파이의 어머니는 아무런 신분 증명도 없는, 흔히 '불법 체류자'라고 말하는 미등록 이주민이었고 오빠는 태국 시민권이 없는 소수종족에게 주어지는 특별한 신분증인 '고산지대민 카드'를 가지고 있었다. 한편 파이의 남편은 무국적자를 위한 또 다른 특별 신분증인 '10년 카드'의 소유자였다. 그리고 합법적으로 등록된 상태인 이주 노동자 파이에게는 취업 허가증이 있었다. 그날 나는 궁금해졌다. 태어난 지 이제 막 한 달이 된 이 집 아기는 앞으로 어떤 신분증을 가지게 될까? 파이의 아들에게는 도대체 어떤 종류의 법적 지위가 주어질까?

엄마의 대답은 간결하고 명쾌했다. 아기는 나중에 태국 시민이 될 가능성이 있는데, 이는 아기가 태국에서 태어났기 때문이 아니라 병원에서 받은 출생증명서가 있기 때문이라는 것이다. 이날 파이는 아들과 관련된 각종 서류 뭉치를 보여주었다. 산모 수첩, 아기 병원 카드, 병원에서 준 첫 초음파 사진, 그리고 읍사무소에서 발급해준 출생신고 증명서까지, 이 모든 게 튼튼한 플라스틱 폴더 안에 깔끔하게 정리되어 있었다. 이 장에서 나는 임신과 출생에 관련된 이와 같은 서류들이 어떻게 샨 이주민의 욕구와 희망이 담긴 대상이 되는지를 탐색해본다. 각기 다른 법적 체류 자격이 혼재하는 이주민 가정에서 새로운 구성원의 탄생은 국적을 부여받지 못할 수 있다는 위험을 동반한다. 파이의 가족에게 주어진 다양한 종류의 신분증은 국민국가 체제 하에서 이들에게 차별적으로 부여된 시민적 자격을 말해준다. 그런데 여기서 흥미롭게도 출생 서류는 향후 시민권을 획득할 수 있다는, 사회에서 권리를 지닌 정당한 일원이 될 수 있을 것이라는 가능성의 상징으로 여겨진다. 나는 국가의 변방에서 임신 기록 및 출생 관련 서류가 생산되고 특정한 방식으로 인지되는 양상을 추적하면서, 출생이라는 사실 그 자체가 어떻게 돌봄을 이끌어내는 과정을 통해 구축되는지를 밝혀보려 한다.

샨 이주민 가정에서 태어난 어린 아기가 처한 상황은 인간의 생명과 주권 권력 사이의 관계를 이해하는 데 특히나 중요한 예이다. 인간은 태어나면서부터 주권 권력이 향하는 대상이자 한 국가의 성원이 된다. 철학자 조르조 아감벤Giorgio Agamben이 "현대 주권의 근원적 허구"라고 부른 "인간과 시민, 탄생과 국적 사이의 연속성"³은 미등록 이주민, 임시 체류자, 무국적자, 난민 등의 사례에서 쉽게 무너져내린다. 파이의 가족이 경험하는 불확실성과 불안은 어느 면에서 아감벤이 말하는 "벌거벗은 생명" 즉 예외 상태에 놓인 인간의 삶이라는 개념에 들어맞는다고 할 수 있다. 아감벤은 주권 권력을 생명 그 자체를 통해 실현되는 것으로 재정의하면서, 벌거벗은 생명과 정치적 존재, 즉 개인이나 집단에게 적절한 삶의 형식이 부여된 상태를 구별한다. 『호모 사케르』(1998)에서 아감벤은 현대적 주권 권력은 벌거벗은 생명을 정치체에 포함하거나 배제하는 방식을 통해 그 작동이 드러난다고 주장한다. 나는 파이의 아들과 같은 상황에 놓인 어린 생명들을 그 어떤 정치적 속성도 부여받지 못한 예외적 존재로 가정하기보다는, 이들을 낳고 기르는 일에 도대체 어떤 정치적 문제가 걸려 있는지를 살피고, 새로운 존재의 탄생을 인정하도록 하는 과정에서 생겨나는 기적들에 집중하고자 한다. 여기서 내가 다루는 주요 질문은 삶의 시작에서부터 어떤 정치적 박탈이 일어나는가에 대한 것이 아니라, 변방의 존재들이 어떻게 보살핌을 이끌어내고 인정과 소속의 닻을 내리는가에 대한 것이다.

파이의 가족들은 이 상서로운 축하의 날에 두 가지 종류의 매듭짓기 방식을 보여주었다. 먼저 태어나 첫 달을 맞이한 아기의 손목에 흰 무명실을 묶어주는 의례는 이 새로 태어난 존재가 친족과 지역공동체라는 기본적인 사회적 관계에 포함되어 있다는 것을 뜻한다. 이러한 의례를 통해 어린 아기는 앞으로의 성장을 가능케 하는 가정과 사회 세계에 연결된다. 두 번째로 일상의 삶과 문서화된 삶 사이에도 연결이 생겨나야 한다. 관료제에 기반한 국가의 행정 및 의료 영역에서 만들어지는 일체의 문서 없이는 보통의 존재가 될 수 없다.[4] 한 사람의 존재 여부를 관료제적 행정의 여러 영역과 결부시키는 일은 특히 국민국가로의 소속이 부분적이고 불확실한 이들에게 더욱 중요하다.[5]

관료제적 문서를 생산하는 수많은 장소 가운데, 산전진료실은 삶의 출발점부터 문서가 매개하는 연결이 만들어지는 과정을 관찰할 수 있는 흥미로운 무대이다. 나는 일상적인 산전진료의 절차와 그 효과를 통해 국경을 넘나드는 이주와 이동의 맥락에서 출생이라는 하나의 사실이 성립되고 거기에 가치가 부여되는 방식을 추적한다. 출생은 새로운 세대의 탄생과 양육을 둘러싼 정치적 투쟁의 장으로, 특히 의료 기술, 국가정책, 젠더 관계 등이 어떻게 재생산의 의미와 실천 방식을 결정하는지를 두고 그간 많은 비판적 논의가 이어져왔다.[6] 이 장에서 나는 샨 여성들의 임신과 출산을 둘러싼 분투에 초점을 맞추는데, 이때 나의 주요 관심사는 어떻게 이주 여성의 신체가 통치의 대상으로 구성되고 통제되느냐에 대한 것이 아니다. 역으로 나는 이주 여성들이 왜 임신과 출산을 관리하고 기록하는 데 도입되는 생명정치적 기술 체계들을 적극적으로 활용하는지, 그리고 이를 통해 어떻게 국가와 실질적인 관계를 끌어내는지를 보여주고자 한다. 나는 "집계 불가능한, 배제된 주체로서의 지위"[7]를 극복하기 위한 사람들의 공통적 노력을 살펴봄으로써, 재생산과 돌봄을 새로운 정치적 주체의 출현을 가능하게 하는 기초 작업으로 바라보는 보다 넓은 관점을 획득할 수 있다고 주장하고자 한다.

태국에서 여러 형식의 비공식 신분증이 지니는 효력을 이해하기 위해 먼저 태국 내 이주민들이 거쳐야 하는 복잡한 서류 절차들을 살펴볼 것이다. 그러고 나서 반팻 병원으로 돌아가, 샨 여성들이 산전진료실을 이용하는 방식을 분석하고 이들이 여기서 얼마나 주된 위치를 점하고 있는지를 보여주고자 한다. 산전돌봄의 전 과정에서 일어나는 샨 여성들과 간호사들 간의 협력은 갓 태어난 생명이 기록되고 그리하여 누군지 파악 가능한legible 존재가 된다는 것이 단순히 일방적으로 강제되는 것이 아니라 공동의 노력을 통해 획득 가능한 것임을 보여준다. 이러한 맥락에서 이주 여성의 자녀에게 주어지는 출생증명서는 비시민 주체들이 국가에 관계 맺기를 요구하는 양상을 들여다보는 렌즈 역할을 한다.

집계가 불가능한 사람들: 치앙마이의 샨 이주민들

태국 북부 지역에서 샨 공동체의 존재감이 매우 크다는 건 실상 전혀 새로운 사실이 아니다. 여기에 1980년대 이후 미얀마의 경제 불안과 정치 억압이 심화되면서, 또 태국 내 비숙련 부문의 노동 수요가 크게 늘면서 샨 사람들의 대규모 이주가 가속화되었다. 태국에서 샨 사람들을 포함한 여러 미얀마 출신 이주민들에 대한 연구는 힘겨운 생계 및 노동 조건과 착취 문제에 주로 초점을 맞춰왔다. 의료를 비롯한 여타 사회 서비스로부터의 배제, 고용주와 경찰, 국경 순찰대의 괴롭힘과 폭력 등이 주된 예이다.[8]
    치앙마이의 지형에서 이주민에게 부여된 지위는 체류 자격 여부를 결정하는 명확한 법적 정의와 절차에 따라 깔끔하게 정리되지 않는다. 파이의 가족 구성원들이 거쳐온 복잡한 이주의 역사가 보여주듯 행정적, 법적 모호성은 오늘날 이주를 규제하는 관리 체제의 공인된 특징이다. 결국 영토 내의 여러 비시민권자들을 분류하려는 국가의 시도는 다양한 유형의 신분증을 양산하는 결과를 낳았다. 이때 문서화된 삶에 대한 여러 인류학 논의가 시사하듯 국가의 관료제적 기록 관행은 대규모의 인구군을 파악하고 통치할 수 있게 하지만, 동시에 사람들이 물리적 신체와 기록된 자아 사이의 간극을 메워야만 하는 불확실성과 불확정성의 공간을 만들어내기도 했다.[9]

태국의 이주 정책이 변화하는 과정에서 국적을 취득하지 못한 소수종족민과 미등록 이주민을 비롯한 여타의 비국민들이 등장하게 된 데는 사회적, 법적으로 크게 두 측면이 작용해왔다. 첫째, 태국에는 여러 유형의 비시민권자가 존재하며 이로 인해 난민과 이주민, 이주의 정치적 요인과 경제적 요인, 강제 이주와 자발적 이주가 깔끔하게 분리되지 않는다. 1965년 이후 저마다의 명칭과 색깔, 발급 장소, 승인 기관, 만료 조건을 가진 18여 종의 신분증이 태국 국민이 아니거나 국적 취득을 위한 법적 증빙이 없는 사람들(무국적자)에게 발급되었다.[10] 그 후로 이 다양한 유형의 특수 신분증들은 신분 증명 서류 없이 국경을 넘어온 수많은 이들의 장기 체류를 허용하는 합법적 수단이 되어왔다.[11]

둘째, 허술하고 일관성을 결여한 이주 정책과 서류 절차 그 자체가 미등록 이주민을 양산하는 데 중요한 역할을 해왔다. 1992년 이후 태국 정부는 "불법적으로" 태국 땅에 들어온 이주민이라고 하더라도 강제로 추방하지 않고 2년짜리 취업 허가증을 발급하고 임시 거주를 허용하는 정책을 취해왔다.[12] 이러한 연례 사면 프로그램을 통해 미등록 이주 노동자들은 체류를 허용하는 정식 등록 문서를 확보할 수 있지만, 사실 법의 관점에서 볼 때 이들은 이미 불법적인 방법으로 입국하였기 때문에 실질적으로는 그 어떤 법적 지위도 가질 수 없다.[13] 2년의 허가 기간이 끝날 때마다 이주민들은 취업 허가증을 갱신할 수 있지만 동시에 추방도 주기적으로 일어난다. 2007년에 이르러서는 광범위한 국적 확인 및 임시 여권 발급 시스템이 도입되었는데, 내가 현장연구를 하던 당시 많은 샨 이주민들은 이렇게 새로 발급된 여권이 향후 태국에서의 장기 체류와 이동의 자유를 보장해줄 것을 기대하고 있었다.

2013년 9월까지 이 새로운 규정에 따라 약 170만 명의 이주민들이 임시 여권을 발급받았다.[14] 그러나 이 임시 여권은 4년 한정의 취업 비자만을 보장했고, 미얀마 출신의 전체 등록 이주민 가운데 약 40만 명은 2013년 말이면 이미 취업 비자가 만료될 처지에 놓였다.[15] 결국 태국 정부는 2013년에 취업 비자가 만료되는 이주민들에 한하여 체류 허가를 2년 더 연장하기로 합의했지만, 이후 임시 여권 소지자들을 위해 어떤 장기적인 계획을 가지고 있는지는 제시하지 않았다. 2015년 이후로는 기존 4년에 추가 2년, 즉 총 6년 기한의 취업 비자 역시 만료되며, 이는 기존에 공식적으로 등록된 이주민 중 상당수가 미등록 불법 체류 외국인이 될 위기에 처해 있다는 것을 뜻한다.[16]

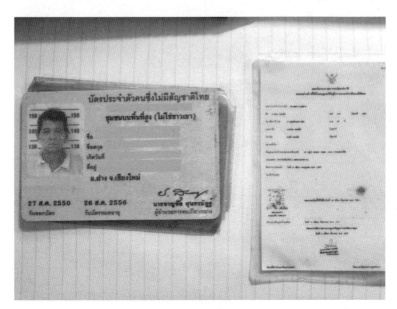

그림 3. 태국 비시민권자들에게 발급된 다양한 신분증들.

　이와 같은 법적 변화로 인해 태국 내의 많은 샨 사람들은 등록
과 미등록 상태를 오갈 수밖에 없게 된다. 여기서 중요한 것은 공식
취업 허가증과 여권뿐 아니라 온갖 신원 확인 문서들 역시 국가로
부터 가시성을 확보하는 데 효과가 있다는 사실이다. 이주민들에게
국가는 두려움의 출처이자 애착의 대상일 수 있는데,[17] 이 거리감과
친밀감의 상호주관적 역동은 신분증을 원하는 샨 이주민들의 욕구
에 그대로 반영되어 있다. 샨 사람들은 느닷없이 자신들을 체포하
고 구금 혹은 추방할 권한을 행사할 수 있는 경찰이나 군인과 같은
국가권력의 대행자들과 마주치지 않기 위해 애쓰지만, 늘 숨으려고

하는 것만은 아니다. 이들은 자신들을 국가로부터 인식 가능한 존재로 만들어주는 유사 공문서들을 통해 특정 기관이나 공무원들과는 일정한 관계를 유지하려고 노력하기도 한다.

　이주민과 국가 사이에서 나타나는 이끌림의 동학은 이주 여성의 자녀 출산과 양육 경험을 새롭게 탐구할 수 있는 길을 열어준다. 성인 이주 노동자만을 합법적 이주 주체로 간주하는 태국의 현행법 체계 내에서는 이주민 자녀들을 위한 공식적인 신원 확인 과정이 존재하지 않는다. 이런 맥락에서 샨 부모는 자녀들이 유령으로 살아가지 않도록, 태국 내에서 이들의 존재를 증명해줄 출생 관련 서류들을 적극적으로 모은다. 태국은 속인주의에 따라 출생 당시 부모의 국적에 따라 자녀에게 국적을 부여하며, 많은 경우 부모 중 적어도 한 명이 장기 체류자 신분이면 태국 국적을 신청할 수 있다. 따라서 일부는 태국에서 받은 출생증명서를 통해 자녀가 태국 시민이 될 기회를 얻기를 소망하며, 설혹 그 정도까지 기대하지는 않는다고 하더라도 여전히 자녀와 관련해 얻을 수 있는 서류는 뭐든 모으고 보관하고자 한다. 다음에서는 샨 여성들이 산전진료를 이용하는 방식을 살펴보고, 그들이 이러한 의료적 절차를 통해 어떤 문서를 수집하는지 논의해본다.

모두를 위한 산전검진

모성보건은 태국 공공 의료 시스템의 실효성을 보여주는 가장 대표적인 분야이다. 전국적으로 살펴보면 일차의료 서비스의 도입과 가족계획 정책의 개선에 힘입어 1980년 1000명당 46명에 달하던 영아사망률이 2005년에는 7.7명으로 감소한 바 있다.[18] 또한 2006년에는 숙련된 의료인이 산전검진 및 출산진료를 제공하는 경우가 약 97퍼센트까지 증가했다.[19] 이주민의 경우 2004년부터 2006년까지 보건부에 보고된 신생아 수가 약 3만 3300명에 이르며, 이들 가운데 90퍼센트 이상이 공공 의료기관 내 보건 인력의 진료 하에 분만을 한 것으로 나타났다.[20]

반팻 병원의 산전진료실은 샨 여성들이 공공 의료 체계가 제공하는 서비스를 어떻게 활용하고 있는지를 잘 보여준다. 병원이 제공하는 산전돌봄에서 가장 주목할 만한 특징은 샨 이주민 여성이 매우 높은 비중을 차지하고 있다는 점이다. 2007년부터 2010년까지 반팻 병원 산전진료실의 3년간 기록을 분석해보면, 이 기간 동안 이곳을 찾은 여성은 총 1395명에 달한다. 그리고 전체 이용자 중 약 45퍼센트가 샨 이주민으로 집계되었다. 이는 등록 혹은 미등록 상태를 구별하지 않고 모두 포함한 수치이다(표 1 참조). 이주민 의무 건강보험이 적용되는 경우 방문할 때마다 30밧(한화 약 1000원)의 본인부담금을 내면 산전 및 출산 진료를 받을 수 있지만, 보험이 없는 이주민과 정식 신분증이 없거나 등록 가능한 신분증이 없는 경우에는 의료비 전액을 개인이 지불해야 한다.[21] 이때 간호사들은 서비스 제공과 관련된 여타의 일상 업무에서 등록 이주민과 미등록 이주민을 구분하지 않았으며, 산전관리의 기본 절차는 보험 가입 여부에 상관없이 동일했다. 반팻 병원에서는 모든 임신부들에게 출산

건강보험 종류	2007년 10월~2008년 9월		2008년 10월~2009년 9월		2009년 10월~2010년 9월	
	총 이용자 수	%	총 이용자 수	%	총 이용자 수	%
공무원의료보험	3	0.8	5	1	2	0.4
고용사회보험	24	6	43	8	62	13
보편적 건강보험 (반팻 병원 등록자)	120	31	173	33	157	32
보편적 건강보험 (반팻 병원 미등록자)	62	16.2	57	11	47	9.6
이주민 (등록, 미등록 및 신분 증명이 없는 경우)	174	45	246	47	220	45
합계	383		524		488	

표 1. 2007년 10월부터 2010년 9월까지 반팻 병원 산전진료실 이용자 현황.

전까지 적어도 4회 이상 산전진료를 받을 것을 권고한다. 저위험군 여성에게 권하는 일반적인 일정은 첫 6개월에는(28주까지) 한 달에 한 번, 28주부터 36주까지는 격주에 한 번, 36주 이후는 매주 방문하여 검진을 받는 것이다.

방문 양상을 보면 샨 여성들이 태국 여성들보다 산전 서비스를 더 많이 이용하고 있다는 걸 확인할 수 있다. 보편적 건강보험의 적용을 받는 태국 여성과 비교해보면 임신 첫 3개월 내에 진료실을 찾는 이주 여성의 비율은 약간 낮게 나타나지만 전체 이용 횟수를 보면 샨 여성들이 더 자주 산전진료실을 찾았다. 권고대로 4회 이상 방문한 여성들만 놓고 보면 샨 이주민이 가장 많은 수를 차지하고 있었다. 또 하나 주목할 것은 중산층이라고 할 수 있는 공무원의 료보험 가입자들은 무료로 산전관리를 받을 수 있음에도 불구하고 공공 병원을 거의 이용하지 않았다는 사실이다. 이러한 이용 패턴은 태국의 중산층 여성들이 공공 병원보다 민간 병원을 선호하는 경향과 일치한다.

샨 여성들이 가장 빈번하게 산전진료실을 이용한다고 할 때, 이들 가운데 무려 4분의 1에 달하는 여성들이 임신 기간 중 이곳을 10회 이상 방문하였다(표 2 참조). 이러한 양상은 샨 여성들이 월간 및 주간 검진 예약을 빠지지 않고 모두 따르는 경향이 있는 데 비해, 일부 태국 여성은 예약된 진료를 건너뛰는 경우가 종종 있다는 점으로 설명할 수 있다. 여기서 주목해야 하는 차이는 전체 이용자 중

보험 상태	총 인원 수	산전진료실 방문 횟수							
		1		2~3		4~9		>9	
		인원수	%	인원수	%	인원수	%	인원수	%
보편적 건강보험 (반팻 병원 등록자)	450	66	14.67	102	22.67	215	47.78	67	14.89
이주민	640	64	10	93	14.53	330	51.56	153	23.91

표 2. 2007년 10월부터 2010년 9월까지 반팻 병원 산전진료실 방문 횟수 현황.

보험 상태	총 인원 수	산전진료실 첫 방문 주수							
		0~12		13~20		21~31		32+	
		인원수	%	인원수	%	인원수	%	인원수	%
보편적 건강보험 (반팻 병원 등록자)	450	154	34.22	145	32.22	113	25.11	38	8.44
이주민	640	218	34.06	276	43.13	117	18.28	29	4.53

표 3. 2007년 10월부터 2010년 9월까지 반팻 병원 산전진료실 첫 방문 시기 현황.

임신 후기, 즉 임신 21주 이후에 처음으로 산전진료실을 찾는 비율이 샨 여성의 경우 태국 여성보다 훨씬 낮다는 점이다(표 3 참조). 이는 전반적인 산전진료 이용에서 이주민 범주에 속한 여성들이 보건 당국이 지정한 산전관리 지침에 더 잘 부합하는 방식으로 공공 서비스를 활용하고 있다는 걸 보여준다.

진료실까지의 긴 여정: 따르고 지키기

샨 여성들이 산전검진의 전 과정을 충실히 따르는 모습은 태국에서 더 나은 삶을 살고자 하는 이들의 열망과 깊은 관련이 있다. 많은 샨 이주 여성들은 미얀마의 농촌 및 산간 지역 출신으로, 이들에게 산전진료실은 처음으로 현대식 의료를 경험하는 장소가 되기도 한다. 서른 살의 센은 미얀마에서 이주한 샨 여성으로 반팻 병원의 산전진료실을 총 열 번 방문한 후 출산을 했다. 센은 나에게 진료 예약을 한 번도 빼먹지 않은 이유를 설명하면서 그간의 출산 경험도 함께 전해주었다. 센은 미얀마의 샨 주에서 군대에 복무 중이던 남편을 따라 밀림에서 살아야 했는데, 거기서 첫아이를 낳았다. 누구의 도움도 없이 혼자서 낳아야 했고, 첫아들은 그렇게 태어난 지 얼마 안 되어 세상을 떠났다. 한번은 센이 이런 말을 했다. "태국의 이런 병원에서 출산할 수 있었다면, 우리 아기는 죽지 않았겠지……. 이번에는 모든 걸 제대로 하고 싶어. 여기서는 간호사들이 임신부를 잘 돌봐주니까. 아기가 제대로 자라고 있는지 관심도 가져주고, 검진 예약도 꼭 해주고, 약도 챙겨주잖아." 내가 만났던 샨 여성들 대부분은 병원 출산이 바람직하고 좋은 일이라고 인식하고 있었는데, 일부 여성은 산전검진이 태국의 병원에서 출산을 하기 위한 전제조건이라고 여겼다. 산전검진을 미리 제대로 받지 않은 채 분만만을 목적으로 병원에 가면 간호사들에게 비난을 받는 건 물론 출생증명서를 받지 못할 수도 있다는 거였다. 비록 긴 대기 시간이 불편하기는 해도 많은 여성들이 산전 및 산후 관리를 태국의 공공 병원에서 받은 가장 만족스러운 서비스로 언급하곤 했다. 태국에서 임신 중이거나 출산했던 샨 여성들을 지속적으로 만나면서 내가 알게 된 것은 산전검진을 받는 것의 이점은 단지 현대적인 병원에서 받는 진료 이상이라는 점이었다. 임신 기간 중 이주 여성들은 지속적으로 병원에 재방문하도록 요청을 받으며, 많은 이들이 이러한 진료 예약이 자신들의 건강에 대한 의료진의 관심을 보여준다고 생각하며 높이 평가했다.

매오는 검진 예약을 잘 지킨 샨 여성 중 한 명이다. 당시 열아홉 살이었던 매오는 반팻 병원 산전진료실을 총 아홉 번 방문한 뒤 첫 출산을 했다. 매오는 열두 살 때 올케와 함께 태국으로 건너온 후 학교에 다닐 기회가 없었다. 많은 샨 여성들이 그렇듯 매오 역시 단 한 번도 진료 예약을 빼먹은 적이 없었는데, 사실 매오에게 이는 많은 시간과 노력을 요하는 일이었다. 집에서 진료실까지 오고 가려면 무려 네 시간이 넘게 걸렸기 때문이다. 임신 막달에는 매주 진료 예약이 있었는데, 병원에 오는 날이면 붐비는 대기 시간을 피하려고 아침 6시에 집을 나섰고 검진이 끝난 후에는 한낮의 뙤약볕 아래 미니버스를 세 번이나 갈아타고 집으로 돌아갔다.

진료 일정을 꼭 지키겠다는 매오의 결심은 바람과 의무 사이의 어디쯤에 놓여 있었다. 나는 모든 칸이 빼곡히 채워진 매오의 산모 수첩을 보면서 왜 단 한 번도 검진을 빼먹지 않았는지 물었다. 매오는 내 질문을 듣고 웃음을 터트리며 당연한 걸 묻는다는 듯 설명을 이어갔다.

진료 받으러 안 가면 분명 간호사님들한테 혼날걸요. 그리고 오라고 할 때마다 가지 않으면 아기가 제대로 크지 못할 거예요. 건강한 아기를 순조롭게 낳고 싶다면 당연히 예약한 날짜마다 병원에 가야 해요. 내가 검사 날짜를 안 지키면 나중에 무슨 문제가 생겨도 간호사가 자기 책임은 없다고 할 수도 있는 거니까. 서류도 안 줄 수도 있고. 그러니까 이건 아주 중요한 일이에요.

매오의 설명에서 산전관리의 정해진 틀을 따르는 것은 신뢰를 형성하는 일과 크게 다르지 않았다. 간호사들이 잡아주는 검진 예약은 매오에게 단지 따라야 하는 규칙이 아니라 이들과 공통의 책임성을 나누기 위한 기초로 이해되고 있었다. 매오의 표현이 암시하듯 간호사와 산모 사이에는 분명히 위계가 설정되어 있지만, 이는 샨 이주 여성들이 수동적으로 주어진 규칙에 순응한다는 뜻은 아니다. 외려 이들은 출산까지 필요한 돌봄을 확보하고, 동시에 아기의 출생에 대한 공적 인증을 받을 수 있도록 나름의 노력을 다하고 있었다.

돌봄의 상호 의무

반팻 병원 산전진료실은 자국민들에게 의료 서비스를 제공하는 것이 목적인 공공기관이지만 실상 태국인이 아닌 이들에게 상당량의 서비스를 제공하고 있다는 모순을 보여주기도 한다. 진료실을 찾는 샨 이주민 비중이 매우 크다는 사실을 어떻게 생각하는지 40대의 노련한 분만 전문 간호사인 뿌에게 묻자, 그가 곧장 답했다. "아무 문제 없어요. 다들 얼마나 착한데요."

때는 늦은 오후, 검진실이 문을 닫기 직전이었다. 바쁜 하루였다. 이날 하루 총 26명의 여성이 산전진료실을 찾았고, 뿌 간호사는 조산기가 있는 10대 산모가 주립 병원에 전원될 수 있도록 각종 연락을 하면서 나머지 진료 예약을 모두 처리해야 했다. 반팻 병원 산전진료실은 간호사 3명과 간호조무사 2명으로 운영되는데, 이들이 산전진료, 어린이 예방접종, 분만실 관리 등을 모두 담당한다. 임신부들은 아침 8시쯤이면 어김없이 병원 대기실에 와서 보통 한 시간에서 두 시간 정도를 기다리다가 진료를 받았다. 예약 환자가 많을 때면 간호사들이 오전 늦게 도착한 여성들은 점심을 먹고 오후에 다시 오라며 돌려보냈다. 아침 일찍 도착하는 사람들 대부분은 샨 여성이었다. 뿌 간호사는 이렇게 설명했다.

> 대부분의 샨 여성들은 정말 좋은 엄마예요. 간호사가 하는 말을 귀담아듣고, 임신 중 관리법도 기꺼이 배우려 하죠. 이 사람들은 진료 예약도 정말 잘 지켜요. 임신과 수유 기간에 어떤 식습관이 좋은지 조언하면 우리가 가르친 대로 하려고 정말 열심히 노력하고요……. 태국 여성들은 가끔 너무 고집스럽기도 하고, 간호사들이 하는 말에 별로 관심도 없어요. 사실 이건 충분히 이해할 만한데, 왜냐하면 이들 주변에는 뭘 먹어야 하는지부터 임신에 관해서 온갖 걸 말해주는 부모며 친척 아주머니, 할머니가 있으니까요. 하지만 샨 여성들은 그렇지 않거든요. 그들은 고향에서 멀리 떠나와 태국에서 핵가족으로 살고 있으니 무슨 일이 벌어져도 도와줄 사람 하나 없어요. 이 사람들은 진짜로 우리한테 의지하고 있어요. 그러니 이들에게 산전관리를 해주는 건 정말 보람 있는 일이에요.

태국 여성과 샨 여성을 비교하는 뿌 간호사의 설명은 이주 여성들이 공공 병원의 돌봄을 필요로 하는 주요 대상이 된 지역의 실정을 반영한다. 간호사가 확인해주는 것처럼 진료실은 샨 여성들에게 평등하게 열려 있으며, 여기서 이주민의 전형적 특성이라고 여겨지는 것들, 즉 낮은 교육 수준과 사회적 자원의 부족, 경제적 어려움은 일종의 결함이 아니라 새로운 지식과 규칙을 기꺼이 받아들이려는 좋은 태도의 근거로 여겨지고 있다는 점에 주목할 필요가 있다. 예약 날짜를 지키고, 산모 수첩을 챙기고, 간호사의 조언에 주의를 기울이는 일은 모두 샨 여성들이 보여주는 자발적인 노력의 일환으로 여겨졌고, 간호사들은 이를 엄마가 갖춰야 할 훌륭한 자질로 평가하고 있었다.

　간호사들은 샨 여성의 취약한 위치와 이주민 신분에 내포된 불법성을 잘 알고 있었지만, 진료실에서는 국가의 광범위한 돌봄 의무가 강조되었으며 그 어떤 배제의 논리도 적용되지 않았다. 태국 여성과 샨 여성을 서로 비교할 때 이주민의 타자성이 강조되기도 하지만, 그렇다고 이러한 측면이 돌봄의 정당한 대상으로서 이주민 여성의 자격을 약화시키지는 않았다. 간호사 뿌는 이렇게 강조했다. "보험이 있든 없든 간에, 우리는 모두를 똑같이 돌봐야 해요. 만약 아기가 무사히 태어나지 못한다면 그건 다 국가의 책임이니까요." 간호사들의 일상 업무 전반에서 이주 여성들이 과연 공공 의료 서비스에 접근할 권리가 있는가 하는 문제는 그다지 중요하지 않았다. 오히려 안전한 출산을 보장하는 것이야말로 국가의 의무이며, 간호사들은 이러한 이상적인 통치, 즉 돌보며 다스리기를 가능하게 하는 전달자 역할을 하고자 하였다. 여기서 간호사들의 일상적 업무는 비시민으로 여겨지는 이들이 실상은 국가의 영역 내부에 이미 포함되어 있다는 것을 입증한다고 할 수 있다.

산전검진의 또 다른 중요한 측면은 이 과정에서 차후 행정적 목적으로 활용 가능한 여러 정보가 생성된다는 점이다. 산전관리의 핵심 목표는 건강한 임신과 출산을 위해 여성의 신체를 정기적으로 검진하고 이에 개입하는 것이다. 이 과정에서 검진은 부모 및 태아와 관련한 기록을 생성하는 수단으로 작용한다. 산모 수첩에는 임산부의 몸에서 일어나는 생물학적 변화와 주요 특성을 파악하기 위한 세부 정보들(예를 들어 체중, 혈압, 요당 및 단백뇨 등)이 기록되고, 탈라세미아(지중해빈혈) 유전 검사 결과와 유산 및 임신중지 경험 역시 표기된다.

무엇보다도 산전관리를 통해 아기의 생물학적 어머니와 아버지의 이름이 확인되고 기록된다. 등록 시 이름을 기재하는 일은 모든 관료적, 의료적 업무의 기본 절차이지만, 이러한 일상적 확인 작업은 출생의 사실 여부를 문서화할 때 결정적인 역할을 한다. 간호사들은 등록 과정에서 정확을 기하기 위해 임신부의 신분증을 확인하고, 가짜로 친자 관계를 주장하는 걸 막기 위해 각별한 주의를 기울인다. 이주 여성이 제대로 된 서류를 갖추지 못한 경우 간호사들은 추가적인 신원 확인을 위해 증명사진을 가지고 올 것을 요청하고, 이를 다른 기록들과 함께 보관하기도 한다. 간호사들은 또 검진을 받으러 온 여성이 태국 사람이든 샨 사람이든 간에 아기의 친부를 산전 상담에 데려오거나 친부의 신분증 실물을 제시하지 않을 경우 산모 수첩과 출생증명서에 아버지의 이름을 별도로 기록하

แบบประเมินและวิเคราะห์ความเครียดด้วยตนเอง

ในช่วง 2 เดือนที่ผ่านมา ท่านมีอาการ พฤติกรรม หรือความรู้สึก ต่อไปนี้ มากน้อยเพียงใด

โปรดขีดเครื่องหมาย " X " ลงในช่อง แสดงระดับอาการที่เกิดขึ้น กับตัวท่าน ตามความเป็นจริง

อาการ พฤติกรรม หรือความรู้สึก	ระดับอาการ			
	ไม่เคยเลย	เป็นครั้งคราว	เป็นบ่อยๆ	เป็นประจำ
1. นอนไม่หลับ เพราะคิดมากหรือกังวลใจ		X		
2. หงุดหงิด รำคาญใจ			X	
3. ทำอะไรไม่ได้เลย เพราะประสาทตึงเครียด		X		
4. วุ่นวายใจ		X		
5. ไม่อยากพบปะผู้คน		X		
6. ปวดหัวข้างเดียว หรือปวดบริเวณขมับทั้ง 2 ข้าง		X		
7. ไม่มีความสุข และเศร้าหมอง		X		
8. หมดหวังในชีวิต		X		
9. รู้สึกไม่มีคุณค่า		X		
10. กระวนกระวายตลอดเวลา		X		
11. ไม่มีสมาธิ	X			
12. เพลีย จนไม่มีแรงจะทำอะไร			X	
13. เหนื่อยหน่าย ไม่อยากทำอะไร			X	
14. หัวใจเต้นแรง	X			
15. เสียงสั่น ปากสั่น หรือมือสั่นเมื่อไม่พอใจ	X			
16. กลัวผิดพลาด ในการทำสิ่งต่างๆ			X	
17. ปวด เกร็งกล้ามเนื้อท้ายทอย หลัง ไหล่		X		
18. ตื่นเต้นง่าย กับเหตุการณ์ที่ไม่คุ้นเคย			X	
19. มึนงงหรือเวียนศีรษะ		X		
20. ความสุขทางเพศลดลง				X

그림 4. 산후우울증 자가진단표. 태국어를 읽을 줄 모르는 이주 여성들은 자녀나 친구들의 도움 으로 작성한다고 한다. 내가 산전진료실에서 참여관찰을 하는 동안 간호사들이 산모들에게 이 표를 작성해달라고 직접 요청하는 경우는 거의 본 적이 없으나, 나와 면담했던 산모 중 상당수 가 자발적으로 작성하여 채워두고 있었다. 사진 속 자가진단표를 작성한 산 여성은 초조함을 느 끼는 경우(2항), 피로감 때문에 뭔가를 할 기운이 없는 경우(12항), 무력감을 느끼는 경우(13항), 낯선 상황에서 쉽게 당황하는 경우(18항)가 "잦다"(3열)고 답하고 있다.

지 않는다. 예비 부모를 위한 혈액검사 상담을 하는 어느 간호사는 이렇게 설명했다. "우리는 모든 것을 정확하게 기록해야 해요. 그러지 않으면 아기의 출생 서류에 잘못된 정보가 들어가거든요."

재생산 체제 관리자로서 간호사들의 이와 같은 세심함은 사실 이들의 확인 능력이 제한되어 있다는 것을 뜻하기도 한다. 즉 관리자 역할을 한다고 하더라도 이들에게는 모든 정보를 다 파악하고 관장할 능력이 없다는 걸 주목할 필요가 있다. 간호사들은 사실 여성들에게 산전진료를 빠짐없이 이어가며 모든 관료적 절차에 따르도록 별도로 강제할 수단이 없다. 따라서 자신의 업무를 제대로 하기 위해서는 본질적으로 산모들의 협조에 의존할 수밖에 없다. 결국 이러한 임신의 의료화에서는 여성과 국가의 행정절차를 대리하는 간호사 사이에 일련의 연합이 필요하다고 할 수 있다. 여기서 간호사들과 샨 이주 여성들의 협조 관계는 "국가처럼 보기"[22]를 가능하게 해주는 확인 절차와 가시성legibility의 기획이 공동 작업의 성격을 띠고 있다는 점을 확인시켜준다. 즉 간호사는 하나하나의 출생에 정확하고 올바른 정보를 기입하려고 애쓰며, 샨 어머니들은 자녀의 출생이 안전하게 이뤄지는 것을 넘어 행정 체계 내에서 확인 가능한 사실로 드러날 수 있도록 노력한다. 이러한 상호 협력과 의존 관계에서 이주 여성의 충실한 참여는 의학적 개입으로 특정한 주체성이 생겨나는 과정을 보여줄 뿐만 아니라 이들 스스로가 의료적, 관료적 산정 체계의 일부가 되기 위한 행위 능력을 발휘하고 있다는 걸 말해준다.[23] 이러한 맥락에서 산전관리는 전방위적 감시의 시선에 의거하기보다는 상호 의무를 통해 발휘되는 통치성의 양상을 보여준다.

출생증명서를 읽는 두 가지 방법

산전진료실까지 가는 멀고도 험난한 여정은 결국 산모 수첩의 꼼꼼한 기록으로 남는다. 여기서 인식과 식별의 힘을 쥐고 있는 것은 바로 이 구체적인 기록들이다. 산모 수첩의 맨 마지막 페이지는 출생 등록을 위한 서식인데, 이러한 진료 기록의 순차적 배열로 인해 일부 샨 여성들은 산전관리가 출생신고를 위한 전제조건이라고 여기기도 한다. 출생신고를 하기 위해서는 부모의 신분증과 거주지 등록증 사본, 고용주의 신분증 및 거주지 등록증 사본 등이 필요한데, 이때 병원에서 발급한 출생증명서가 가장 중요하다. 반팻 병원의 여성 병동 간호사들은 산모가 회복을 위해 병동에 머무르는 동안 산모의 남편이나 가족들에게 근처의 읍사무소에 가서 출생신고를 하도록 한다. 대부분의 이주민 부모들은 출생신고를 매우 중요한 문제로 여기기 때문에 보통은 이러한 지시를 바로 따른다. 출산 후에도 산모 수첩은 여러 쓸모가 있는데, 산후조리를 위해 간호사들이 가정방문을 하거나 신생아 예방접종을 할 때도 종종 보여줄 것이 요구된다.

많은 이주 여성들이 산모 수첩과 출생 관련 서류들을 잘 보관하기 위해 각별히 애쓴다. 산전관리가 태국의 행정 체계 내에서 아이로 하여금 일정한 존재감을 갖게 하는 데 얼마간 효과를 발휘한다는 점을 명확히 이해하고 있기 때문이다. 산모 수첩부터 병원에서 받은 각종 서류들—환자 카드, 영수증, 진료 의뢰서 등—에 정확히 무엇이 쓰여 있는지를 읽고 이해할 수 있는 샨 이주 여성은 많지 않지만, 그럼에도 불구하고 이들은 이 서류들이 시스템 내에서 일종의 통행증 역할을 할 수 있다는 걸 충분히 인식하고 있었다. 자신의 아기 이름을 태국어로 읽고 쓰지 못한다고 해도 아기에 대한 서류를 가지고 있으면 붐비는 병원이나 출입국 관리소, 읍면사무소 등에서 유용하게 쓸 수 있다. 많은 샨 여성들이 산모 수첩과 출생증명서를 보관할 가치가 있다는 데 동의하며, 특히 학교 등록에 중요하다고 생각한다. 그래서 이런 서류들을 안전하게 보관하기 위해 신경을 쓴다.[24] 많은 샨 이주민들이 건설 현장이나 대규모 농장 근처에 임시로 지어진 판잣집에 사는데, 간혹 이들의 집에 가보면 산모 수첩을 비롯한 중요한 서류들이 두꺼운 비닐봉지에 담겨 물에 젖거나 다른 물건들과 섞이지 않도록 가설 기둥 밑에 단단히 걸려 있는 모습을 종종 볼 수 있다.

임시 체류자 신분의 샨 부모들은 자녀가 훗날 태국 국적을 받을 수도 있다는 기대에 출생신고를 제대로 하는 데 큰 무게를 둔다. 30대 중반의 씽은 샨 사람으로 일종의 장기 체류 허가증인 고산지대민 카드를 갖고 있었는데, 마을 이장의 도움으로 첫째 아들의 출생신고와 세대 등록 절차를 잘 마쳤다는 걸 매우 뿌듯해했다.[25]

우리 애가 열다섯 살이 되면 태국 신분증을 신청할 수 있어요. 이미 출생신고를 마쳤고 필요한 모든 서류를 준비해두었거든요. 그

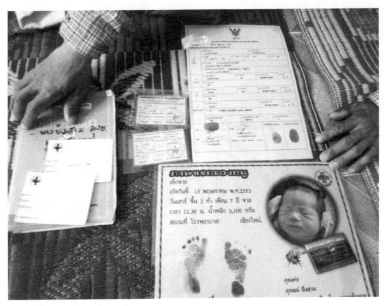

그림 5. 아기 출생과 관련하여 어느 산 여성이 보관하고 있는 서류들. (왼쪽부터 시계 방향으로) 산모 수첩, 부모의 이주 노동자 카드, 읍사무소에서 발급한 출생증명서, 병원에서 받은 아기 사진.

건 부모로서 우리가 아이한테 줄 수 있는 가장 값진 거예요. 우리가 다 떠나더라도 애는 태국 국적이 있으니까 자기 이름으로 된 차와 집도 가질 수 있겠죠. 우리는 죽어도 못 가질 테지만, 애의 미래는 우리가 살아왔던 것과는 다를 거예요.

안도하는 씽과 달리, 뚜이는 출생신고와 관련해 실수를 한 걸 여전히 후회하고 있었다. 샨 이주민인 뚜이는 공사 현장 근처에 임시로 지어진 천막집에서 나에게 이렇게 말했다.

임신했을 때는 뭘 어떻게 해야 할지를 몰랐어요. 막 태국에 건너 온 때였거든요. 산전진료실을 다니지도 않았고 출산할 때가 다 되어서야 병원에 갔죠. 그때는 병원비를 낼 돈도 얼마 없었어요. 그래서 간호사들이 나중에 돈을 가져와서 출생증명서를 떼라고 하더군요. 하지만 다시는 병원에 가지 않았어요. 지금이라도 가서 그 돈을 다 주고라도 아들 출생증명서를 받을 수 있으면 소원이 없겠어요.

이 이야기와 함께 뚜이는 첫째 아들이 태어났을 때 병원에서 아이의 손목에 차준 밴드를 보여주었다. 거기엔 아들의 이름과 환자 번호가 사인펜으로 쓰여 있었다. 만일의 경우를 대비해 거의 8년이 지난 지금까지 보관하고 있었던 것이다. 뚜이는 자신이 미등록 이주민이기 때문에, 출생신고를 한다 해도 아이에게 태국 시민권을 줄 수 없다는 걸 잘 알고 있었다. 그러나 여기서 뚜이가 가장 크게 한탄하는 것은 아이가 서류로 등록될 기회 자체를 놓쳤다는 점이었다. 해마다 취업 허가를 갱신하고 경찰의 불심검문을 겪으면서 이제 뚜이는 출생 관련 서류가 아들에게 줄 수 있는 편이를 훨씬 더 잘 이해하게 되었다.

출생신고에 필요한 일련의 서류가 새롭게 태어난 존재와 국민 공동체 사이의 연관을 드러낼 수 있다고 할 때, 여기서 중요한 점은 비시민권자의 출생증명서가 발휘할 수 있는 법적 효력이 불명확하다는 점이다. 부모가 태국 국적자인 경우와 그렇지 않은 경우 출생 신고 양식이 각기 다른데, 무엇보다 부모가 태국 국적이 아닌 경우 자녀의 국적을 표시하는 난이 아예 없다. 즉, 태국에서 태어난 모든 아동은 부모의 법적 지위에 관계없이 신원등록법(2008)에 따라 행정 기록이 남는 출생등록을 할 수는 있지만, 이 절차로 국적이 부여되지는 않는다.[26] 태국에서 태어난 국적 없는 샨 아동들이 맞닥뜨릴 수 있는 또 다른 문제는 이들이 추후 미얀마로 이주할 경우 그곳에서도 시민권을 취득하지 못할 수도 있다는 점이다.[27] 결국 이와 같은 법적 보호의 불완전성은 샨 아동들이 태국에서 출생신고를 하더라도 무국적이라는 위협에서 완전히 벗어날 수는 없다는 현실을 암시한다.

　여기서 내가 강조하고자 하는 건 비시민권자 자녀의 출생증명서에서 '국적 없음'과 '시민권 있음'의 구별이 다의적으로 해석 가능하다는 점이다. 이주민 사이에서 출생한 아이들에게 발급된 증명서는 새롭게 태어난 사람들의 존재를 법적으로 확정하면서 이들 모두에게 소속의 권리, 즉 '국적을 취득할 보편적 권리'가 있다는 것을 예증한다.[28] 그러나 다른 한편에서 출생증명서는 이들이 등록 당시 국적이 없었다는 사실을 입증하기도 한다. 이런 맥락에서 '무국적' 아동의 출생증명서는 이중의 의미를 지닌다. "겉보기에 단조로운 형태의" 행정 문서가 한 장에서 "각기 다른 목소리"를 내고 있는 것이다.[29] 여기서 출생등록의 기록은 서로 대치되는 정치적 의도와 합리성, 실행을 동시에 담아내고 있다.

　신원 확인 문서로서 출생증명서는 로렌스 코언Lawrence Cohen이 "조건부로 작동하는 근대적 통치의 계약적 서사"라고 부른 양상을 드러낸다고 할 수 있다.[30] 샨 이주민들은 이러한 문서를 소지하고 제시함으로써, 마치 자신의 자녀들이 주권국가의 정당한 통치 대상인 것처럼 법의 운영과 관료적 합리성 내부에 자리 잡을 수 있기를 기대한다. 여기서 중요한 것은 이주 여성들이 출산과 출생 등록의 문서화라는 제도화된 의료적 절차를 완수할 때, 문서화라는 기술적 체계가 이들을 소외시키는 효과만을 낳지는 않는다는 점이다. 외려 많은 여성들은 문서화의 잠재적 이점을 파악하고, 의학적, 관료적 절차에 적극적으로 참여함으로써 문서 작업이 발휘하는 힘을 활용하려고 시도한다. 국가의 시야에 들어오는, 즉 파악 가능한 주체legible subject로 정치적 영역 내부에 들어가고자 하는 이들의 소망은 관료제적 기술 체계를 자신들의 필요에 맞추어 활용하는 방식으로 뚜렷이 드러난다.

새겨넣기와 정박하기

오늘날 태국에 살아가는 다양한 종족 집단의 구성을 살펴온 역사학자 찰스 키즈Charles Keyes는 하나의 국가로서 태국(찻 타이)이라는 개념과 관련하여 흥미로운 가정을 제시한 바 있다. 찻이라는 용어는 '태어날 때 주어지는 것'을 뜻하는 산스크리트어/팔리어인 '자티 jāti'에서 유래하는데, 19세기 후반에 들어오면서부터 "과거로부터 유산을 공유하는 사람들"을 뜻하게 되었다고 한다.[31] 출생과 국적을 연결하는 전근대적 의미망은 오늘날 태국의 비시민권자 자녀들이 마주한 중요한 문제를 상기시킨다. 출생에 의해 국민국가의 구성원

또는 시민이 된다는 것은 무엇을 의미할까? 국가의 가장자리에서 태어나는 사람들에게 주어지는 위치는 도대체 무엇일까?

반팻 병원에서 내가 우연히 보게 된 어느 산모 수첩 첫 페이지(그림 6 참조)는 한 존재가 태어나고 있다는 걸 조심스럽게 새겨넣는 일이 특히 가장자리에서 태어난 사람들에게 어떤 의미인지를 다시금 생각하게 했다. 수첩에 적힌 기록에 따르면 산모는 열일곱 살이었는데, 신분증 번호를 적는 난이 빈칸으로 남아 있는 걸 볼 때 미등록 이주민으로 추정되었다. 수첩의 주인은 산전진료실을 총 여섯 번 방문하고 나서 약 2.5킬로그램 정도가 나가는 아이를 어느 지역 거점 병원에서 조산했다. 아기는 출산 직후 심각한 저산소증을 보여 반팻 병원의 신생아 집중치료실로 이송되었고, 출산을 마친 여성은 입원 병동에서 지내다 먼저 퇴원을 하였다. 이후 신생아 집중치료실의 간호사가 몇 번이나 수첩에 기록된 전화번호로 연락을 취했지만 소식을 들을 수 없었다고 한다. 여러 날이 지나도록 수첩의 주인은 아기를 보러 병원에 한 번도 오지 않았다. 신생아 집중치료실 의사는 나에게 수첩의 첫 페이지를 보여주면서 이걸 보면 그가 임신 중 얼마나 애를 썼는지를 알 수 있다고 하였다. 수첩에는 지난 2개월 동안 태동을 느꼈던 순간을 꼼꼼히 표시한 별도의 표가 덧붙여져 있었다. 보통 산전진료실 간호사들은 임신 말기의 산모가 이상 증상을 보이거나 조산 위험이 있다고 여길 때 이 같은 자가검진표를 작성하도록 한다. 수첩의 주인은 끝내 병원을 찾지 않았지만, 미숙아로 태어난 아이를 위한 집중치료는 끝나지 않았다.

손으로 꼭꼭 눌러쓴 표를 들여다보며, 나는 새로 태어날 이를

แบบบันทึกการดิ้นของทารกในครรภ์

เดือน ๒๔/53		เดือน ๓๑/๓/53		เดือน มิ. ย. 53	
วันที่		วันที่		วันที่	
✱ 1	(tally marks)	1	(tally marks)	1	
2	(tally marks)	2	(tally marks)	2	
3	(tally marks)	3	(tally marks)	3	
4	(tally marks)	4	(tally marks)	4	
5	(tally marks)	5	(tally marks)	5	
6	(tally marks)	6	(tally marks)	6	
7	(tally marks)	7	(tally marks)	7	
8	(tally marks)	8	(tally marks)	8	
9	(tally marks)	9	(tally marks)	9	
10	(tally marks)	10	(tally marks)	10	
11	(tally marks)	11	(tally marks)	11	
12	(tally marks)	12	(tally marks)	12	
13	(tally marks)	13	(tally marks)	13	
14	(tally marks)	14	(tally marks)	14	
15	(tally marks)	15	(tally marks)	15	
16	(tally marks)	16	(tally marks)	16	
17	(tally marks)	17	(tally marks)	17	
18	(tally marks)	18	(tally marks)	18	
19	(tally marks)	19	(tally marks)	19	
20	(tally marks)	20	(tally marks)	20	
✱ 21	(tally marks)	21	(tally marks)	21	
22	(tally marks)	22	(tally marks)	22	
23	(tally marks)	23	(tally marks)	23	
24	(tally marks)	24	(tally marks)	24	
25	(tally marks)	25	(tally marks)	25	
26	(tally marks)	26	(tally marks)	26	
27	(tally marks)	27	(tally marks)	27	
28	(tally marks)	28		28	
29	(tally marks)	29		29	
30	(tally marks)	30		30	
31		31		31	

หมายเหตุ ถ้าลูกดิ้นน้อยกว่า 10 – 12 ครั้ง / วัน ให้รีบมาโรงพยาบาลทันที

그림 6. 산모 수첩의 일부. 2010년 4월부터 2010년 5월까지의 태동이 기록되어 있다.

위해 기록을 남긴다는 게 얼마나 구체적이고 물질적인 일인지를 깨달았다. 온갖 새로운 재생산 기술이 등장하여 태아의 상태를 기록하는 방법이 날로 다양해지는 시대에, 이 수기 기록은 단순하기 그지없다. 뱃속에서 아기의 움직임을 느낄 때마다 금을 긋는 행위는 과연 누가 권리 있는 시민인지, 무엇이 시민인지를 정의하는 법적이고 정치적인 질서와는 아무런 관련이 없을 수도 있다. 그러나 이 부지런한 기록은 태어나기 전부터 한 인간의 생명이 기록의 대상이 된다는 점을, 지극히 소중한 존재로 다뤄지고 있다는 점을 현시하고 있었다. 이러한 기록 방식은 태동에 이상이 느껴지면 바로 병원에 오도록 하기 위해 고안된 것이지만, 본래의 목적보다 더 많은 것들을 말해준다. 여기서 기록은 쉽사리 파악하기 어렵다고 여겨지는 대상을 특정 방식으로 보이도록 하는 수단이기도 하지만, 동시에 한 생명의 존재 여부를 여실히 증명하고 보존하는 행위이기도 하다. 내가 얼굴을 모르는 이 젊은 여성은 기록을 통해 "행정적 대상으로 실행되는"[32] 과정에 충실히 참여하였다. 그리고 이렇게 남겨진 기록들과 함께 아직 이름도 국적도 없는 아기는 더 넓은 행정적, 의료적 시공간 내에서 함부로 사라질 수 없는 존재로, 고유하게 식별 가능한 누군가로 여겨질 수 있었다.

자크 랑시에르Jacques Rancièr는 인간과 시민의 간극은 "여기서 태어나는지 혹은 저기서 태어나는지에 따른 우연성"을 보여주며, 바로 이 두 개념의 틈 사이에서 "정치적 주체화를 위한 공간"이 열린다고 지적한다.[33] 이 장에서 나는 적극적으로 산전진료실을 찾는 샨 이주 여성들의 실천이 이러한 우연성의 폭력적 여파를 예리하게 감지한 데서 비롯하며, 병원과 행정 체제, 국가로부터 미약하나마 관련을 이끌어내고자 애쓰고 있다는 점을 보여주었다. 이처럼 누군가의 존재를 새겨넣는 기재의 작업에는 "포함의 관계와 배제의 관계를 하나로 묶는"[34] 잠재력이 있었다. 의학적이고 정치적인 과정으로서 산전진료실의 일상은 관료제적 등록 체계가 필요로 하는 종류의 진실을 생산하지만, 동시에 이를 통해 새롭게 태어나는 생명의 시작에 신원과 가치가 부여된다. 그리고 이러한 문서 기록과 등록 만들기는 의료 전문가, 행정관, 관료와 같은 일부 집단만이 독점적으로 할 수 있는 일이 아니었다. 태국어를 읽고 쓰지 못하는 여성들이야말로 여타의 행정적 부산물들을 모으고, 복사하고, 보존하고, 여기저기로 이동시키면서 인구군에 대한 정보와 자료를 축적하는 공식적 과정의 주요한 일부를 이루고 있었다.

따라서 이주 여성과 아직 태어나지 않은 혹은 갓 태어난 아이들에게 부여된 문서상의 존재감은 이들과 같은 비시민 주체들이 국가로부터 일정한 인정을 이끌어내고 이를 통해 매우 부분적이지만 동시에 필수불가결한 소속의 안전감을 확보하려고 한다는 걸 보여준다. 이주민의 출산과 건강에 대한 여러 인류학 연구들이 그간 입증해온 것처럼 존재에 불법성을 부여하고 추방 가능하게 하는 정치는 불의를 영속시키고 이주민의 기본권을 부정한다.[35] 경찰에 붙잡히지는 않을까 너무 두려워서 병원에 가지 못하거나 신분 증명 서류 없이는 길거리를 다니지 못하는 불안은 태국을 비롯한 전 세계의 여러 지역에서 수많은 이주민들이 경험하는 삶의 일부이기도 하다. 그러나 나는 두려움과 불안, 자격 없음의 감각을 이주민들이 어떻게 체화하는지에 대한 연구가 큰 분석적 강점을 가지고 있다고 하더라도, 포기와 배제의 틀만으로는 이주민들이 발휘하는 결단의 일상성을 충분히 살필 수 없다는 점을 강조하고자 한다.

무언가를 새겨넣는다는 건 어떤 정보가 쉽사리 사라지지 않도록, 그리하여 이후에도 전달될 수 있도록 하기 위한 행위이다. 지금까지 살펴본 이러한 정성스러운 새겨넣기의 시도들은 국가로부터의 방임과 추방 위협을 무효화하는 데 큰 힘을 발휘하지는 못할 수도 있을 것이다. 그러나 이주 여성들이 곧 태어날 아이들의 존재가 인정될 수 있도록 기록을 만들어내는 이 모든 과정은 아직 시민적 권리를 부여받지 못한 여러 주체들이 이미 국가가 매개하는 관료제의 영역 안에 닻을 내리고 있다는 것을, 인간과 시민 사이의 간극을 메우려 애쓰고 있다는 것을 나타낸다.

5장

여린 삶,
어린 죽음

1번 병상의 아기 환자는 입원한 지 벌써 1주일이 지났지만, 아직 아무도 이름을 몰랐다. 어찌된 일인지를 부서장 간호사께 물으니 환자에 대해 알려진 거라고는 엄마가 열일곱 살이고 미등록 이주 여성이라는 게 다라고 전해주었다. 근처 지역 거점 병원 분만실에서 태어난 아기는 심각한 저산소증을 겪었고 태어나자마자 바로 반팻 병원의 신생아 집중치료실로 이송되었다. 산모는 아기가 이리로 전원되었다는 안내를 받았음에도 아직까지 한 번도 찾아오지 않았다고 한다. 간호사들이 거듭 전화를 하였지만 연락이 닿지 않았다. 현재 1번 아기에게 가장 다급한 문제는 폐에 물이 차서 몸에 산소가 제대로 공급되지 않는다는 거였다. 작은 몸에는 인공호흡기, 심장 모니터, IV 펌프에서 나온 온갖 줄이 연결되어 있었다. 튜브로 약물이 계속 들어가고 있고 전자 기기의 끊임없는 신호음과 날카롭게 삐삐거리는 경고음에 싸여 있었지만, 아기는 미동도 없이 누워 있었다. 오로지 작은 가슴이 규칙적으로 오르락내리락할 뿐이었다. 간호사가 채혈을 위해 발바닥을 찌르자 심장 모니터가 갑자기 울렸다. 하지만 아기는 움찔하지도 않았다. "룩, 삔 양아이(아가, 좀 어떠니)?" 간호사가 중얼거리며 아기의 등을 부드럽게 토닥여 진정시켰다. 산소 공급이 제대로 되고 있는지를 확인하기 위해서는 주기적으로 모세혈 가스 농도를 모니터링해야 하고, 아기는 하루에도 몇 번씩 바늘에 찔렸다. 환자가 유아 가온기에 꼼짝 않고 누워 있는 동안 환자의 혈액 샘플과 X선 사진은 검체실, 방사선과, 신생아 집중치료실을 하루에도 몇 번씩 돌아다녔다. 활력 및 신경학적 징후, 투여된 약물 목록, 매일 정산되는 진료비 등 수많은 정보가 꼼꼼히 기록되고 분류되어

5장 여린 삶, 어린 죽음

확실하게 정리되고 있었다. 곁을 지키는 가족은 없었지만, 1번 아기의 작은 몸과 삶은 이미 복잡한 사회적, 윤리적 관계 속에 얽혀 있다.

이 장에서 나는 반팻 병원의 이 소박한 신생아 집중치료실에서 삶과 죽음을 가능하게 하는 윤리적이고 기술적인 돌봄의 양태에 대해 탐구하고자 한다. 1번 환자의 부모 중 아무도 병원을 찾지 않는 상황에서 신생아 집중치료실은 이제 태어난 지 얼마 되지 않은 생명의 회복과 성장을 오롯이 책임지는 유일한 양육자가 되었다. 아기는 그 어떤 의료보험의 가입자도 아니었지만 생사가 갈리는 순간에 즉각 소생술을 받았으며, 공공 병원 진료 연계망을 통해 세심한 의료적 처치를 받을 수 있었다. 이곳에서 위중한 신생아 환자의 생명이 지켜지는 방식, 또 죽음이 시작되는 과정을 따라가면서 나는 극도로 취약하고 낯선 존재들이 어떻게 돌봄 관계를 이끌어내는지를 탐구한다.

신생아를 위한 의학적 처치 기술이 크게 진보하면서 조산아와 중증 영아의 사망률은 급격히 낮아졌고, 이에 따라 사망 위험이 크거나 중증 장애의 가능성이 있는 영아의 생명을 얼마나 유지할 것인가에 관한 문제들이 더욱 중대해졌다. 신생아 치료에서 가장 큰 딜레마는 향후 생존 가능성이 매우 불확실한 환자를 얼마나 어떻게 돌보는 게 옳은가에 대한 질문과 직결되어 있다. 어느 정도의 임상적 개입이 적절한지, 미래의 삶의 질을 어떤 기준과 근거로 판단할지를 둘러싼 기술적 논의들, 특히 생명 유지 장치의 중단을 누가 결정할 수 있는지, 한다면 어떻게 이뤄져야 하는지에 대한 생명의료 윤리 논쟁들이 여러 문헌에서 다뤄진 바 있다.[1] 그러나 이러한 접근들은 집중치료라는 의료 환경에서 갓 태어난 인간 존재를 둘러싸고 각종 기술적이고 사회적인 관계들이 생겨날 때, 여기서 만들어지는 사회성의 본질이 과연 무엇인지를 본격적으로 다루지 않는다. 어린 환자들이 생명 유지 장치에 전적으로 의존할 수밖에 없다는 사실은 이들의 살아 있음이 곧 이들을 둘러싼 사람들의 행동과 의도, 의무의 총합이 구체화된 결과라는 것을 말해준다.[2] 신생아 환자의 회복과 성장은 집중치료에 따른 신체적 반응일 뿐만 아니라, 이들이 돌보는 이와 맺고 있는 "관계의 효과를 보여주는 증거"이기도 하다.[3]

나는 신생아 병동에서 생명을 유지할 수 있게 하는 관계가 처음 시작되고 이어지고 또 끊어지는 방식을 면밀히 살피면서, 관여와 거리두기의 결합 속에서 어떻게 돌봄이 실현되는지를 검토한다. 이러한 환경에서 생성되는 돌봄의 성격을 이해하는 데는 신생아 의학의 두 측면이 특히 중요하다. 하나는 삶의 시작 단계에 있는, 특히 아픈 신생아가 내포하는 본연적 타자성이다. 사회화의 익숙한 시나리오에서 신생아는 어머니, 아버지, 친족과의 돌봄 관계 속으로 차례로 통합되면서 소속의 영역에 합류하는데, 여기서 신생아를 위한 의학적 개입은 일종의 지체를 야기한다.[4] 신생아 의학은 병약한 영아가 죽지 않고 살아 있을 수 있게 하지만, 동시에 태어남이라는 사이 기간in-between stage을 늘리고 갓 도래한 낯선 존재라는 타자성을 유지시킨다. 두 번째 측면은 신생아 돌봄은 임시적일 수밖에 없다는 점이다. 의학적 정의에 따르면 생후 28일이 지난 아기는 더 이상 신생아가 아니다.[5] 이는 이 짧은 기간이 지나면 환자가 신생아 집중치료실에서 퇴원해야 한다는 게 아니라, 신생아를 위한 집중치료라는 특정한 돌봄의 방식은 일정 시간이 지나면 끝이 날 수밖에 없다는 걸 뜻한다.

신생아 의학이 타자성과 임시성을 기초로 한다고 할 때, 아픈 아기를 둘러싼 돌봄 관계에는 언제든 이 관계가 멀어지거나 끊어질 수 있다는 가능성이 늘 개입한다. 어린 인간의 생명은 반드시 구해져야 하지만, 그것이 늘 가능하거나 도덕적으로 정당하지는 않다. 죽음, 즉 삶에서 떠나는 일은 중증 신생아 치료에서 실패가 아니라 받아들여야 하는 결과 중 하나이다.[6] 특히 신생아 집중치료실의 의료진들이 생명 유지를 위한 치료를 중단해야 하는 이유를 파악하고 이에 실용적이고 능숙하게 대응하는 방식은 거리두기가 의학적 개입의 한 측면이지 진료 의무의 방기가 아니라는 점을 잘 보여준다. 나는 아주 어리고 크게 아픈 환자들을 둘러싸고 생겨나는 서로 불일치하는 연결의 형식들을 탐구하면서, 삶과 죽음의 문턱에 있는 낯선 손님과도 같은 이들을 위해 돌봄을 조직하는 일이 한계를 설정하지 않고 인간의 생명은 반드시 살려야만 한다는 식의 생명정치적 공약의 결과가 아니라는 걸 보여주고자 한다. 오히려 여기에는 보살핌을 이끌어내는, 또 보살핌이 일어나기 위해 필요한 관계 설정을 이끌어내는 아주 어린 인간의 예상치 못한 잠재력이 관여하고 있었다.

다음에서 나는 치앙마이 지역 내에서 신생아 치료가 국가가 반드시 제공해야 하는 공공 서비스의 일부로 여겨지면서 출산을 둘러싼 생명정치적 지형에 어떤 변화가 생겨났는지를 먼저 간략히 논의하고자 한다. 이어서 두 어린 환자의 죽음을 둘러싼 서사와 정동적 반응, 그리고 죽음의 물질성에 초점을 맞추어 생명을 유지하는 데 중요한 요소로 친족 관계, 의학적 개입, 관료제적 신원 확인의 절차들이 등장하는 양상을 살피고, 이러한 요소들이 신생아 집중치료의 과정에서 어떻게 해체되고 변형되는지를 보여주려 한다.

조산에 따른 영아 사망의 지역적 성격

2장에서 잠깐 논의했다시피 반팻 병원의 신생아 집중치료실은 치앙마이 주 내의 만성적인 병상 부족에 적극적으로 대응하고자 만들어졌으며, 이후 지역 내 진료 연계의 중요한 거점이 되었다. 치앙마이 시 부근과 매홍손 주의 신생아 환자들은 공공 병원 간 진료 의뢰 및 응급 의료 센터 네트워크를 통해 반팻 병원으로 이송된다. 1년여의 준비 끝에 2006년에 처음 문을 연 이곳은 소아과 의사 1명과 간호사 5명으로 처음 시작해 2008년부터는 소아과 의사 2명, 간호사 10명, 훈련 수준이 다양한 간호조무사 10명이 함께 일하고 있다. 인공호흡기, 인큐베이터, 혈액 가스 분석기와 그 밖의 여러 검사 장비를 갖추고 있어서 상급 병원에 모든 검체를 보내지 않고도 독립적으로 병동 운영이 가능하다. 2007년 10월부터 2010년 12월까지의 기록에 따르면 증상과 체중이 다양한 신생아 환자 286명이 이곳에서 진료를 받았다.

신생아 치료는 보편적 산전돌봄과 병원 분만 및 산후 관리의 연장선상으로 치앙마이 내 주산기 의료의 규범적인 일부가 되었다.

이 지역 전체 인구에 비해 신생아 환자를 위한 병상의 수는 여전히 부족하지만, 지역 거점 병원에 생긴 신생아 집중치료실은 필수 의료의 접근성과 이용도를 확장하기 위한 공공사업의 주요 일환으로 여겨졌다. 외딴 농촌 지역에서도 병원 출산이 일상화된 상황에서, 공공 병원 간 진료 의뢰망을 통해 이제 조산아와 신생아 환자들이 빠른 시간 안에 효율적으로 연계될 수 있다. 그리고 이는 이 지역의 생명정치 지형에 중요한 변화가 일어났다는 것을 알려주는 신호이기도 하다. 이제 신생아 치료는 공공 서비스의 일부로 재편되었고, 신생아 및 영아 환자는 그 누구보다 국가의 지원 아래 의학적 개입이 이뤄져야 하는 정당하고 바람직한 대상이 되었다.

이와 같은 공공 의료의 새로운 사명은 수많은 신생아들에게 생사를 가르는 차이를 만들어냈으며, 어린 아기의 죽음은 이제 반드시 의료화된 공간 안에서 일어나야 하는 것으로 변모되었다. 치앙마이 주 전역에서 온 수많은 위독한 아기들이 집중치료를 받을 기회를 얻게 되었고, 그 가운데 일부는 집에서 아주 멀리 떨어진 곳에서 죽음을 맞이한다. 2012년 5월, 살에 이미 구더기가 생길 정도로 상태가 심각한 여아가 반팻 병원으로 이송되었다. 아기는 깊은 숲에서 버섯을 따던 마을 사람에게 발견되어 지역 거점 병원 응급실로 옮겨졌고, 이후 곧바로 구급차에 실려 300킬로미터가 넘는 거리를 이동해 반팻 병원으로 이송되자마자 인공호흡기에 연결되었다. 아기는 신생아 집중치료실에서 겨우 세 시간 남짓 살았을 뿐이지만, 공공 의료 시스템 전체가 아이의 짧은 생존을 뒷받침하였다. 아픈 신생아에 대한 돌봄을 거부해서는 안 된다는 원칙이 이제 공공 의료 체계가 지켜야 하는 최저선이 되었다.

반팻 병원이 제공하는 신생아 치료에서 주목해야 할 또 다른 측면은 시민권 여부에 따라 계층화된 불평등과 조산 사이에 상당한 상관관계가 있다는 점이다. 내부적으로 작성된 통계는 이 병동이 그간 무국적자 및 이주민 자녀들을 상당수 받아왔다는 걸 잘 보여준다. 2011년 11월부터 2012년 9월까지 신생아 집중치료실 환자 등록 기록에 따르면, 전체 환자의 64퍼센트가 태국 시민을 위한 보편적 건강보험의 적용을, 20퍼센트는 이주민 의무 건강보험의 적용을 받았고, 나머지 16퍼센트는 아무런 보험이 없는 사람들이었다. 종족별 구성을 살펴보면 전체 환자 중 37.5퍼센트만 태국 사람이었고 나머지는 모두 샨 출신이거나 소수종족이었다. 이와 같은 내원 환자들의 특성은 부모의 사회경제적 지위와 직결된다. 2007년부터 2012년까지 공무원의료보험이 적용된 환자는 단 한 명에 불과한 데 비해 부모, 특히 어머니가 미등록 이주민이거나 소수종족, 난민인 경우는 꾸준히 증가해왔다. 신생아 집중치료실의 의료진들 역시 조산, 특히 태국인이 아닌 여성의 조산은 경제적 궁핍과 도농 간 의료 서비스 접근성의 차이, 그리고 이주에 따른 불안정성의 경험과 긴밀히 연결되어 있다고 여겼다.

신생아 집중치료는 반팻 병원에서 가장 높은 비용이 발생하는 처치이지만, 의료진들은 보험 유무에 따라 환자 간에 차등을 두지는 않았다. 보험 적용이 되지 않는 환자들은 대부분 미등록 이주민과 난민 자녀로 일단 병동에 입원하면 보험 환자와 다를 바 없이 집중치료와 고가의 약물치료가 이어졌다. 반팻 병원의 이러한 포용적 개방성이 공공 의료 체계에서 자격 없는 비시민의 배제를 정당화하는 생명정치 체제의 주요 특성과 어긋난다고 할 때, 이 공간은 죽음을 강제하는 주권 권력의 발현에서 한 발짝 벗어나 돌봄의 책임성과 타자성의 작용을 살펴볼 수 있는 흥미로운 기회를 제시한다. 여기서 돌봄은 신생아 환자가 도착하는 즉시 의료진이 소생 혹은 생명 유지를 위한 처치를 시작한다는 점에서 무조건적으로 주어진다. 여기서 나는 이러한 방식의 조직화된 돌봄이 인간의 삶에 차별적으로 합법성을 부여하고 불평등을 야기하는 더 큰 정치적 과정과는 전혀 무관하다는 주장을 하려는 게 아니다.[7] 여기서 주목해야 할 점은 의료진에게 주어진 가장 큰 임무는 누가 돌봄을 받을 자격이 있는 합당한 대상인가를 정하는 게 아니라 지극히 연약한 타자들을 위해 소속의 공간을 만드는 데 있다는 것이다. 위중한 신생아를 둘러싸고 관계의 가닥들이 어떻게 모이고 흩어지는지를 자세히 살펴봄으로써 의료가 돌봄의 의무와 실천에 이끌릴 때 어떤 힘이 생겨나는지를 보다 명확히 이해할 수 있다.

죽어가는 아기와 신생아 의학의 관계적 역량

2010년 12월 22일, 한 차례의 임신중지 시도가 실패한 후 임신 32주 만에 수텝이 체중 1.522킬로그램으로 일찍 세상에 나왔다.[8] 심각한 저산소증과 심장마비, 이후 나타난 중증의 호흡장애는 아기의 험난한 삶에서 시작에 불과했다. 소생 후에도 아기는 감염증과 대사불균형으로 고전을 면치 못하고 있었다. 수텝이 입원한 지 5일째 되는 날, 수텝을 낳은 28세의 태국 여성인 플래가 한마디 말도 없이 병동을 떠나버렸다. 잠깐 간식을 사러 나간다고 다른 환아 엄마들에게 말하고는 사라졌다고 했다. 3일 후, 플래는 나에게 전화를 걸어와 아기 아빠를 찾으러 잠깐 나간 거라며 남자를 찾는 대로 돌아오겠다고 약속했다.

집중치료를 시작한 지 23일이 지난 1월 14일에 수텝은 마침내 인공호흡기를 떼고 자가 호흡을 시작했다. 좋은 소식이었지만, 얼마 지나지 않아 뇌척수액이 과다 분비되는 상태라는 게 발견되었다. 아기의 머리둘레는 1주일 만에 2.5센티미터나 커졌지만 체중 증가는 매우 더뎠다. 1월 22일, 마침내 플래가 한 남자를 데리고 돌아왔다. 수텝의 아버지라고 하였다. 25세의 태국 남성으로 건설 노동에 종사한다는 레온은 자신이 아기 아버지인지를 확신하지 못했다. 플래가 임신 사실을 말하지 않았고, 연락을 하지 않은 지도 이미 여러 달이 지났다고 했다. 신생아 집중치료실 전담 의사인 펑은 환자 상태가 매우 좋지 않다고 설명해주면서 지금이야말로 아기 옆에 부모가 함께 있어야 하는 중요한 시기라고 설득하려 애쓰고 있었다. 그러나 플래는 이미 젖이 말라서 나오지 않는다며 신생아 집중치료실 옆에 환아 엄마들을 위해 마련된 병동에 머물기를 거부했다.

의사와의 짧은 대화가 끝나고, 냉랭하게 대치하던 플래와 레온이 보호자 병동 베란다에서 서로 치고받기 시작했다. 보다 못한 간호사가 억지로 둘을 떼어놓아야 했다. 수텝 때문에 갖은 애를 써온 펑 선생님은 답답함과 씁쓸함을 감추지 못하며 말했다. "두 사람은 지금 아기 상태가 얼마나 심각한지를 알아야 해요. 지금 아기 옆에는 아무도 없어요. 도대체 이 사람들한테 무슨 말을 더 하겠어요? 지켜줄 사람이 아무도 없는 상황에서는 환자를 제대로 도울 수가 없어요." 그는 아기의 할머니가 개입해서 맡아주기를 내심 바라고 있었다. 이날 의료진들은 부모에게 아기의 출생신고부터 할 것을 권했다. 출생신고서도 없이 대학 병원으로 진료를 의뢰하는 건 거의 불가능에 가까웠기 때문이다. 그러나 아무도 출생등록을 하려 들지 않았다.

수텝의 상태가 얼마나 심각한 건지 내가 물을 때마다 경험 많은 간호사인 팁 선생님은 환자 때문에 슬퍼하거나 씁쓸해할 이유가 전혀 없다고 여러 번 말해주었다. "상황이 어쨌든 간에 우리가 보살피면 돼요. 아기가 살아나면 갈 만한 곳이 있을지 내가 찾아보면 되지. 출생신고를 한다고 꼭 아기를 직접 키워야 하는 건 아니라고 아기 엄마한테 몇 번이나 설명했는데, 엄마가 지금 여기서 무슨 일이 돌아가고 있는 건지 이해를 못 하는 것 같더라구. 그게 다예요. 엄마가 너무 혼란스러워서 제대로 생각을 못 하는 것뿐이야. 어쨌든 우리는 아기를 위해 우리가 할 수 있는 걸 하면 되는 거야." 설명대로 수텝은 의료진의 아낌없는 관심 속에 있었다.

2월 3일, 수텝의 상태가 급격히 악화되었다. 오후 8시가 되자 수텝의 산소포화도는 60퍼센트로 떨어졌고 심박수는 50비피엠까지 떨어졌다. 신생아 집중치료실에서 최연장자인 50대 간호사 아리가 수텝의 몸을 부드럽게 만져주고, 인공호흡기에 연결된 튜브를 떼어내고는 삼십 분 동안 손으로 앰부백(수동식 인공호흡 장치)을 짜주었다. 마침내 수텝의 호흡이 조금 안정되는 듯하였고, 다시 인공호흡기를 연결할 수 있었다. 밤 11시, 아리 간호사는 수텝의 기저귀를 갈아주면서 호흡기 튜브 때문에 소리 내어 울 수 없는 아기를 달래기 위해 나지막이 콧노래를 불러주었다. 부드럽고 차분한 소리가 깊은 밤의 적막한 공간을 채웠다.

2월 5일, 의사 펑은 수텝을 산소 박스로 옮기게 하고 기본적인 처치만 하는 것으로 진료 방향을 바꾸었다. 더 이상 추가적인 약물 처방이나 검사도 지시하지 않았다. 다음 날 내가 펑 선생님과 대화를 나누고 있을 때, 수텝의 아버지로 추정되는 레온이 자기 어머니를 데리고 병동에 찾아왔다. 의사는 수텝의 할머니로 추정되는 분에게 나를 여기서 연구 중인 한국인 박사과정 학생이라고 소개하고는 지금 환자가 얼마나 위중한 상태인지를 다시 차분히 설명했다. 펑 선생님의 기대와 달리 할머니는 그 어떤 관여도 원치 않았고 수텝을 고아원에 보내자는 말만 반복했다. 의사가 다시 아기의 폐 상태가 매우 위중하며 머리엔 물이 차 있다고 쉽게 설명했다. 그러고는 아기의 마지막 순간에 무엇을 해주면 좋겠느냐고 물었다. 할머니는 짧게 답했다. "의사 선생님이 알아서 해주세요." 의사가 만약 아기의 숨이 다시 멎으면 심폐소생술을 하기를 바라는지 할머니에게 물었다. 곧장 답이 돌아왔다. "때가 되면 떠나야죠." 이렇게 연명치료 거부에 대한 사전 동의가 별도의 서류 작업 없이 완료되었다.

수텝이 인공호흡기를 떼기는 했지만 간호사들이 해야 하는 일은 끝이 없었다. 시간에 맞춰 분유를 먹이고, 아침이면 부드럽게 목욕을 시켰고, 활력징후를 주기적으로 모니터링했다. 여전히 몇몇 약물은 계속 주고 있었지만, 의사의 일일 지시는 최소화되었다. 더이상 아무런 검사도 진행되지 않았다. 펑 선생님은 수텝이 기계 호흡 보조 장치 없이도 이렇게 오래 버틸지는 자신도 몰랐다고 털어놓으면서 한번은 이렇게 말했다. "아기가 정말 잘 버티네요, 그렇죠?" 그의 원래 계획은 환자가 안정되는 즉시 대학 병원으로 보내는 거였지만, 다 무위로 끝나고 말았다.

산소 박스 속에서 수텝은 더 이상 아무런 튜브에도 연결되지 않았지만 소리 없이 조용히 누워만 있었다. 서로 치고받는 수텝의 부모를 용감하게 말렸던 젊은 간호조무사 홍이 내게 말했다. "아기는 자기 업을 다 갚을 때까지 떠나지 못하는 거예요. 수텝한테 희망이 없다는 건 다들 알지만, 우리가 튜브를 뗀 후에도 계속 살아 있잖아요. 업보를 다 치르면(틍 못 웬 못 깜) 이 괴로움도 끝나겠죠." 홍이 사람의 수명은 업에 달렸다고 할 때, 이는 수텝이 고통받을 운명이라는 이야기가 아니다. 그보다는 수텝에게 찾아올 죽음의 시간은 자기 자신의 업보에 의해 정해진 것이기에 그 누구도 바꿀 수 없다는 의미에 더 가까웠다.

그리고 마침내 그때가 왔다. 수텝은 닷새가 넘도록 산소 박스 안에 조용히 머물다가 2월 10일 오전 2시 37분에 숨을 거두었다. 신생아 집중치료실에 온 지 51일째 되는 날이었다.

돌봄과 업, 신생아의 인간됨

수텝의 짧은 삶은 실패와 결함으로 가득 차 있었다. 아기의 몸은 적절한 때에 일반적인 생물학적 성장 궤도에 들어서지 못했고, 가족 관계는 만들어지지 않았다. 플래가 갑자기 병동을 떠났을 때 내가 가장 놀란 건 부서장 간호사인 팁 선생님이 엄마를 나무라기보다는 침착하고 단호하게 상황 그 자체를 받아들였다는 점이었다. 그가 강조하듯이, 일단 환자가 들어오면 돌봄과 보호의 의무는 우선적으로 의료진들에게 있었다. 여기서 의료진들은 모성적 유대가 생겨나고 친족 관계가 확립될 수 있도록 많은 노력을 기울이지만, 일이 풀리지 않는 상황에서는 환자의 안녕을 우선적으로 책임지는 당사자가 되어야 했다. 펑 선생님은 의사로서 자신의 권위가 환자에게 친족 관계를 만들어주는 데 도움이 되기를 바랐지만, 수텝의 친족으로 추정되는 사람들은 이를 따를 생각이 없었다.

갓 태어난 생명이 인간으로 진입하는 문턱에서 신생아 집중치료실은 인류학자 매릴린 스트래선Marilyn Strathern의 표현을 빌리자면 "포괄적 모성enveloping maternity", 즉 모성을 집단적으로 발휘하는 행위소로 작용한다.[9] 수텝이 병동에 있는 한 이 공간은 아기의 삶과 죽음 모두를 위한 토대를 제공해야 한다. 여기서 아기의 사회적 삶은 의학적 중재와 함께 미약한 기능들을 각종 생명 유지 장치로 보조해주면서 생겨난다. 인공호흡기와 심장 모니터기를 연결하는 각종 선, 간호사의 손길, 수유 튜브, 간호 기록, 의사의 처치 지시, 출생 및 사망 증명서, 그리고 업의 굴레까지, 이 모든 것들이 아기의 연약한 몸에서 뻗어나와 짧은 생을 지탱해준 부분적 연결들의 구체적 증거라고 할 수 있다. 이 연결선들, 더러는 잘 작동했지만 더러는 기능을 멈춰버린, 더러는 인간적이고 더러는 기계적인 이 모든 것들이[10] 한데 모여 돌봄이 일어나는 회로망을 구성하고 있었다. 그리고 오직 이 회로망을 통해서만이 수텝의 인간적 삶이 가능하였다.

수텝이 이 특수한 돌봄의 회로망을 통해서 생명을 유지하는 동시에 사회적으로 존재감을 지닐 수 있었다고 할 때, 이 어리디 어린 환자의 철저한 무능력과 수동성은 예상치 못한 힘을 행사하고 있었다.[11] 스스로 숨도 제대로 쉬지 못하는 아기의 극도의 연약함과 생물학적 지속 불가능성은 의료진이 그의 모호한 지위에도 불구하고 무언가를 하지 않을 수 없게 했고, 무슨 관계든 지어줄 방법을 찾지 않을 수 없게 만들었다. 수텝의 생모는 태국 시민권자였지만, 출생신고가 안 된 수텝은 엄밀히 말해 병원에서 진료받으려는 여타의 보험 적용 '자격이 없는', '무임승차'를 하는 사람들과 별 차이가 없었다. 신분증을 비롯한 신원 서류가 전혀 없는 '불체자'와 다름없었다. 그러나 자격 증빙을 위한 문서의 미비함과는 상관없이 수텝은 고가의 약과 집중치료에 들어가는 다수의 인적 자원, 가장 희소한 자원인 인공호흡기를 써서라도 반드시 살려야 하는 정당한 필요를 가진 환자로 여겨졌다. 수텝에게 의학적 처치는 지금 당장 죽지 않도록 생명 그 자체에 쏟아진, 정도를 모르는 환대와 다름없었다.

수텝의 짧은 삶은 의료가 매개하는 사회적 관계의 핵심이 무엇인지를 명확히 드러냈다. 한때 수텝을 살아 있게 해준 집합적 돌봄은 어느 시점부터 죽음이 일어날 수 있게 돕고 있었다. 여기서 핵심은 죽음에 이르는 과정 역시 의료진의 관여와 거리두기를 동시에 요구하고 있었다는 점이다. 무엇이 이 어린 아기의 인간다움을 구성하는지 그 전제 조건을 명확히 파악하면, 왜 연결과 분리라는 정반대로 작용하는 관계가 동시에 필요한지를 보다 잘 이해할 수 있다. 의료진은 수텝을 보살피는 과정에서 과연 이 아기 환자가 의식이 있는지 없는지를 크게 신경 쓰지 않았다. 수텝이 어떤 신경학적 증상을 보여주는지, 혹은 의료진의 처지나 손길에 어떻게 반응하는지에는 분명 큰 관심을 기울였지만 의식의 온전함 그 자체로 환자의 인간다움을 규정하지는 않았다. 혼수상태의 환자와 달리 위중한 신생아에게는 회복해야 할 예전의 정체성이나 기억이 없다. 갓 태어난 아기들은 발달 수준에 따라 어느 정도 차이를 보일 뿐 사실상 모두 "불완전한 인간"[12]이다. 또한 태국에서 인간다움에 대한 인식은 업에 대한 불교적 관념과 완전히 분리되지 않는다.[13] 진료 과정에서 우리는 수텝이 갚아야 할 업이라는 개념이 그 자신의 삶과 죽음을 결정하는 독립적인 원인으로 여겨지는 걸 확인할 수 있었다. 즉, 생명 유지를 위한 온갖 임상적 개입으로 인해 수텝이 과연 얼마나 더 큰 고통을 겪어야 했는지는 아무도 알 수 없지만 다른 모든 이들과 마찬가지로 삶은 고통이며 그 누구도, 심지어 아주 어린 아기도 여기서 자유로울 수 없다.

수텝의 상태가 악화되었을 때, 업의 법칙은 아이를 둘러싼 사람들이 그와 어떤 관계를 맺어야 하는지를 보여주는 원리처럼 작용하는 듯했다. 물론 가족으로 추정되는 사람들과 의료진은 그 해석이 서로 매우 달랐지만 말이다. 먼저 수텝의 가족에게 환자의 생사는 관여하고 싶지 않은 문제였고, 따라서 그 자신의 운명에 의해 알아서 결론 내려져야 했다. 그러나 의료진의 경우 수텝의 생사는 그 어느 상황에서도 관여하지 않을 수 없는 문제였다. 심지어 수텝의 악화된 상태를 호전시켜줄 별다른 방법이 더는 없는 교착 상태에 빠졌을 때에도 의료진들은 어린 환자의 삶에 여전히 큰 책임을 느끼고 있었다. 다만 죽음을 허용하기 위해서 돌봄의 방식을 다르게 계획해야 했을 뿐이다. 생명 유지를 돕는 걸 멈추는 일은 수동적이고 부드럽게 이루어졌다. 수텝은 인공호흡기에서 분리된 후 산소가 충분히 공급되도록 만들어진 플라스틱 상자로 옮겨졌다. 여러 검사가 생략되었고, 의사는 더 이상 추가적인 처방이나 처치 지시를 내리지 않았다. 그러나 이렇게 변화된 보살핌의 양상은 단순히 환자의 죽음을 재촉하기 위한 걸로 여겨지지 않았다. 간호조무사 홍의 설명처럼, 정해진 죽음의 시간이 올 때까지 아기 환자는 여전히 홍과 의료진의 보살핌 속에 있을 터였다.

생명의 지속 그 자체만을 위한 돌봄이 서서히 중단되는 과정에서 드러나는 수동성에는 특수한 측면이 있었다. 수텝의 생명이 전적으로 의료진에게 달려 있었음에도, 정작 환자를 돌보는 사람들은 환자가 결국은 결국 제명에 따라 살고 죽을 거라고 이야기하면서 외려 이 문제에서 자신들이 할 수 있는 일이 없다는 걸 강조하곤 했다. 신생아 집중치료실의 의료진들에게 생명 유지를 위한 치료를 거둬들이는 일은 그들 스스로 선택하거나 결단을 내려서 이루어진 결과가 아니었다. 그리고 이러한 입장은 더 넓은 층위의 불교 윤리와도 관련이 있는 듯하다. 데미언 키온Damien Keown은 불교에 기반한 의료윤리 논의에서는 안락사에 대한 반대가 공통적으로 드러나는데, 생명에 대한 크나큰 존중을 강조하는 불교의 가르침에서 "죽음은 하나의 수단이나 목적으로 의도되지 않으며 선택되지 않아야" 한다고 지적한다.[14] 그러나 집중치료실의 기술적 환경에서 죽음은 생명 유지 장치를 통해 장기간 미뤄질 수 있으며, 때로는 의료진이 기계의 스위치를 꺼야만 하는 직접적인 개입이 필요하기도 하다.

의료진들은 수텝에게 가족 관계가 생길 수 있도록 임상적 처치를 넘어서는 여러 개입을 시도했지만, 그들의 목표는 한계에 맞서 환자를 살려내는 게 아니었다. 아픈 신생아를 위한 의료는 갓 태어난 존재가 사회적 관계를 맺기 시작할 수 있도록 도와주는 일종의 매개로 작용하기도 하지만, 이 과정에서 단절과 분리라는 이중 작용을 해야 했다. 위독한 아기를 향한 넘치는 친밀감과 보살핌은 동시에 사려 깊은 초연함을 필요로 한다. 임종 돌봄 과정에서 업에 대한 강조는 환자가 왜 죽기 직전의 상태에 있는지에 대한 최종적인 설명으로 제시되는 게 아니라 관계의 한 형식으로 분리가 일어날 수 있도록 하기 위한 수단에 가깝다. 여기서 분리는 관계를 끊는 일이 아니라 관계 맺기의 여러 형식 중 하나이며, 신생아의 사망이 일어나는 순간은 어떻게 관여와 분리의 의도적인 동시 실행이 가능한지를 보여주는 창을 열어준다. 이 장의 시작에서 만났던 1번 병상 아기의 마지막 순간으로 돌아가보자.

죽음과 간호사의 손길

2010년 6월 6일, 1번 병상 아기의 상태는 더욱 악화되었으나 여전히 엄마와는 연락이 닿지 않고 있었다. 9일간의 집중적인 호흡치료에도 별다른 차도가 보이지 않았고, 결국 의사 사몬은 일일 차트에 "NR(No Resuscitation, 심폐소생술 금지)"이라고 적어두었다. 다음 날인 6월 7일 오후 8시 30분, 환자 모니터가 끊임없이 울리면서 아기의 위독한 상태를 알렸다. 차트에는 그 어떤 처치도 지시되어 있지 않았다. 마지막 수액이 다 들어가자, 간호사 미니가 모니터를 끄고 체온을 재차 확인했다. 그러고는 아기의 배에 부드러운 담요를 덮어주고 유아 가온기의 온도를 높여 조금 더 따뜻하게 해주었다. 조금 뒤 미니는 아기의 눈을 펜라이트로 비추어 보고는 동공반사가 없다고 나에게 알려주었다. 환자의 활력징후를 확인하고 이전처럼 차트에 꼼꼼히 기록했지만 이번에는 평소와 달리 전동 칫솔로 가슴에 마사지를 해주지는 않았다. 아기는 여전히 인공호흡기에 연결되어 있기는 했지만, 이미 전날부터 모세혈 가스 검사도 더 이상 하지 않았고 산소포화도도 측정하지 않았다. 검사 결과가 없으니 아기의 산소 요구량이 제대로 채워지고 있는지도 알 도리가 없다. 아기를 위해 혹시 의사가 더 해줄 수 있는 게 뭐가 있을지 내가 묻자 간호사 켓이 아기에게 필요한 건 엄마지 치료가 아니라고 답했다. 미니에게 아기의 상태가 어떤지를 다시 물었다. "내일 아침까지 버틸지 모르겠네." 짧은 답이 돌아왔다. 아기의 위독한 상태가 계속되는 가운데 모니터의 활력징후는 요동치고 있었다. 그날 밤 나는 집중치료실에 남아 있는 게 좋을지 아니면 이만 집에 가는 게 좋을지 마음을 정할 수 없었다. 다행히 부서장 간호사인 팁 선생님이 오늘은 자신이 자정까지 근무를 하니 그때까지 같이 있자고 청해주었다.

저녁 수유가 모두 끝난 시각, 나는 간호사실 근처에 앉아 잡담을 나누고 있었다. 팁 선생님이 유명한 대중가요인 「치앙마이 소녀」의 한 소절을 가르쳐주었고, 나의 형편없는 노래 실력은 병동 간호사들과 엄마들에게 큰 웃음을 안겼다. 간호사들은 피곤해 보였지만 다들 어느 정도 쾌활함을 유지하려 애쓰고 있었다. 짧은 휴식이 끝난 후, 간호사들은 차트를 작성하느라 분주했다. 오후 9시 30분, 켓 간호사가 1번 병상의 음소거된 모니터를 끄고는 인공호흡기와 환자의 기도를 연결하는 튜브를 잠시 분리했다. 그리고 청진기로 아기의 심장박동을 확인했다. 이 분도 채 흐르지 않았을 것이다. 이어서 켓은 인공호흡기 튜브를 다시 연결하고 호흡량 설정을 낮추었다. 아기는 기계의 호흡 보조 없이는 숨을 쉴 수 없었기 때문에 설정을 낮추면 공기 공급량이 충분치 않아 결국은 호흡 자체가 멈출 수도 있는 일이었다. 간호사는 다시 아기의 심장박동을 확인하고 같은 절차를 한 번 더 반복했다.

밤 10시가 되기 직전, 켓 간호사가 1번 환자의 사망을 선언했고, 미니 간호사가 당직의인 사몬 선생님에게 전화를 걸어 보고했다. 켓 간호사가 유아 가온기에서 나오는 빛을 가려주기 위해 아기 눈에 덮어두었던 작은 솜뭉치를 걷어냈다. 아기는 눈을 뜨고 있었다. 켓 간호사가 아기 입에서 튜브를 빼자 푸르스름한 입술이 드러났다. 미니 간호사가 아기의 작은 눈을 감겨주고 온몸에 베이비파

우더를 발라주었다. 그러고는 아직 한 번도 입지 않은 새 옷을 입혀주었다. 새 옷을 입은 아기는 다시 포장을 새로 뜯은 하늘색 담요에 완전히 싸였다. 이윽고 미니 간호사는 아기의 시체를 두꺼운 주황색 비닐 백에 넣고 그 위에 아기의 출생등록을 위해 자신이 지어준 이름을 써 붙였다. 아주 작은 시체가 이제는 불이 꺼진 유아 가온기 위에 오도카니 남겨졌을 때, 6번 병상과 연결된 모니터가 갑자기 울리기 시작했다. 미니 간호사가 황급히 사몬 선생님에게 혈액검사 결과를 전화로 알렸고, 힘들어하는 아기를 위한 여분의 수혈 파우치를 준비했다. 밤 11시 30분, 야간근무조 간호사들이 도착했고 저녁근무조 간호사들과 인수인계를 시작했다. 미니 간호사는 1번 아기의 사망신고를 위한 서류를 모두 정리한 뒤 간호사들에게 "하늘나라로 가는 여권(패스포트 빠이 티 사완)"에 필요한 기재 사항이 아직 다 채워지지 않았으니 잘 챙겨달라고 부탁의 말을 남겼다.

∞

이 장의 시작에서 살펴본 것처럼 미등록 샨 이주민의 아들로 태어난 1번 병상 환자는 이곳이 제공할 수 있는 모든 종류의 치료를 받았다. 입원 기간 동안 산정된 비용 일부만 해도 5만 밧(한화 약 170만 원)이 넘었지만, 치료 종결은 환자가 보험 적용을 받지 못한다는 사실과는 아무 관련이 없었다. 담당의였던 사몬은 아기의 악화된 상태를 토대로 심폐소생술 금지를 지시했다. 의사는 1번 아기의 고질적인 폐동맥 고혈압을 치료하려고 며칠 동안 애썼지만, 폐는 정상적인 기능을 할 기미를 보이지 않았다. 아기가 결국은 인공호흡기의 보조 없이 자가 호흡을 하지 못할 거란 사실이 분명해졌다. 마지막 순간에 동공반사가 없었던 건 뇌사를 뜻할 수도 있었지만, 삶과 죽음의 경계가 흐릿한 순간에 뇌사 진단은 최우선의 고려사항이 아니었다.

이날 밤 간호사들의 보살핌이 결국 삶과 죽음을 나누었다. 이날 간호사들은 환자가 떠날 수 있도록 이끄는 일인 뽈로이, 즉 떠나보냄의 의례라고 할 수 있는 일을 함께 했다.[15] 수텝의 경우처럼 이곳에서 해볼 수 있는 모든 치료가 별 소용이 없을 때, 의료진이 할 수 있는 일은 아픈 아기가 가능한 한 오래 살게 하되 때가 되면 죽게 이끌어주는 것뿐이었다. 여기서 뽈로이라는 말은 살게 하는 것과 죽게 놓아주는 것 모두를 뜻한다. 1번 병상 아기의 경우 심폐소생술 금지는 의료진이 이제 환자에 대한 모든 처치를 종결하겠다고 공식적으로 결정했다는 의미가 아니다. 오히려 죽어감과 죽음의 연속선상에서 보살핌은 계속되었다. 비록 의사가 아무런 처치 지시를 내리지 않더라도 간호사들은 끊임없이 환자의 활력징후를 확인하고, 몸을 따뜻하게 해주고, 움직임을 살피고 기록했다. 그날 저녁 간호사가 아기의 작디작은 눈꺼풀에 크림을 발라줄 때, 거기에는 그 어떤 극적인 회복의 희망도 없었지만 주의 깊은 돌봄이 계속되고 있었다.

여기서 의사가 간호사의 모든 행동을 직접적으로 지시하지 않았다는 점에 보다 주목할 필요가 있다. 최종적으로 아기의 사망을 선고한 간호사 켓에게 아무도 인공호흡기 설정을 바꾸라거나 아기를 잠시 인공호흡기에서 떼어놓으라는 지시를 내리지 않았다. 사실

이날 간호사가 한 행동은 죽음이 일어나고 있다는 걸 부드럽게 알리는 일에 더 가까웠다. 우리가 함께 살펴본 것처럼, 간호사들은 생명 유지 장치의 작동을 중단하는 방식이 어떠해야 하는지 동료들과 드러내놓고 의논하지 않고 다만 일상적인 간호의 흐름 속에 죽음으로 향하는 여정을 포함시켜놓았을 뿐이다. 아기의 기저귀를 갈아주면서, 수유를 위해 분유량을 측정하면서, 간호사들은 죽음을 이끌어낼 순간을 가늠했다. 다시 말하지만, 이날 아기를 죽게 하기 위한 선택이나 결정이 내려졌다고 말한다면 이는 매우 부정확한 묘사이다. 간호사들이 한 행동은 삶과 죽음 중에 더 나은 걸 선택하는 일도 아니었고, 생사를 자기 마음대로 결정짓는 일도 아니었다.

죽음이 임박했을 때 간호사들이 한 행동은 의도적인 동시에 즉흥적이었다. 어쩌면 아기는 그날 밤을 버티고 하루를 더 살 수 있었을지도 모른다. 만약 부모가 아기를 보러 달려오고 있는 상황이었다면 간호사들은 분명 아기가 하루 더 목숨을 부지하도록 최선을 다했을 것이다. 그러나 엄마는 전화를 받지 않았고, 병동은 새로 온 환자들로 붐비고 있었다. 그럼에도 이는 결코 간호사들이 신생아 집중치료실의 자원 활용을 극대화하기 위해 경제적 결정을 내렸다는 걸 뜻하지 않는다. 대신에 간호사들은 전체 환자 수, 병세의 위중함, 아기 가족의 상황과 같은 불예측성 속에서 미리 결정되지 않은 방식으로 그 순간에 대응했다. 아기를 인공호흡기에서 잠시 떼어놓는 일이 죽음을 재촉했을 수도 있지만, 그 순간 간호사의 행동은 계산에 따랐다기보다는 직관적으로 이뤄졌다. 이날 간호사들이 보여준 돌봄의 기예는 부드럽게 흐르는 것, 생명의 끝을 강요하지도

그 한계에 저항하지도 않는 방식이었다.[16]

    돌봄의 마지막 순간은 죽어가는 아기와 간호사들 사이에 형성된 사회적 연결의 성격을 그대로 드러낸다. 간호사들은 아기 환자의 삶에 매우 긴밀하게 관여하면서도 동시에 거리를 둘 수 있어야 한다. 신생아 집중치료실에서 돌봄 관계는 최대한의 존중을 담은 의미에서 일시적이고 양면적이다. 여기에서는 친밀한 관여와 비인격적 분리impersonal detachment라는 서로 일치할 수 없는 관계의 형식이 동시에 생겨나야 한다.[17] 출생의 시점부터 갓 태어난 아기는 신생아 의학이라는 매개를 통해 사회적 세계에 통합되지만, 죽음으로 가는 여정에서 이 강력한 최초의 유대는 끊어져야만 한다. 환자가 신생아 집중치료실을 넘어 그다음 단계로 나아가야 할 때 죽음을 통한 단절은 돌봄의 중요한 요소로 등장하며, 간호사들은 "분리하기라는 관계성의 실행자practitioners of relational detachment"[18]로 숙련성을 입증하고 있었다.

죽음 이후: 함께 있음의 역능

신생아 집중치료실에서 어린 환자의 죽음은 괴로운 일이지만, 여기에는 희망이 깃들어 있기도 하다. 간호사들이 사망증명서를 가리켜 "하늘나라로 가는 여권"이라고 부르는 것만 봐도 그렇다. 죽음은 아기가 윤회의 길목에 들어섰다는 사실을 뜻하며, 따라서 이 말에는 이번 생에서의 괴로움은 이제 다 끝났다는 다행스러움이 묻어 있다. 환자 사망 이후에도 간호사들에게는 아직 해야 할 일들이 많이 남아 있다. 1번 병상 아기는 가족이 없으므로 간호사 중 한 명이 읍사무소에 직접 가서 사망신고를 해야 했다. 이 세상에서 아주 짧은 기간을 살아 아직 정체가 부여되지 않은 이 낯선 이방인은 출생과 사망을 기록하는 관료제적 관행을 통해 더 넓은 인간 집단, 즉 인구의 일부가 될 것이다. 엄마가 태국인이었던 수텝과 달리 샨 이주 여성에게서 태어난 1번 아기는 시내의 공공 영안실로 보낼 근거가 미약했다. 어찌 되었든 시신은 어딘가로 보내져야 한다. 반쨋 병원의 신생아 집중치료실은 부모가 자녀의 시신 인수를 원하지 않는 경우, 가까운 절에 매장을 할 수 있도록 비공식적으로 협조를 구하고 있었다. 대부분의 부모가 죽은 아기를 집으로 데리고 가는 걸 꺼렸기 때문에 여러 아기 환자들이 병원에서 멀지 않은 어느 외딴 절의 작은 뜰에 묻혔다. 1번 병상 아기가 죽은 다음 날 아침, 부서장 간호사인 팁 선생님이 절에 미리 전화 연락을 하고 아기가 그곳에 묻힐 수 있도록 주선을 해두었다.[19] 사망 후에 이루어져야 하는 이 모든 준비들은 신생아 집중치료실의 간호사들이 맡은 직무의 폭이 얼마나 넓은지를 잘 보여준다. 삶은 물론이고 경우에 따라서는 죽음 이후를 순탄하게 이끌어주는 것도 모두 이들의 일이었다.

병원에서 발견되는 삶의 형식은 당연히 여럿이다. 따라서 새로 태어나는, 죽어가는, 살아 있거나 혹은 죽은 이들의 삶에 실질적으로 관여하는 일을 유별나게 영웅적으로 여길 필요는 없다. 치앙마이의 지역 전통에서는 특히 생애 전환기의 순간에 각기 다른 삶의 형식의 공시성이 두드러진다. 산 자와 죽은 자의 상호성이 드러나는 순간도 흔히 볼 수 있다. 죽은 아기를 절에 보내기 위해 종이 상자 안에 넣을 때 간호사들은 아기의 영혼을 위한 공양물로 새 옷 몇 벌과 아기 담요를 같이 넣었다. 그리고 팁 선생님은 절에 보낼 소액의 현금을 별도로 준비했다. 절에서 화장을 따로 하지는 않더라도 아기의 공덕이라도 빌어주라고 마련한 돈이었다. 이처럼 간호사들은 마치 가족과 친구, 이웃의 장례식 때 하듯이 죽은 아기 환자의 영혼을 향해서도 보살핌의 손짓을 보내주었다. 이러한 공덕 쌓기와 베풀기 (보시)의 기본 논리는 산 자가 죽은 자를 돕는다는 데 있다. 공양을 함으로써 죽은 자는 없는 자가 아니라 지금 여기 함께 있는 이로 청해지며, 산 자는 혼령도 손님처럼 맞이할 수 있게 된다. 서로 다른 존재들 사이를 잇는 끈이 공양을 함으로써 확인되는 것이다.[20] 우리가 그간 신생아 집중치료실에서 살펴본 것처럼, 모든 인간은 아직 그 누구도 잘 모르는 낯선 타자로 태어난다. 바로 그 낯선 이의 존재감을 이끌어내고 필요를 살피는 일이야말로 환대의 첫 실현이자 돌봄을 구성하는 밑바탕이라고 할 수 있다.

환대를 실행하기

치앙마이에서 신생아 집중치료의 접근성이 확대되는 양상은 보편적 건강보장이라는 이상이 진지하게 추구될 때 영유아의 건강이 중요한 생명정치적 개입의 대상이 된다는 것을 알려준다. 친족 체계 혹은 국민국가와의 연관성이 불분명한 신생아 환자들에게도 집중치료실이 개방되어 있다는 사실은 특히 어린아이들의 생명을 살리는 일에 매우 큰 가치와 정당성이 부여되어 있다는 것을 입증한다. 그러나 지역 거점 병원에 소재한 이 소박한 의료기관은 단지 생명을 살리는 일에만 효과를 발휘하고 있던 건 아니었다. 즉, 신생아 집중치료실은 크게 아픈 아기들을 죽음에서 구할 뿐만 아니라 지극히 연약한 존재가 사회적 세계에 잠시라도 머무르고 통합될 수 있는 의례적 기능을 수행하고 있었다. 아픈 아기들이 생명 유지 장치와 이를 운용하는 돌봄에 전적으로 의존할 수밖에 없다는 사실은 의료적 중재와 기술적 개입을 통해 누군가의 미약한 기능을 보조해주는 일이 인간성의 고유한 형식을 구축하는 것은 물론 양육의 주된 일부가 되기도 한다는 점을 잘 보여준다. 여기서 신생아를 위한 의료가 엄청난 실효성을 발휘한다고 할 때, 이는 단지 최첨단 의학 기술의 발달 때문이 아니라 진료의 과정에서 사회적 타자들이 서로 관여하는 장이 열렸기 때문이다.

나는 이렇게 삶에 필수적인 관여가 만들어지는 양상을 이끌어내기의 동학으로 설명하고자 한다. 신생아 집중치료실의 의료진들이 지극히 취약한 상태에 놓인 아기 환자들에게 최선을 다하고자 하는 모습은 환대의 윤리가 돌봄을 이끌어내는 힘과 결합하는 순간을 비춰준다. 위독한 아기 환자를 앞에 두고 의료진들은 매우 사려 깊지만 동시에 아주 무심하기도 하다. 의료진들의 이러한 '이중적' 태도는 여기서 이들과 환자 사이에 형성된 사회적 유대의 성격이 가여운 아기에 대한 인간적 연민 혹은 제도적으로 조직된 전문가적 실용주의만으로는 설명되지 않는다는 걸 뜻한다. 의료진들은 극도로 어리고 무방비한 상태에 놓인 삶이 바로 자신들 눈앞에 함께 있다는 사실에 즉각적으로 반응하며 양육자로서의 역할을 해냈다.[21] 이때 핵심은 삶과 죽음을 관장하는 힘, 살게 만들거나 죽게 내버려두는 힘을 누가 발휘하는가가 아니다. 반팻 병원의 의료진들은 제도적으로 미리 정해진 지침에 따라 진료를 제한하지도 않았고, 환자의 신체 상태 및 예후 예측을 수치로 환산한 척도에만 의거하여 치료 범위를 축소하지도 않았다. 외려 의료진들은 출생에서 삶으로 혹은 삶에서 죽음으로 나아가는 문턱을 지나는 이 낯선 존재들의 변화하는 존재감에 이끌리며 조심스럽게 반응하고 있었다. 여기서 의료진들은 어떤 환자가 소생과 집중치료의 자원을 쏟을 만한 가치 있는 대상인지를 따지지 않았다. 다만 생물학적으로, 또 사회적으로 지극히 취약한 이들을 '어떻게 돌볼 것인가'라는 물음에 끊임없이 답하고자 하였을 뿐이다.

바로 이 '어떻게 돌볼 것인가'의 영역에서부터 낯선 타자들의 삶과 죽음은 의료진의 책임으로 떨어졌다. 그리고 지극히 의존적인 타자의 즉각적인 필요를 알아차리고 응하려는 사람들의 체화된 실천들이 모여 환대의 순간들이 생겨났다.[22] 이때 중요한 점은 이러한 환대가 "주어진 특정 정치적 상황에서 당연하다고 여겨지는 윤리적 준칙에 따른 반응 혹은 결정"[23]이 아니라는 점이다. 반팻 병원에서 신생아 집중치료실의 무조건적 개방성, 누구에게나 열려 있어야 한다는 원칙은 윤리적 덕목으로 자리잡고 있었지만, 이는 관여와 단절이라는 관계 역학, 즉 잇기와 끊기를 모두 해내는 방식을 통해서 현실화되었다. 여기서 돌봄은 일정한 시간이 흐르면 끝을 맺어야 했는데, 이때 종결은 참혹한 배제의 형태가 아니라 환대의 행위로 이뤄졌다. 이러한 사회성의 이중적 형식은 관계의 가닥을 잘라내고 일정 거리를 두는 일이 단순히 타자에 대한 인정을 거부하는 행위가 아니라 다른 종류의 관계와 돌봄을 가능케 하는 구성 요소이기도 하다는 것을 보여준다.[24]

오늘날 치앙마이에서 신생아 의학을 구성하는 하부구조는 주변적이고 자격이 없다고 여겨지는 사회적 타자들에게는 생명의 가치가 덜 매겨지는 보다 큰 정치적, 경제적 불평등의 맥락 속에 자리 잡고 있다. 그러나 연약한 이들의 생명을 구하고 기르고 달래주는, 그리하여 때로는 죽음으로 인도하기도 하는 의료진의 역량은 아직은 낯선 이방인과 관계를 잇고 가르는 일이야말로 의료와 의료윤리의 실천에서 필수불가결하다는 것을 예상치 못한 방식으로 보여준다. 신생아 집중치료실의 하루하루를 꾸려나가는 이들의 노력은 취약한 타자와 함께할 방법을 어떻게든 찾아내고자 할 때 돌봄이 어떤 생산적 힘을 발휘할 수 있는지를 그 일상에서 입증하고 있다.

6장

집에서의 투쟁

병원은 집이 아니다. 지루하고 고달픈 시간 끝에 환자들은 집으로 돌아갔다. 신생아 집중치료실과 산전진료실, 병동에서 알게 된 작은 아기들과 새로 부모가 된 사람들, 고령의 환자들이 집으로 돌아가면 나의 연구 현장도 이들의 이동에 따라 어느새 길게 늘어나 있었다. 병원에서, 마을로, 집으로 환경이 바뀌면서 돌봄의 양상도 달라졌다. 나를 맞아준 이들의 집은 분주한 도시의 가장자리마다 커다란 상처처럼 벌어져 있는 대규모 건설 현장들과 거기 딱지처럼 붙어 있는 이주 노동자들의 임시 주거지들, 굽이굽이 들판을 지나 외따로 떨어져 있는 과수 농원과 산간에 일궈진 작은 전답에 오도카니 붙은 오두막들이었다. 지도에도 표시되어 있지 않은 이곳들을 물어물어 찾아다니면서 나는 건강과 풍요, 존엄과 같은 소중한 가치들을 향해 부단히 애쓰는 가난한 사람들의 삶에 아주 일부나마 접속할 수 있었다. 궁핍이 삶의 기본 조건일 때 누군가를 돌보는 건 스스로를 해치는 일에 더 가깝기도 하다. 그럼에도 불구하고 자기 자신과 타인을 돌보는 일은 삶에서 변화 가능성을 기르는 거의 유일한 방법으로 등장하기도 한다. 이 장에서 나는 여성의 삶에서 특히 출산 이후에 두드러지는 정치경제적, 신체적, 정동적 취약성의 양상들을 조명하려 한다. 임신과 출산은 여성의 삶에 지속적인 영향을 미치며, 모성 역할을 수행하는 일은 위태로운 상황에 놓인 여성에게 더욱 큰 어려움을 야기한다. 여성주의 철학의 한 전통에서 모성이 "타자를 위한 돌봄의 최초 발생점"[1]으로 여겨진다고 할 때, 이주 여성의 일상적 생존 투쟁에서 모성적 돌봄을 꾸리는 데 가장 중요한 요소는 다름 아닌 자기 자신에 대한 돌봄이었다. 나는 삶을 북돋

아주는 관계를 이끌어내는 일이 여성의 자기 돌봄과 양육 투쟁에서 어떻게 중심적인 위치를 차지하는지를 더 깊이 탐구하려 한다.

치앙마이 곳곳의 건설 현장과 대규모 과수 농원에 위치한 샨 이주민들의 집단 거주지는 임금노동과 사회 재생산이라는 두 병치된 영역이 극도로 응축될 때 어떤 재앙이 생겨나는지를 보여주는 단적인 예다. 사람들은 아주 좁은 반경 내에서 노동하고 먹고 쉬고 자고 섹스를 하고 아이들을 키워내야 하며, 이곳에서 집의 가정성 domesticity은 착취적 노동 체제 내부에 압축되어 있다. 재생산의 위기를 끊임없이 불러오는 이러한 환경에서 가정을 유지한다는 것은 결코 쉬운 일이 아니다.[2] 샨 이주 여성들의 몸을 감싸는 고단함은 임금 노동자이자 양육자로서 이들이 감당해야 하는 무거운 이중 부담을 그대로 말해준다. 집은 판자촌 안의 임시 움막에 불과할지언정 아이를 낳고 키워내는 곳이자 노인과 아픈 가족을 보살피는 장소로 기능하고 있었다. 이와 같은 생활 조건 속에서 살아가는 많은 샨 여성들에게 집을 가진다는 건, 그리고 일상적 돌봄의 요구에 응한다는 건 투쟁의 연속이었다.

이 장에서 나는 세 명의 샨 여성들이 어떻게 자기 자신과 가족을 길러냈는지를 들려주려 한다. 수년에 걸친 현장연구 과정에서 이들은 나를 질병의 의학적 설명 모델 이면을 보도록 이끌어주었고, 병원이 아닌 가정에서 돌봄을 맡은 사람들이 처한 취약성이 어떤 것인지를 생각하지 않을 수 없게 만들었다. 앞 장에서 나는 위중한 신생아를 위한 집중치료가 어떻게 인간의 근본적 취약성을 다루고 있는지, 그리고 거기서 생겨나는 정치적이고 윤리적 측면을 어떻게 다루는지를 자세히 논의했다. 이 장에서는 어린 자녀를 보살펴야 하는 양육자들이 처한 취약성에 초점을 맞추면서, 특히 이주 여성들이 어린아이를 낳고 기르는 와중에 자신을 위태롭게 하는 현실적 위협들과 어떻게 맞서는지를 살펴본다. 반쯤 허물어진 샨 이주민의 집에는 삶을 불안하게 만드는 구조적 폭력의 깊은 흔적이 그대로 살아 있다.[3]

가난한 샨 여성들의 출산 및 육아 경험은 취약한 이들이 자신과 타인을 위한 돌봄을 이끌어내기 위해 때때로 매우 복잡한 방법을 찾아내야 한다는 걸 보여준다. 나는 이주 여성들의 이야기를 희생적인 모성의 예로 제시하기보다는 양육 경험의 다층적 측면으로 이해하고자 한다. 이 세 여성이 해내는 돌봄의 일은 가사와 임금노동의 이중 부담 속에 놓여 있으며, 모두 자잘하고 반복적이며, 진을 빼고 착취적이라는 공통점이 있다. 그럼에도 불구하고 나는 이들의 집에서 삶의 순전한 궁핍만을 마주하지는 않았다. 도리어 "살게 만드는 구체적인 활동에서부터 세계 만들기"가 시작된다는 것을 처음으로 어림할 수 있었다.[4]

센, 수행하기와 어머니 되기

4장에 잠깐 등장한 센은 반팻 병원에서 출산 후 여성 병동에서 지내는 동안 특히 두꺼운 겨울옷 차림 때문에 눈에 띄었다. 섭씨 37도를 예사로 넘는 치앙마이의 여름 한낮에 센은 에어컨도 없는 병동에서 털모자를 쓰고, 환자 가운 위에 긴소매 셔츠를 한 겹 더 걸치고, 두꺼운 양말을 신고 있었다. 콧잔등에 땀방울이 송골송골 맺혀 있었지만 겨울옷을 벗을 생각이 없어 보였다. 서른 살의 샨 이주 여성인 센은 2010년 5월 13일에 3.1킬로그램의 건강한 사내아이를 낳았다. 그리고 출산 이후부터 유 드언이라고 불리는 한 달간의 전통적인 산후조리 원칙을 충실하게 지키고 있었다. 여성 병동에서는 출산 후에 몸을 따뜻하게 하고 특정 음식을 삼가고 별도의 약초를 복용하는 등 각종 산후 요법을 따르는 여성들을 쉽게 볼 수 있었다. 비록 지켜야 하는 규칙이나 제약이 모두 동일하지는 않지만 이와 같은 산후조리 관습은 동남아시아의 여러 지역에서 널리 관찰된다.[5] 여기에 적용되는 공통 논리는 산후 첫 달은 여성이 가장 취약한 기간이라는 인식에서 기인한다. 기력을 회복하고 어머니로 "성숙"[6]하기 위해서는 특정 규칙을 지키면서 일종의 은둔 생활을 해야 한다.

반팻 병원에서 산후조리의 여러 변형을 보기는 했지만, 센은 내가 만난 여성들 가운데 가장 열정적이고 부지런한 산후조리 실행자였다. 센은 늘 따뜻하게 입고 지내면서 병원이 주는 식사에서 오로지 쌀죽만 먹었고 다른 음식에는 일절 손을 대지 않았다. 처방받은 약과 함께 몸 안의 공기 즉 바람(롬)을 북돋기 위해 특별한 생약도 먹었다.[7] 병동 간호사들은 목욕 제한을 제외하고는 대부분의 산후조리 관행을 용인해주었다. 여성 병동의 부서장 간호사 선생님은 이렇게 말했다. "우린 환자들에게 유 드언 규칙을 따르지 말라고 하지는 않아요. 산후조리에는 여러 가지 방법이 있고, 찬물이 아닌 따뜻한 물로는 목욕을 해도 된다고 말해주지요. 산모들의 편의를 위해 따뜻한 물을 마실 수 있도록 전기 주전자도 있고 샤워실에 온수 히터도 있어요." 센은 목욕을 하는 게 좋다는 간호사들의 지시를 따른다는 걸 보여주려고 욕실에 들어가기는 했지만 젖은 수건으로 몸을 살짝 닦고 나오는 게 전부였다. 산후 첫 3일 동안은 샤워를 하지 않는 게 원칙적으로 좋다고 생각했기 때문이다.

　퇴원 후 집에서도 센의 산후조리는 남편의 도움으로 계속되었다. 남편인 키야우는 서른네 살로 농장에서 일하는 이주 노동자였는데, 아기가 태어나고 첫 달 동안은 모든 농사일과 빨래를 도맡아 했다. 키야우가 밭에 일을 나가면 센은 마을 변두리에 지어진 작고 허름한 콘크리트 블록 집에서 어린 아들과 단둘이 남아 산후 금기를 이어갔다. 이 모든 노력은 자칫 잘못하면 산모에게 생길 수 있는 롬 핏 드언(산후 한 달 사이에 잘못된 행동을 해서 생기는 산후풍)을 방지하기 위한 것이었다. 출산 이후 첫 한 달 동안 하지 말아야 할 행동을 하거나 먹지 말아야 하는 음식을 먹으면 전신 쇠약 혹은 두통 같은 병증이 생기거나 심한 경우 사지가 일부 마비되거나 정신에 이상이 생겨 광증이 생길 수도 있고 심지어 죽을 수도 있다고 여겨진다.[8] 이런 산후풍 증상은 아이가 태어나고 한참 뒤에도 나타날 수 있어서, 산후조리의 금기를 잘 지키는 일은 장기적으로 건강은 물론 출산이나 노동 능력에도 큰 영향을 끼칠 수 있다고 여겨진다. 산모가 특히 취약한 이유는 출산으로 몸 안의 체액이 교란되고 신체적으로 허약해졌을 뿐 아니라 잡귀 잡신에게도 쉬이 해를 입을 수 있기 때문이다. 센은 젊은 여성들, 특히 막 아이를 낳은 여자들은 잡귀 잡신에 쉽게 휘둘릴 수 있다고 설명해주었다. 그러면서 일종의 호신부로

붉은 실을 자기 목에 두르고 갓난아기의 손목에도 묶었는데, 그걸 락 포이라고 불렀다.

특히 음식과 관련된 금기를 잘 지키는 게 중요했다. 센은 혹시라도 산후풍을 일으킬 수 있는 음식을 먹지 않으려고 매우 조심했고, 그 결과 하루 식사는 매우 소박해졌다. 밥과 함께 양배추나 겨자잎 같은 채소를 조금 볶아 먹을 뿐이었다. 맛을 내는 향신채나 오이, 가지같이 흔한 채소도 좋지 않다고 여겼다. 보통 요리에 많이 쓰이는 양념도 제한되었다. 액젓이나 굴소스는 물론 발효 식품은 절대 금지였다. 말린 생강을 넣어 끓인 물만 마셨고, 차가운 음료는 일절 손대지 않았다. 나는 센네 집에 찾아갈 때마다 빈손으로 갈 수가 없어서 산후조리 기간 동안 먹어도 된다는 간식이나 과일을 주변 사람들에게 물어 사가지고 갔지만, 매번 못 먹는 것일 때가 많았다. 예를 들어 대부분의 태국 북부 사람들과 샨 사람들이 이 기간 동안 달게 양념한 돼지고기 꼬치구이는 먹어도 된다고 여겼는데, 센은 임신 사실을 알게 된 이후부터 엄격한 채식을 유지하고 있었다.

태국 여성의 산후조리 관습은 인류학에서 나름대로 상세히 연구된 영역 중 하나였는데, 알면 알수록 센의 산후조리가 뭔가 일반적이지 않다는 걸 느낄 수 있었다. 나는 센이 스스로 매우 약해진 시기라고 느끼는 때에 무얼 먹고 먹지 않을지를 어떤 기준으로 판단하는지 더 알고 싶었다. 몸을 차게 하는 음식을 먹으면 안 된다는 식의 기혈과 체액 균형에 대한 일반적인 지침을 따르면 될 것처럼 보이지만, 사실 말처럼 쉬운 일이 아니다. 금기를 지키려면 각종 음식들을 놓고 매번 판단을 내려야 한다.[9] 한번은 센이 말했다. "병원에 있을 때 보니까 진짜 맛있어 보이는 음식들이 많이 나오더라구. 하루는 굴소스를 넣고 볶은 오이가 나왔는데, 냄새가 너무 좋은 거야. 먹고 싶었는데 참았지. 그건 먹지 않기로 했거든. 다른 산모들은 다 잘 먹기는 하던데, 그래도 나는 오이는 안 된다고 생각했어. 굴소스는 당연히 안 되는 거고." 센은 같은 상황에 놓인 다른 태국 여성들과 샨 여성들이 산후 금기를 거의 지키지 않거나 자기와는 다른 규칙을 따른다는 걸 분명히 알고 있었다. 여러 가지 판단 기준이 혼재할 때, 도대체 무얼 따라야 하는지는 어떻게 정하는 걸까? 유 드언을 지키는 방법에 대해 센이 가지고 있는 지식은 어느 면에서 부르디외가 "독사doxa"라고 부른 것, 즉 "상식 세계의 자명성the self-evidence of the commonsense world"[10]에 근거하고 있다고 할 수 있다. 센은 자신에게 당연한 규칙을 실천하기 위해서 나름의 결정을 내리는 동시에 이를 고수해야 했다. 센에게 유 드언을 지킨디는 것은 단지 산후에 몸을 보하는 일이 아니라 여러 금기를 세우고 지키는 일이었다. 금기를 지키는 일은 일면 자연스럽게 몸에 밴 습관처럼 보이지만 사실은 규칙을 세우고 따라야 한다는 점에서 일상적 실천을 의례로 전환시키는 행위이기도 하다.

이러한 일상 의례의 실천을 이해하기 위해 여성의 출산 경험에 대한 보다 일반적인 설명 모델을 적용해볼 수도 있을 것이다. 재생산 건강을 둘러싸고 생겨나는 여러 변화에 대한 인류학 연구들은 주로 출산의 근대화와 의료화를 둘러싼 긴장에 초점을 맞추어왔다. 인류학자 앤드리아 휘태커Andrea Whittaker의 연구는 산후조리 관행을 지키려는 농촌 여성의 의향을 의학적 권위와 근대성에 대한 일상적 저항으로 해석하는 대표적인 예라고 할 수 있다.[11] 센 역시 전통적 관습과 근대적 의학 개념 사이의 차이를 분명히 의식하고 있었지만, 산후조리에 대한 그의 유별난 몰두는 이러한 여성적 실천이 꼭 의학적 권위에 대한 반대에서 비롯하지 않으며, 도리어 돌봄의 방식을 조정하는 양상이라고 생각해볼 수 있다. 무엇보다 임신 중에 센은 산전검진을 꼬박꼬박 열심히 받았고 간호사들의 조언에도 주의를 기울였다.

간호사들이 왜 꼭 임신 중에 달걀이랑 생선, 고기를 먹으라고 하는지 다 이해하지. 이 모든 게 건강한 아기를 낳는 데 꼭 필요한 거긴 한데, 나는 사실 임신한 걸 알자마자 고기는 안 먹기로 했어. 남편은 밭에서 일하려면 힘을 써야 하니까 고기를 먹어야 하고, 아기도 건강을 위해서는 단백질을 섭취해야 하니까 줘야겠지. 솔직히 아기가 키가 컸으면 하기 때문에 고기를 잘 먹일 필요가 있어. 하지만 가능하다면, 남편이 이 문제로 화를 내지 않는다면 아기에게는 어떤 고기도 주고 싶지 않아. 어쨌든 절대 물소 고기는 안 줄거야. 고향에 있을 때 오랫동안 우리 집에서 일한 물소를 죽이는 광경을 봤는데, 그때 '아, 다른 생명에게 저렇게 큰 고통을 주는 건 정말 큰 죄구나.'라는 생각이 들더라구. 고기를 먹는다는 게 다 악업을 쌓는 건데, 나는 채식을 해서 공덕을 쌓는 게 낫다고 생각해.

산후조리를 위해 무얼 먹어야 하는가에 관한 센의 생각은 누구를 어떻게 돌볼 것인가를 둘러싼 질문들과 연결되어 있었다. 센은 병원의 영양학적 조언에 무조건 저항하기보다는 자신이 처한 상황, 또 가족들이 처한 상황에 따라 무얼 따를지를 두고 각기 다른 가치판단을 내렸다. 여기서 그는 의학적 조언을 거부하지도 않았고 꼭 옛 관습을 따르려고만도 하지 않았다. 대신에 지금 이 시기에 자신에게 도움이 될 수 있는 게 과연 무엇일지를 스스로 결정하고자 했다. 채식에 대한 센의 선호는 먹는 일이 어떻게 예방적 조치이자 윤리적 규범으로 작용하는지를 보여준다. 센에게 음식에 대한 금기가 단지 영양의 측면이 아니라 업과 공덕의 문제라는 걸 보다 명확히 알게 되면서 나는 먹고, 목욕하고, 보통의 하루를 보내는 평범한 행위가 그에게 보호막을 연장하는 일처럼 여겨진다는 걸 점차 이해할 수 있었다. 센의 집에서 함께 시간을 보내면서 이러한 매일의 실천이 한 사람의 몸에 어떤 물질적인 변화를 일으키는지를 확연히 알 수 있었다.

어머니로 변모하는 몸

내가 센의 집에 다시 찾아간 날은 한 달간의 산후조리가 끝나기 하루 전이었다. 집 안에 들어서자 온갖 냄새가 가득했다. 씻지 않은 몸 냄새, 머리 냄새, 한약재 냄새, 그리고 시큼한 젖 냄새가 방 안을 떠돌고 있었다. 센이 이날 통역을 도와주기 위해 같이 온 연구 보조원과 나를 반가이 맞이하며 선풍기를 틀어주고 차가운 물도 가져다주었다. 자는 아이에게서 손으로 파리를 쫓아내며 센이 말했다. "키야우가 장을 보면서 깜빡하고 야채를 하나도 안 사와서 오늘은 겨우 밥을 소금에 찍어 먹었어." 지금 무엇이 제일 먹고 싶으냐고 물으니 센이 미소를 지으며 답했다. "차옴(긴 줄기에 작은 잎이 깃털처럼 촘촘히 나는 향채) 끓인 거 먹고 싶다. 근데 애기한테 나쁠 수도 있을 거 같아서, 아무래도 좀 클 때까지 다섯 달은 기다려야 될 거 같애."[12] 센에게 이 모든 규칙들이 무슨 소용인지를 다시 물었더니 이렇게 답했다. "세상에 온갖 맛있는 게 있는데 나는 먹지도 못하고 남들 맛있게 먹는 걸 보기만 해야 하니, 진짜 고문이 따로 없어. 나도 찬물이 얼마나 마시고 싶은지 몰라. 하지만 막 들이켰다가는 4, 5년 뒤에 온몸이 쑤실 수 있다니까. 산후풍이란 게 진짜 무서운 거야. 산후풍으로 고생하면서 그거 고치느라 큰돈 쓰는 사람이 한둘이 아니야. 그러니까 이 시기를 잘 견뎌야 해. 이게 다 우리 애기를 위한 거라니까. 내가 아프면 누가 얘를 봐주겠어? 여기는 우리 부모님도 안 계시고, 남편은 맨날 일하러 나가야지. 나는 아프면 안 돼."

다소 극단적으로 보이기도 하는 센의 긴 산후조리는 자신과 아기를 돌보는 데 최선이라고 생각되는 걸 꼭 해내겠다는 결의를 내포하고 있었다. 그 누구도 강요하는 사람은 없었지만, 혹시라도 생길지 모르는 해를 막아내고자 센은 후덥지근한 작은 방에 홀로 남아 목욕도 마다하고 먹고 싶은 소박한 음식도 참고 있었다. 센의 집에서 풍기는 여러 냄새들은 오염이나 더러움이 아니라 이러한 일상의 의례를 통해 몸에 중요한 변화가 일어나고 있다는 걸 말해주는 증거라고 할 수 있다.[13] 이러한 참아내기의 경험은 고행을 영력과 보호력의 주된 출처로 여기는 태국 불교의 전통과 많은 유사점을 공유한다.[14] 산후 한 달간 여러 금기를 참아낸 어머니의 몸은 금욕 수행을 하는 산속의 승려와 비슷한 변화를 겪는다. 수행자가 상당한 시간 동안 육체적 불편을 견디고 세속에서 멀리 떨어져 홀로 있음으로써 해로운 영과 고통, 역경을 물리치는 보호의 힘을 얻을 수 있는 것처럼, 어머니 역시 참고 견디는 시간을 겪으면서 이전과는 다른 존재가 된다. 태국에서 모성과 관련된 각종 의례 관행을 연구한 제인 행크스Jane Hanks의 고전적 문화기술지는 이러한 자기-형성의 과정이 어머니됨의 핵심이라는 점을 확인시켜준다.[15] 이 논리에 따르면 산후 한 달간 겪어야 하는 괴로움과 참아냄의 경험을 통해서만 이 어머니로서 자비심을 키우고 깨달음을 얻을 수 있다. 타넨바움의 샨 불교에 관한 기념비적 연구는 비록 산후 의례 그 자체를 크게 강조하지는 않지만, 절제와 금욕에 기반을 둔 수행이 역용(力用, 수도자 혹은 보살이 이치에 따를 때 생기는 고유의 힘)과 보호의 힘을 얻기 위한 기본 요소라는 점을 강조한다.[16]

앞에서도 논의한 것처럼 산후조리 관행은 지역의 고유한 종교적, 의례적 전통에 기반하지만 사람에 따라 실천의 방식은 각기 다를 수 있다. 센이 직접 세운 여러 규칙들은 지금까지 그가 겪은 삶의 고유한 경험 속에 자리 잡고 있었다. 나는 센이 출산 이후의 시간을 그 어느 때보다 중히 여기고 몸을 잘 지켜야 한다고 생각하는 데는 아이를 지킬 수 있는 강하고 능력 있는 엄마가 되어야 한다는 절박한 마음이 있다는 걸 그날에야 느낄 수 있었다. 센에게 자기 돌봄은 이러한 변화를 이끌어내기 위한 하나의 방법이었다.

그날 센은 연구 초기에 나와 함께 다니며 종종 통역을 도와준

유이를 처음 만났다. 유이는 치앙마이대학교의 대학원생이었는데, 이날 센은 우리와 대화를 나누며 자기 빼고는 둘 다 결혼을 하지 않았다는 걸 알게 되었다. 센은 유이가 자기보다 네 살이나 더 많은데도 매우 어려 보여서 깜짝 놀랐다며 말했다. "나 같은 사람은 빨리 늙어요. 나는 아주 어릴 때 결혼해서 벌써 출산을 세 번이나 했으니까. 나 같은 사람은 생각이 너무 많아요. 때로는 너무 걱정이 많아서 잠도 안 오고. 그래서 빨리 늙나봐요." 이어서 센은 두 아이가 어쩌다 아주 어린 나이에 죽었는지를 이야기해주었다. 이제 서른 살이 된 센은 세 번 결혼해 아이 셋을 낳았다. 미얀마의 고향에서 했던 첫 번째 결혼은 10대 후반에 아버지가 시켜서 한 거였다. 딸 하나였던 아버지는 새로 들인 사위가 농사일을 잘 도와주리라 기대했지만 센의 첫 번째 결혼은 잘 풀리지 않았다. 남편은 농사일을 빼먹고 게으름을 피우기 일쑤였고, 가족 내에서도 언쟁과 다툼이 끊이지 않았다. 2년간의 결혼 생활 끝에 센은 첫 남편과 이혼했고, 친정아버지는 그해 수확한 쌀의 절반을 사위에게 일종의 위자료로 나눠줘야 했다고 한다.

이후 그녀는 미얀마 군부에 저항하는 샨 반군 남자를 만났다. "그 남자는 진짜 좋은 사람이었어요. 잘생기고." 센은 제일 사랑했다는 남자를 이렇게 회상했다. 부모가 극구 반대했지만, 센은 고향 마을을 떠나 반군인 남편을 따라다니며 4년을 밀림에서 지냈다. "밀림 생활은 정말 힘들었어요. 우리는 늘 미얀마 군인들을 피해 다녀야 해서 한 번도 뭘 제대로 먹을 수가 없었어요. 밀림에는 정말 먹을 게 없거든요. 때로는 며칠씩 죽순만 먹고 지내기도 했죠. 우기에

밀림은, 정말 보통 사람은 거기서 산다는 걸 상상조차 할 수 없을 거예요."

센은 반군과 밀림에서 지내는 동안 첫 출산을 했고, 아기는 태어나자마자 숨을 거두었다. "산파도 없어서 혼자 애기를 낳아야 했어요. 제가 직접 탯줄을 자를 수 없어서 친구가 대나무 칼로 대신 잘라주었죠. 그 친구도 어떻게 잘라야 하는지 몰랐어요. 탯줄을 자르자 피가 엄청나게 뿜어져나왔는데, 멈추지를 않더라구요. 피가 그렇게 많이 나지만 않았어도 어쩌면 애기는 살았을지도 몰라요. 애기는 울지도 않고 젖을 빨 힘도 없었어요. 만약 태국에 있는 병원에서 낳았다면 죽지 않았겠죠. 몇 시간 동안 애기를 안고 있었지만, 결국 죽고 말았어요." 남편이 미얀마 정규군에게 잡히면서 또 한 번 잔인한 일이 일어났다. "남편이 샨 반군이란 걸 그들이 어떻게 알았는지 모르겠어요. 그이는 평범한 옷차림이었고 우리는 한동안 마을에서 지낼 계획이었거든요. 남편이 붙잡혔을 때 난 밖으로 나올 수가 없었어요. 내가 아내란 걸 알았다면 틀림없이 나까지 죽였을 거예요." 남편이 교수형을 당했을 때 센은 임신 2개월 차였다.

센은 둘째 아이를 출산한 후, 지금의 남편인 키야우를 만났다. 키야우 역시 샨 주 군대에서 10년을 보낸 군인이었다. 키야우는 제대 후 태국에서 새 삶을 살고 싶어 했고, 센에게 같이 가자고 청했다. "미얀마에서는 할 일이 없었어요. 심한 가뭄이 들어서 뭘 심을수가 없고. 게다가 난 두 번째 남편과 결혼한 후로는 부모님을 제대로 도와드리지도 못했으니까. 하지만 태국에는 일이 있으니까 아버지한테 돈을 보낼 수 있잖아요." 결국 센은 둘째를 아이의 친할머니한테 보내기로 했고 태국으로 건너왔다. 이주한 지 1년 정도가 지났을 때, 세 살 된 아들이 죽었다는 소식이 왔다. "하루 종일 울었어요. 아기 할머니 말이 설사가 너무 심했는데 손쓸 방법이 없었다고. 미얀마에서는 병원이 다 도시에 있는데, 거기는 너무 머니까." 센이 차분히 말했다.

"내 삶은 고통과 고난의 연속이에요. 만약 과거로 돌아갈 수 있다면, 그냥 부모님 곁에 있고 싶어요. 어렸을 때는 걱정거리가 하나도 없었어요. 그냥 시키는 대로만 하면 부모님이 보살펴주시잖아요." 센이 나를 돌아보며 말했다. "보, 절대 일찍 결혼할 필요 없어. 여자가 결혼하고 나면 사는 게 쉽지 않으니까. 임신하고 나면 애들 키워야 하고, 여자한테 생기는 책임은 온통 괴로움뿐이야. 우리 여자들은 출가도 못하고 남자들보다 공덕도 적고. 나는 왜 이렇게 고통받아야 했을까? 좋은 일도 더 많이 하고, 선행도 더 쌓고 싶어." 산후 한 달 동안 고기를 먹지 않기로 한 이유에 대한 센의 대답이었다. 그가 다시 말했다. "내 삶이 이미 고통으로 가득한데, 내가 왜 단지 먹기 위해 다른 생명에게 더 많은 고통을 줘야 할까? 고기를 먹는 건 다 우리의 업이랑 관련이 있으니까. 난 다른 생명에게까지 고통과 괴로움을 주고 싶지 않아."

∞

센이 겪어야 했던 폭력과 고통스러운 상실이 무엇이었는지를 전하기 위해 나는 우리가 여러 차례 나눈 대화들을 조각내 여기에 함께

돌봄이 이끄는 자리

엮었다. 센의 출산과 두 아이를 잃은 경험은 미얀마의 권위주의 정부에 의해 자행된 국가 폭력, 장기간의 군사 반란이 강요한 개인적이고 집단적인 희생, 샨 주의 심화된 경제적 박탈, 비합법적 이주에 따라오는 여러 위험들, 젠더화된 불평등을 모두 함께 말하고 있었다. 이 역경을 거치는 동안 센의 사회적 역할과 정체성 또한 크게 바뀌었다. 아버지의 어린 딸은 어느새 무장 단체에 합류한 반군의 아내가 되었고, 결국 국경을 넘는 이주 노동자들의 대열에 합류했다.

센에게 산후조리는 난생처음 가져보는 기회였다. 너무나 드물게 주어진 자기만의 시간이었다. 그에게 이 기간 동안의 금욕적 수행은 삶이 일상으로 돌아가기 전, 제힘을 온전히 회복하기 위해 꼭 필요한 것이었다. 할 일이 많은 일개 중생이자 노동자 여성인 센은 불교 승려들처럼 매일의 생활 활동에서 물러나 안거할 수는 없었다. 대신 일상의 금욕주의, 즉 한정된 기간 동안 절제하고 인내하는 수행 방식이 보호의 힘을 끌어모으는 수단으로 선택되었다. 과거에서부터 오는 업의 무게를 줄이고 그리하여 자신과 가족의 삶을 위험에 몰아넣었던 응보의 파괴적 힘을 쇠하게 하는 것을 목표로 하고 있었다. 센의 수행에서 업은 운명론의 상징이 아니라 더 나은 미래가 생겨날 가능성을 꿈꾸게 해준다는 점에서 보다 적극적인 의미를 띠고 있었다. 센이 조성한 자기 돌봄의 방식은 스스로를 보호하고, 그리하여 새로 태어난 아기도 보호할 힘을 키울 수 있기를 목표하고 있었다.

한 달이 지나고 센은 두꺼운 겨울옷은 벗었지만 다시 한 달 동안 약초 목욕을 하기로 했고 앞으로 6개월은 찬물을 피하고 채식을 계속하기로 했다. 유 드언이 끝났음을 알리는 작은 잔치라도 하고 싶었지만 비용이 만만치 않았다. 축원을 해줄 샨 어르신을 초대하고 손님들을 위한 음식을 준비할 돈이 없었다. 센의 산후조리는 한 달을 훌쩍 넘겨 서서히 끝이 났다. 과연 앞으로 어떤 일이 벌어질지 모르지만, 센은 이미 아기를 키우며 다시 밭에 나가 일할 수 있을 만큼 충분히 강해져 있었다.

아픈 엄마 녹

녹이 왜 아픈지에 관해서는 이런저런 설명이 많았다. 우리가 반팻 병원에서 처음 만났을 때, 녹은 아기 옷이 가득 든 비닐봉지를 들고 맨발로 초조하게 돌아다니고 있었다. 그러다 간호사실에 불쑥 들어서는 대뜸 언제 집에 갈 수 있냐고 물었다. 담당 간호사가 아이가 아직도 열이 있으니 의사가 와서 퇴원 지시를 할 때까지 기다려야 한다고 답해주었다. 녹은 대꾸도 없이 어린 여자아이가 누워 있는 침대로 돌아갔다가 몇 분 지나지 않아 다시 간호사실로 돌아왔다. 이번에는 아이에게 줄 우유를 달라고 했다. 간호사는 녹의 거친 태도에 짜증이 난 듯했지만 별말 없이 두유 두 갑을 건네주었다. 대체 무슨 일이냐고 물으니, 녹이 먹고 있는 약이 다 떨어져서 불안해하는 거라고 말해주었다. "정신적으로 좀 불안정해요. 그래도 얘기하는 걸 좋아하니 말을 걸어봐도 괜찮아요." 병동 간호사 선생님은 차트 정리로 바쁜 와중에 잠깐 짬을 내 나를 녹에게 병원에 연구하러 온 학생이라고 소개해주었고, 그렇게 우리의 만남은 시작되었다.

그날 녹은 내게 롬 핏 드언 때문에 아픈 거라고 말했다. 갑자기 무기력해지고 숨을 쉴 수가 없다고 했다. 이틀 전에 증상이 너무 심해져서 구급차를 불러 두 살 된 딸을 데리고 병원으로 왔다고 했다. 병원에 도착했을 때만 해도 녹이 환자였는데, 어린아이가 열이 심한 걸 보고 의사가 딸도 입원시켰다. 우리의 첫 번째 대화에서 녹은 하고 싶은 말이 많았고, 다른 환자들이 듣든 말든 개의치 않았다. 녹은 내가 하는 태국어가 자기만큼 서툴다는 걸 눈치채고는 내 어설픈 성조를 흉내 내며 싱긋 웃곤 했다. 녹에게 어쩌다가 산후풍에 걸렸는지 묻자 뜻밖의 대답이 돌아왔다. "큰 병원 옆에 있는 시장에서 우연히 남동생을 만났어요. 미얀마의 고향을 떠난 후 오랫동안 동생을 보지 못했는데, 부모님이 몇 해 전에 돌아가셨다고 하더라고요. 너무 충격을 받았어요. 슬픔 때문에 아무것도 할 수가 없었죠. 그러다가 피 바(미친 사람)가 되어서 한 달을 정신병원에 있었어요." 부모를 여읜 슬픔이 광증의 발병 원인으로 더해졌다.

녹이 치앙마이로 온 건 약 10년 전이라고 했다. 나이는 확실치 않았는데, 사실 다른 많은 부분들도 그러했다. 처음 만났을 때 녹은 자기가 서른여섯 살이라고 했지만 병상 이름표에는 "27세"라고 적혀 있었다. 녹은 가사도우미로 일하다가 20대 초반에 샨 남자와 결혼했다고 했다. 첫 번째 결혼은 결국 파탄이 났는데, 남편이 술에 취하면 심하게 때렸기 때문이었다. "그 사람이 내 머리를 바닥에 패대기치곤 했어요. 얼마나 심하게 때렸는지 완전히 쇠약해져서 시름시름 앓았어요." 그러다가 지금의 남편인 피낫을 만났다고 했다. 치앙마이에서 태어난 태국 사람인 피낫은 녹이 살고 있던 공사장의 야간 경비원이었다. 그가 녹의 상황을 딱하게 여겨 자기와 함께 떠나자고 했다는 것이다. 녹은 피낫과 함께 살기 시작한 후 일하러 나가는 걸 그만두었고, 반팻 병원에서 약 40킬로미터 정도 떨어진 작은 마을에서 피낫의 돌아가신 어머니가 물려주신 조그마한 나무집에 살았다.

피낫을 따라간 지 얼마 되지 않아 녹은 임신을 했지만 결국 유산으로 아이를 잃었다고 한다. 녹이 유산에 큰 의미를 두지 않았던 데 비해 피낫은 녹의 병증이 다 임신 때문이라고 생각했다. 내가 집에 찾아갔을 때 피낫은 녹이 임신 중에는 물론 유산 후에도 제대로 관리를 안 하고 조심성 없이 아무거나 먹었다고 한참 이야기를 늘어놓았다. 녹의 부주의가 산후풍을 일으켰다는 것이었다. 또한 피낫은 죽은 아기의 영혼이 두 사람에게 뭔가 영향을 주고 있다고 믿었다. 태어나지 못하고 죽었다는 데 화가 났을 수도 있고 아니면 아직 부모 곁에 있고 싶어서 그런지도 모른다며, 유산은 다 부모의 업과 관련이 있다는 거였다. 무속 치료사나 스님에게 도움을 구하려는 시도는 해보았는지 묻자 이런 대답이 돌아왔다. "그 사람들이야 우리한테서 돈 뜯어내려고 뭐든 꾸며내는 사람들이지. 이건 몸 안의 바람 때문에 생긴 병이에요. 그런 건 해결을 못 하지." 이후 녹은 두 명의 아이를 더 낳았고, 두 번째 출산 후에는 피임을 위해 난관결찰술을 받았다. 기둥이 비스듬히 기울어진 낡은 집 아래 나무 의자에서 피낫이 나에게 이런 이야기를 들려주는 동안 녹은 아무 말도 하지 않은 채 내내 아이들 옷만 빨고 있었다.

녹이 정확히 언제부터 아프기 시작했는지는 분명치 않았다. 언젠가 녹은 유산을 겪고 난 후 심한 우울감과 무기력감을 느꼈다고 했다. 반면 피낫은 아들이 태어나고 1년 후 녹이 첫 발작을 일으켰다고 했다. 2010년에 녹은 반팻 병원의 단골손님이었다. 한 해 동안 외래는 물론 응급실과 입원 병동을 수없이 들락거린 끝에 수기로 작성하는 환자 파일 두께만 해도 손가락 두 마디는 되었다. 더욱이 녹은 보험도 없었고 병원비를 내지 못한 적도 많았다. 간호사들은 녹의 상황을 제법 잘 알고 있었지만, 많은 경우 해줄 수 있는 게 별로 없었다. 그녀가 처음 장기 입원을 한 곳은 지역의 공공 정신병원이었는데, 우리가 처음 만나기 한 달 전의 일이었다. 녹은 거기서 대부분의 시간을 누워서 잤고 그 시간이 편안했다고 했다. 퇴원한 후에도 정신과 약을 계속 복용했으나, 내가 정신과 진료를 동행한 적은 없었기에 정확히 어떤 진단을 받았는지는 알 길이 없었다. 대신에 그녀가 날마다 먹는 약을 보여주었는데, 주로 조현병과 같은 증상이나 뇌전증 증상을 조절하는 약물(트리헥시페니딜, 리스페리돈, 발프로산나트륨)이었다. 녹은 약을 먹으면 심하게 잠이 와서 아기가 우는 소리도 못 듣고 아침까지 내내 자게 된다고 했다.

처음에 나는 산후풍에 대한 녹의 이야기가 정신적 고통이 어떻게 몸으로 나타나는지를 보여주는 신체화somatization의 한 예에 가깝다고 생각했지만, 상황은 훨씬 복잡했다. 대화를 하면 할수록 앞이 보이지 않는 탁한 물속으로 빠져드는 기분이었다. 녹을 아프게 하는 원인이 너무 많았다. 산후 한 달 동안 조리를 잘못해서 생긴 병, 부모를 잃은 깊은 슬픔, 갑작스러운 과호흡, 가정 폭력의 트라우

마, 유산된 아기의 영혼이 떠돌며 끼치는 해, 조현병으로 진단 가능한 정신병의 발병. 어떤 믿음 체계를 따를지에 따라 서로 양립할 수 없다고 여겨지는 여러 원인들이 동시에 언급되고 있었다. 집은 매우 가난했고, 언제 무슨 일이 터질지 모르는 날들이 이어지고 있었다. 녹도, 아이들도 모두 편치 않았다.

2011년 2월, 현장연구 첫해를 마무리하는 달에 나는 작별 인사를 하러 녹의 집에 들렀다. 그날은 평일이었지만 뜻밖에도 남편인 피낫이 집에 있었다. 딸이 열이 펄펄 나서 일을 나갈 수가 없었다고 했다. 내 사정을 들은 피낫은 중국산 스마트폰을 내밀며 구글 지도에서 서울을 찾아달라고 하더니, 갑자기 자기는 곧 방콕으로 일하러 갈 계획이라고 했다. 예상치 못한 이야기에 놀란 내가 대체 어떻게 방콕까지 녹과 아이들을 데려갈 생각이냐고 물었다. 피낫은 사실 그간 아내의 미등록 신분이 걱정되어서인지 녹이 샨 이주민이 아니라고 잡아떼곤 했는데, 이번에는 거침이 없었다. "난 이미 마음을 굳혔어요. 앞으로 무슨 일이 일어날지는 아무도 모르죠. 어쩌면 아이들을 다 고아원에 보낼 수도 있고. 혹시라도 녹이 경찰에 붙잡히면, 뭐 미얀마로 돌려보내겠죠. 어떻게 될지 모르겠어요." 나는 피낫의 계획에 당혹을 감출 수 없었다. 녹은 자신은 이제 샨어를 완전히 잊어버렸다고, 고향이 어디인지도 기억하지 못한다고 이야기하곤 했다. 또 치앙마이에 있는 형제자매들과도 이미 연락이 다 끊겼다고 했다. 만약 피낫이 녹을 버린다면 도대체 어떻게 될까? 녹은 병원에 갈 때마다 피낫의 전화번호와 구급차를 부르기 위한 긴급번호를 적은 작은 마분지 조각을 가지고 다녔다. 그 종이엔 내 연락처도

적혀 있었지만 나한테 전화가 온 적은 거의 없었다. 남편이 혼자 방콕으로 도망칠 계획을 들려주는 동안 녹은 곁에서 우는 딸을 업고 달래며 마치 우리 얘기가 들리지 않는 척했다. 남편이 아픈 아내와 애들을 모두 버리겠다고 대놓고 말하고 있었지만, 당장 내가 할 수 있는 일은 아무것도 없었다.

1년 후 나는 2차 현장연구를 위해 다시 반팻 병원으로 돌아왔다. 여성 병동 간호사들에게 그간 녹은 어떻게 지냈는지 물으니 뜻밖의 답이 돌아왔다. 한 달 전에 자살을 시도해서 병동에 왔었다는 것이다. 목숨을 끊으려고 독극물을 마셨다고는 하지만 다행히 상태가 그리 심각하지는 않았다고 했다. "다 관심을 끌려고 그러는 거예요." 간호사들은 녹이 큰 이상 없이 정신병원으로 이송됐다며 나를 안심시켰다. 그러다 우연히 녹이 사는 마을의 보건소에서 일하는 간호사를 만났다. 간호사 선생님은 나를 녹의 집에 여러 번 방문했던 한국 학생으로 기억하고 있었는데, 더 기가 막힌 소식을 들려주었다. 녹이 이웃에게 성폭행을 당했고, 결국 집에서 자살하겠다며 큰 소동을 일으켰다는 거였다. 서둘러 남편 피낫에게 전화를 걸어보니 다행히도 그는 아직 떠나지 않고 치앙마이에 있었다.

정오 즈음 녹의 집에 도착했을 때, 마을 변두리는 조용하기 그지없었다. 녹이 아들과 함께 TV를 보는 소리가 집 밖까지 들려왔다. 녹은 나를 다시 만난 걸 놀라워하며 잔뜩 신이 나서 같이 국수 노점에 가서 점심을 먹자고 청했다. 국숫집에 가보니 그 집 주인이 녹이 정신병원에 있는 동안 아이들을 봐주었다고 했다. 중년 여성이 국수를 그릇에 담으며 나에게 슬쩍 귀띔해주었다. "딸을 고아원에 보냈으니 그나마 잘된 일이지 뭐예요. 어쨌거나 엄마가 아이들을 제대로 돌볼 수가 없으니까요. 보세요, 남자애는 이제 학교에 다녀야 하는 나이인데, 여태껏 종일 집에 틀어박혀 지내느라 말도 제대로 못 하잖아요." 그제야 나는 녹의 집에서 어린 딸이 보이지 않았던 이유를 깨달았다. 초등학교에서 울리는 종소리를 들으면서 우리 셋은 우선 국수를 먹었다.

집으로 돌아가는 길에 녹이 남편의 고모네에 들르자고 했다. 우리를 맞아준 시가 친척은 피낫이 시내에서 밤낮으로 일해야 해서 이제 집에 거의 못 들어온다고 했다. "녹은 힘든 일을 못 해. 전에도 발작을 일으켜서 밭에 나가서 일도 못 하고. 겨우 청소나 하고 애들 먹일 음식이나 만드는 게 다야. 오늘 녹이 벌써 나한테서 40밧을 꿔 갔어. 남편이 돈을 줘도 먹을 걸 산다, 애들 과자 산다 하면서 여기 저기 다 써버리고. 돈 아끼는 방법을 몰라. 계속 이런 상태인데, 우리가 뭘 할 수 있겠어?" 나는 잠깐 앉아 있다 녹과 아이를 데리고 자리를 떴다.

다 쓰러져가는 집으로 돌아와서 우리는 조금 더 이야기를 나누었다. 딸아이는 도대체 어찌 된 건지를 묻자, 녹은 자신이 정신병원에 가 있는 두 달 동안 남편이 두 아이를 고아원에 보내버렸다고 말해주었다. 고아원에서 딸은 받아주었지만, 아들의 경우는 장애가 있어서 돌려보냈다는 것이다. 언젠가 피낫이 첫째 아들이 세 살 때 "자폐증"을 진단받았다고 했던 말이 떠올랐다. 그 덕분에 매달 장애 보조금으로 500밧이 들어왔다. 나는 부부가 아이를 어딘가 보낼 수 있을지 상의했던 걸 알고는 있었지만—한번은 녹이 내게 딸을 데려갈 생각이 없냐고 묻기도 했었다—그런 일이 실제로 일어나리라고는 생각지 못했다. 녹이 말했다. "애들을 학교에 보내고 싶은데, 돈이 없어. 애들이 나랑 이렇게 살 필요는 없잖아. 고아원에서 지내는 게 더 나아."

나는 무슨 일 때문에 다시 입원을 해야 했는지 물었고, 녹이 짤막하게 답했다. 동네에서 사람들에게 마사지를 해주고 돈을 조금 받기도 했는데, 어느 노인이 마사지를 해달라고 해서 집에 찾아갔다가 변을 당했다고 했다. "진짜 무섭게 아프게 했어." 폭행이 있고 며칠 후 녹은 남아 있던 약을 한꺼번에 다 털어넣었고, 결국 정신병원에 보내졌다. "피낫은 왜 경찰을 안 불렀어요?" 내가 물었다. 그녀는 동요하는 기색도 없이 대답했다. "피낫은 경찰을 부르고 싶어 했지. 하지만 내가 창피했거든. 그리고 병원에서 돌아왔을 때는 그 일이 있고 나서 벌써 두 달이 지난 후였어." 나는 사건에 대해 더 물어볼 수가 없어서 병원 측에서 어떻게 대응했는지를 대신 물었다. "의사가 이번에는 뭐라고 하던가요?" "그냥 롬 핏 드언이랑 쓸싸오(우울증) 때문이라고. 병원에서 지내는 건 괜찮았어. 약을 먹으면 잠이 잘 오니까, 밥도 주고. 나쁜 일을 생각할 필요도 없고."

녹은 입원하고 약을 먹은 후엔 상태가 나아졌다고 말했지만, 나는 정기적인 모니터링도 없이 여러 해 동안 정신과 약을 복용하는 게 어떤 영향을 줄지 걱정스러웠다. 반팻 병원을 포함해서 그녀가 방문했던 어떤 곳도 정기적인 상담이나 검진을 권하지 않았다. 녹의 설명에 따르면, 한 달이나 입원했던 정신병원에서 준 약은 신경 문제 때문이 아니라 나쁜 기운으로부터 보호를 해주기 위한 거라고 했다. 이런 구별은 녹이 각기 다른 병인 사이의 차이를 인지하고 있다는 걸 뜻하기도 한다. 녹의 설명 체계에서 산후풍으로 광증이 생기는 것과 우울증 진단은 서로 상충하지 않고 공존했는데, 이 두 개념 모두 녹이 느끼는 증상을 표현하는 데 도움을 주었다. 녹에게 절실했던 건 사실 왜 아픈지 그 원인을 밝혀내는 게 아니라 도움이 필요하다고 소리 내어 알리는 것이었다. 고통받고 있는 자신을 알아주는 누군가를 만나는 것이었다.

　녹의 정기적인 내원 이력을 고려하면 반팻 병원 의료진들이 조금 더 적극적으로 나서볼 수도 있지 않았을까 하는 아쉬움이 들었다. 하지만 현장연구를 하는 동안 정신 건강 문제로 고통받는 환자를 위해 가정방문을 하는 경우는 거의 볼 수 없었다.[17] 녹은 정신과 환자로 분류되었고 병원에서는 오로지 정신과적 약물치료를 통해서만 도움을 받을 수 있는 사람으로 여겨졌다. 나는 병원에 돌아오자마자 병동 간호사들에게 성폭력 피해자를 도울 수 있는 법적 절차가 있는지 물어보았다. 간호사들의 대답은 간단했다. 환자가 공식적으로 경찰에 신고하기 전에는 병원이 할 수 있는 일이 없다는 거였다. 2012년 내가 머물던 나머지 기간 동안 녹은 예전만큼 자주 구급차를 부르지 않았고 입원 병동에서 하룻밤을 보내지도 않았지만, 여전히 머릿속에서 가끔 무서운 목소리가 들린다고 했다. 녹은 대신 가까운 동네 보건소를 자기 집 드나들듯이 했고, 보건소 직원들은 외래환자로 기록 작성을 하는 걸 포기한 상태였다. 보건소 간호사는 이렇게 말했다. "녹은 정상이 아니니까, 그저 관심을 받고 싶은 거예요." 도움을 청하는, 보살핌이 필요하다는 녹의 외침이 이렇게 하찮은 취급을 당하기 시작한 순간, 일차의료기관은 더 이상 큰 도움이 되지 않았다.

2012년 2차 현장연구의 마지막 달, 나는 주말이면 서울로 돌아간다는 말을 전하기 위해 녹네 집에 갔다. 내가 해줄 수 있는 일이 있냐고 묻자 녹은 선불제 휴대전화를 충전할 수 있도록 약간의 돈을 부탁했다. 길가에 있는 가게에 가서 선불금을 충전하자마자 녹이 곧바로 피낫에게 전화를 걸어 내가 떠난다는 소식을 알렸다. 그러고는 내가 차를 세워둔 마을 보건소까지 바래다주겠다고 고집했다. 그러더니 보건소 안으로 불쑥 들어가 이번에는 발이 아프다고 했다. 보건소 관리인이 발에 난 생채기에 붙일 작은 밴드를 주었다. 주차장으로 나왔을 때 녹이 불쑥 말했다. "그 남자가 나한테 한 건 나쁜 짓이야, 그렇지?" "그럼요. 녹은 아무 잘못 없어요. 그 남자가 나쁜 사람이에요." 내가 황급히 답했다. 그러사 녹이 내 눈을 보며 말했다. "별일 아니야. 오래전 일이잖아. 이제 괜찮아. 그렇지?" 나는 녹이 한 말을 반복했다. "응. 마이 뻰 라이." 그리고 잠깐 서로를 부둥켜안았다. 내 등에 가볍게 올려진 녹의 두 손, 서로를 감싸는 몸의 온기가 느껴졌다. 내가 차에 타자, 녹이 쾌활하게 말했다. "수수(파이팅)!" 그러면서 한국 드라마에서 본 것처럼 주먹을 허공에 내둘렀다.[18]

∞

나는 녹이 스스로 진단한 산후풍을 정신과적 발병의 일종이라고 재정의할 생각은 없다. 녹은 여러 종류의 붕괴를 경험했다. 롬 핏 드 언이라는 지역 고유의 설명은 몸을 이루는 기운들의 균형이 무너져서 영의 온전함이 위협받았다는 걸 의미하고, 육체와 정신의 이분법에 기초한 현대의학의 관점에서 보는 우울증 역시 조용한 무너짐을 뜻하기도 한다. 무엇보다 녹을 둘러싼 사회적 관계가 부서져 있었다. 녹이 오래 겪어야 했던 여러 고통들은 사회적 취약함이 한 여성에게 어떤 외상을 남기는지를 그대로 드러내고 있었다. 이주, 부모를 일찍 여읜 개인적 비극, 가정 폭력, 정신 건강의 악화가 이어진 삶의 궤적에서 녹은 샨 사람들과의 친족 관계로부터 완전히 뿌리 뽑힌 채 태국인 이웃과 남편 쪽 친척들에게만 의지해야 했다. 녹이 모국어를 잊어버렸다고 말할 때, 이는 어쩌면 현재 자신이 살고 있는 이곳에 속하고 싶다는 바람의 표명이자 자신의 단절된 상태를 애써 외면하려는 시도였는지도 모른다. 그러나 녹의 태국인 남편과 시가 친척들, 이웃들은 점점 멀어지고 있었고, 언제든 그를 내칠 수 있다고 위협하고 있었다.

반팻 병원과 보건소는 녹이 입장을 허용받고 보호를 받을 수 있다고 느끼는 몇 안 되는 장소였을 것이다. 급박한 순간에 약물 처방과 입원은 짧게나마 위안을 주었지만, 대부분의 경우 이러한 치료법들은 녹이 처한 문제들을 해결하는 데 무력했다. 성폭행 사건은 사회적, 법적 보호의 부재 속에 녹이 처한 치명적 불안정성을 고통스럽게 증명했다. 그러나 범죄가 야기한 정신적 고통과 혼란은 부당하게도 고질적인 병증의 일부로 취급되었고, 결국 강간범이 아니라 피해자가 정신병원에 '감금'되었다. 그럼에도 거기서야 녹은 겨우 사나운 삶으로부터 잠시 한숨을 돌릴 수 있었다. 신뢰의 대상이었던 장소들에서 벌어진 이와 같은 돌봄의 완전한 실패는 무엇보다 녹의 고통과 괴로움이 정신과 입원과 약물치료가 아니고는 도저히 통제할 수 없는 것으로 취급되거나 아주 하찮게 여겨졌다는 지점에서부터 비롯하였다.

이 모든 실망스러움과 한계에도 불구하고, 녹은 이곳들에 끊임없이 도움을 구했다. 두 해 내내 같은 집에서 살면서, 같은 보건소를 찾아가 도움을 청했고, 몇 번이고 구급차를 불러 병원으로 데려가달라고 했고, 그러면서도 혼자서 아이들을 키웠다. 어찌 보면 간호사들의 말이 옳았다. 녹은 "관심을 구하고" 있었다. 결국 여기서 가장 중요한 건 녹이 끈질기게 고통에 대한 인정과 돌봄을 구했다는 데 있다. 바로 그렇게 함으로써 녹은 자신을 무시할 수 없게, 사회적 존재로 실재하게 만들었다. 병들고 소외된 이주 여성으로서 녹의 사회적 존재감은 아무것도 아닌 것으로 치부되기 쉬웠을 것이다. 그러나 녹은 그렇게 되도록 스스로를 놔두지 않았다. 비나 다스 Veena Das가 폭력과 일상의 겹침을 두고 논의하였듯이,[19] 지역의 풍경 속에서 녹이 끊임없이 문제를 일으키고 관심을 구하며 계속해서 살아간 건 비록 아무리 연약하고 한시적인 상태라고 하더라도 그가 이룬 성취라고 할 수 있을 것이다. 녹은 해악과 은혜의 경계 지대에라도 머물고자 애썼으며 이를 통해 어쨌거나 가정을 일구었다. 비록 그 공간이 녹에게 늘 안전하지는 않았지만, 그럼에도 불구하고 거기서 자신을 조금이나마 회복시키고 아이들을 길러냈다.

펨과 피이의 투쟁

펨은 조산사들의 부주의 때문에 자기 아들이 룩 피깐(장애아)이 되었다고 확신하고 있었다. 펨은 3장에서 만난 피이와 부부 사이이다. 스물두 살 펨과 스물네 살 피이에게 첫째 아들을 키우는 건 삶의 최대 난제가 되었다. 펨은 열다섯 살 때 할머니와 함께 태국으로 건너와 가사도우미 일을 시작했다. 처음 몇 년 동안은 제법 돈을 벌었다. 펨이 자랑스레 말했다. "한번은 엄마한테 1만 밧(한화 약 35만원) 넘게 보내기도 했어요. 미얀마에서는 꽤 큰 돈이에요. 정말 열심히 일했어요. 낮에는 가사도우미로 일하고 밤에는 건물 청소를 하고." 그러다 펨이 큰 병에 걸렸는데, 치앙마이에 있는 병원에서는 치료를 제대로 받지 못했다. "내가 결핵에 걸렸다는 건 나중에 알았어요. 태국 병원에선 나한테 말도 제대로 안 해줬어요." 결국 펨은 미얀마로 돌아가기로 했다. 잔뜩 허약해진 몸으로 1주일이나 버스를 타고 집에 돌아가는 건 기적에 가까운 일이었다. 다행히도 펨은 살아서 집에 도착했고, 어머니가 양곤에 있는 큰 병원으로 딸을 데려갔다. 병원비로 많은 돈을 쓴 뒤에 펨은 겨우 회복할 수 있었다. 하지만 엄마가 그간 모아둔 돈을 모두 써버리게 했다는 데 죄책감이 들어 결국 다시 일을 구하러 태국으로 향했다. 얼마 후 펨은 일터에서 만난 피이와 결혼을 했다. 피이와 펨의 사촌들을 만났을 때 나는 두 사람이 서로 어떻게 만났는지를 처음 들을 수 있었다. 펨은 아주 미인이어서 많은 청년들이 관심을 보였다고 한다. "고생을 많이 해서 펨이 예전 같지 않아요. 보세요, 왕년의 미모는 어디 간 걸까요?" "아니야, 지금도 얼마나 예쁜데." 그날 우리는 농담을 하며 함께 웃었다.
젊은 부부가 콘이 태어난 후 많은 시련을 겪었다는 건 사실이었다.

　"우리가 샨 사람이라고 병원에선 우리를 홀대했어요." 펨이 말
했다. 피이의 어머니가 사시는 판잣집 근처로 이사한 펨네 집을 처
음 방문했을 때 나는 첫 출산 당시의 이야기를 많이 들을 수 있었다.
펨은 결혼한 해에 바로 임신했다. "아이를 갖기 좋은 때가 아니라는
건 알고 있었어요. 아직은 모아둔 돈이 많지 않았거든요. 하지만 피
이가 낙태는 안 된다고, 죄라고 그랬어요. 그래서 낳기로 했어요."
첫 출산은 쉽지 않았다. "산전진료실에 갔더니 간호사들이 전부 화
난 표정이었어요. 내가 간호사들에게 예전에 결핵을 앓은 적 있다
고, 자력으로 낳지 못할 것 같다고 분명히 말했는데, 거기서는 다 괜
찮을 거라고만 하고." 펨은 어느 일요일 아침 일찍 분만실에 들어갔
던 때를 떠올렸다. 의사는 한 명도 없었고 간호사들뿐이었다. 출산
한 곳은 반팻 병원과 규모가 비슷한 치앙마이의 한 지역 거점 병원
이었다.

　펨이 계속해서 분만 과정이 얼마나 끔찍했는지를 설명했다.

분만실 간호사들이 예의가 없었어요. 나는 힘이 다 빠졌는데, 더
세게 힘주지 않는다며 혼을 내고. 큰 병원에 보내달라고 했지만 그
랬다가는 도중에 죽을 거라더군요. 간호사들이 어떻게든 아기가
나오게 하려고 애를 썼는데, 기계가 말을 듣지 않는다는 소리가
들렸어요. 그러더니 간호사 하나가 산모든 아기든 둘 중 하나는 죽
을 거라고 그랬어요. 나는 이미 녹초가 됐는데. 아기가 나왔을 때

보니 몸이 푸르스름하고, 울지도 않았어요. 내가 엉덩이를 때렸는데도 안 울었어요. 간호사는 아기가 곧 죽을지도 모른다고 그러고. 나는 지쳐서 잠들었는데 나중에 피이에게서 들으니 아기 몸이 이미 녹색으로 변해 있더래요. 간호사가 아기를 살리고 싶냐고 물어서, 피이가 막 울면서 아기를 위해서 뭐든 해달라고 말했대요. 거기 간호사들은 우리를 나쁘게 대했어요. 아기를 반팻 병원에 보내놓고 남편한테 아기가 어디 있는지 말해주지도 않았어요.

콘의 의료 기록에 따르면, 의료진은 흡입분만을 시도했지만 성공하지 못했다. 콘은 출산 중 질식을 심각하게 겪어 결국 뇌 손상을 입었다. 피이의 동의 후에 소생술을 하고 반팻 병원 신생아 집중치료실로 이송된 듯했다. "만약 거기서 나를 당장 큰 병원에 보내서 수술받게 해줬으면 이런 일은 절대 없었을 거예요." 펨은 응급 제왕절개술을 했다면 이런 불행한 결과를 막을 수 있었다고 굳게 믿고 있었지만, 그럴 기회는 주어지지 않았다. 아이와 함께 반팻 병원 신생아 집중치료실에 한 달 동안 머물면서 펨은 분만을 더 안전하게 할 방법이 있었다는 걸 알게 되었다.

펨: 반팻 병원 의사 말이 콘은 거의 한 시간이나 산소가 부족했대요. 만약 반팻 병원에서 출산했다면 여기서는 당장 아기한테 산소를 줬을 거예요. 샨 친구가 출산한 얘기를 들었는데 자기는 대여섯 번 힘을 주어도 소용이 없더래요. 그랬더니 거기 간호사들이 그 친구를 바로 큰 병원에 보내줬고, 아기는 아무 이상이 없어요.

신생아 집중치료실에 있을 때 흡입분만을 했던 또 다른 샨 여자를 만났는데, 그 집 아기는 딱 하루 병동에 있다가 집에 갔어요.

보경: 분만했던 병원에 다시 찾아가본 적은 있어요? 반팻 병원에서 분만하다 산모가 사망한 경우를 들은 적이 있는데, 그때도 샨 사람이라고 그랬거든요. 그분 가족은 보상금을 받았다고 하던데……. 병원에서 누구든 펨에게 사과한 사람이 있었나요?

펨: 아뇨, 그 사람들은 나한테 아무 소리도 안 했어요. 거기 병원 사람들하고는 다시는 얘기하고 싶지 않아요. 이웃에 사는 태국 사람이 병원을 고소해서 보상금을 받으라고 하기는 했는데, 그때가 첫 출산이어서 내가 뭘 어떻게 할 수 있는지 몰랐어요. 그래서 다시는 그 병원 근처도 안 갔어요. 피이는 그러더라구요. "그 사람들은 잊어버리자. 창 만 터(무슨 상관이야). 어쨌거나 우리 아들이니까 우리가 보살피면 되는 거야."

펨은 깊은 원망과 좌절감을 느꼈지만, 의료과실 혐의를 가지고 병원에 맞서는 건 이주민인 자신이 할 수 있는 일이 아니라고 생각했다.

콘은 태어나자마자 집중치료가 필요했다. 그리고 펨은 공공 병원 말고는 의지할 데가 없었다. 출산을 했던 병원에서와 달리 부부는 반팻 병원 의료진들과 매우 가까워졌다. 신생아 집중치료실의 소아과 의사들은 모두 콘을 잘 기억하고 있었고, 아픈 아기를 돌보기 위해 최선을 다하는 펨을 좋은 엄마의 모범으로 종종 꼽았다. 의료진이 콘에게 보여준 큰 관심은 한편으로는 아기의 안타까운 상황을 가여워하는 마음에서 비롯하기도 했지만, 다른 한편으로는 젊은 부부의 아이에 대한 헌신이 남달랐기 때문이기도 했다. 콘은 마침내 자가 호흡을 시작해 인공호흡기를 졸업했지만 여전히 심각한 저체중이었고 감염과 폐질환에 취약했다. 퇴원 이후에도 눈 발달을 확인하는 검사, 뇌 초음파 검사, 예방접종, 강직을 막기 위한 물리치료가 필요했고, 피부 발진, 발열, 폐렴, 섭식 관련 문제들이 이어졌기 때문에 거의 매달 신생아 집중치료실에 와서 소아과 의사를 만나야 했다. 펨과 피이는 반팻 병원에서 꽤 먼 거리에 살고 있었지만 매번 콘을 데려왔다. 병원까지 오려면 온 가족이 낡은 오토바이 한 대에 몸을 싣고서 고속도로를 타고 고가도로 몇 개를 지나야 했다.

콘의 불안정한 상태에 대처하려면 병원에 자주 와야 했고, 그러려면 부부는 돈을 벌면서 시간도 내야 했다. 피이가 한 푼이라도 더 받기 위해 온갖 공사장을 옮겨다니는 동안, 펨도 시어머니 집 근처에 살면서 일을 나갔다. 시어머니가 콘을 봐주는 동안 펨은 근처의 소규모 제빵공장에서 하루에 열두 시간씩 일해 일급 140밧(한화약 4900원)을 벌었다. 일하는 중간중간 콘의 상태를 확인하러 집에 들러야 했기 때문에 다른 노동자들보다 임금이 더 낮았다. 건설 노동 경력이 꽤 긴 피이의 임금은 평균보다 약간 더 많아서, 일당으로 270~300밧(한화 약 9000~1만 원)을 받았다. 나는 병원에서 1주일에 세 번이나 펨과 피이를 마주칠 때도 있었는데, 이는 부부가 그 주에 3일 치 임금을 놓쳤다는 의미이기도 했다. 언젠가 피이가 농담 반 진담 반으로 자기는 입원하라는 의사 말이 세상에서 제일 무섭다고 슬쩍 한마디를 했다. 어린 아들의 건강이 걱정되어서이기도 했지

돌봄이 이끄는 자리

만, 입원은 부부의 시간과 돈을 삽시간에 먹어치웠다. 콘이 입원할 때마다 펨은 일을 그만두고 병원에 와서 아이를 봐야 했고, 피이의 외벌이로는 병원비와 생활비를 감당할 수가 없었다. 하루는 병원 정원의 나무 벤치에서 사정없이 졸고 있는 피이를 마주쳤다. 졸음을 쫓으려 머리를 흔들며 피이가 처음 건넨 말은 이랬다. "너무 피곤해요."

펨과 피이는 집에서 가까운 지역 거점 병원으로 옮길 수도 있었지만, 꼬박꼬박 반팻 병원으로 돌아왔다. 젊은 이주민 부부와 의료진의 관계는 태국에서 흔히 말하는 후견-피후견의 양상(사회적 힘과 경제력이 있는 지역 유지에게 의탁하는 대신 일종의 위계적 충성 관계를 맺는 상태)과는 달랐다. 물론 부부가 병원 의료진에게 사적으로도 신뢰를 얻었고 그래서 보통의 샨 이주민 환자보다 더 많은 도움을 받은 것은 사실이었다. 예를 들어 사몬 선생님은 콘을 위해 지역 거점 병원 약제실에서는 구비해두지 않는 특수 영양 강화 분유를 주문해서 구해주었다. 펨이 적극적으로 도움을 구하지 않았다면 사실 이런 지원은 불가능했을 것이다. 펨은 기회가 생길 때마다 콘의 먹는 양이 충분치 않다는 걸 자세히 설명하며 영리하게 의사의 주의를 환기했다. 펨이 특수 조제분유에 들어가는 돈을 감당할 수 없게 되었을 때는 연차가 높은 선임 간호사가 일본에서 운영한다는 자선단체를 소개해주었다. 병원에서 매달 열리는 자선단체 모임에 참가하면 단체가 아기 분윳값에 교통비로 200밧(한화 약 7000원)을 더 주기로 합의가 되었다. 부부의 하루 일당을 충당하기에는 부족한 지원이었지만, 펨은 자선단체가 내건 조건을 충족하기 위해 매번 모임에 나오기를 고집했다.

펨이 병원 측과 긴밀한 사회적 유대를 만든 건 단지 경제적 이익 때문만은 아니었다. 무엇보다 병원에는 진심으로 콘을 잘 키우려는 사람들이 있었다. 의사들이 잡아주는 수많은 진료 예약과 물리치료 권유는 펨에게 결코 부담스러운 요청으로 여겨지지 않았다. 이 모든 건 콘의 성장에 대한 의료진들의 관심을 입증했다. 펨과 비슷한 또래 여성인 물리치료사가 특히 콘에게 신경을 써주었다. 하루는 물리치료실에 온 펨이 몹시 화가 나 있었다. 피이의 여동생이 차라리 그냥 콘을 병원 문 앞에 버려두고 오는 게 어떻겠냐고, 병원에서 오히려 더 잘 키워주지 않겠냐고 넌지시 말했다는 거였다. 당시 펨의 시어머니는 콘과 함께 피이의 여동생이 갓 낳은 아들을 함께 봐주고 있었는데, 그 동생은 내심 자기 아기만 봐주기를 원했다. 펨이 속상함을 감추지 못하고 이야기를 이어가는 동안 젊은 물리치료사는 짐볼 위에 콘을 조심스레 올려 등이 굳지 않도록 스트레칭을 시켜주면서 펨의 이야기에 맞장구를 치듯 고개를 끄덕이고 있었다. 이 두 또래 여성은 지난 몇 달을 콘이 작은 장난감이라도 쥘 수 있도록 하려고 무진 애를 써왔다. 펨이 가까운 친구들이나 친척들하고도 나눌 수 없었던 아이에 대한 기대와 수고를 물리치료사는 그 누구보다도 잘 이해하고 있었다.

콘이 태어난 지 6개월 만에 할머니에게 또 한 명의 손자가 태어났고, 두 아이의 서로 다른 성장과 발육 속도는 어쩔 수 없이 확연하게 대비되었다. 사촌 아기는 벌써 사람들과 눈맞춤을 하고 기기 시작했지만, 한 살이 다 된 콘은 여전히 크게 소리 내어 울지도 못했고 겨우 끙끙거리는 신음소리만 낼 수 있었다. 그러나 이런 차이가 곧장 실망감으로 이어진 건 아니었다. 펨네 집에서 할머니를 만난 날, 식구들은 콘이 얼마나 많이 컸는지를 더 많이 얘기했다. 새로운 약을 처방받은 후로는 손발이 덜 뻣뻣해졌고 발작 횟수도 줄어들었다. 이제는 "에", "우", "아"와 같은 짧은 소리를 내기 시작했다. 할머니가 자기 이름을 부르면 쳐다볼 줄도 알게 되었다. 이 모든 게 다 콘이 자라고 있다는 증거였다. 사정을 잘 모르는 친척과 이웃들이 함부로 콘의 암울한 미래를 입에 올리기도 했지만, 펨은 화를 내거나 대거리를 하지는 않았다. 다만 소아과 의사가 해준 말, 자신을 붙들어준 말을 되돌려줄 뿐이었다. "콘은 머리가 아주 느려진 거래요. 시간이 좀 걸리겠지만, 자라면 자기 앞가림 정도는 할 수 있어요."

강한 마음으로, 포기하지 않을 때

펨의 강인함은 원한에 사로잡히는 대신 신뢰할 수 있는 관계를 이어가는 끈기에 있었다. 자기가 병원에서 당한 차별에 대한 억울함을 잊지 않으면서도, 동시에 아이에게 필요한 돌봄과 치료를 위해서라면 의료진과 적극적으로 손발을 맞춰갔다. 비록 아들의 영구적인 뇌 손상에 책임이 있다고 생각하는 곳과 맞서 싸울 수는 없었어도 그 힘을 그러모아 반팻 병원의 의료진들로부터 끌어낼 수 있는 걸 최대한 끌어내고자 하였다. 펨과 피이에게 태국의 공공 병원은 여전히 실패의 공간이 분명했지만, 많이 아픈 아이를 키우기 위해서는 전문적인 도움이 필요한 것 역시 사실이었다. 젊은 부부는 도움을 얻을 수 있는 병원 사람들과 신뢰 관계를 쌓기 위해 온 힘을 기울였고, 이를 통해 콘이 커나가는 데 필요한 의료적 처치와 관심을 받을 수 있었다. 가족과 친척들 중 일부는 이만 포기하자며 콘을 보살피는 일에 의구심을 품기도 하였지만, 가족을 넘어서는 돌봄의 지지망이 있었기에 아들의 성장에 대한 희망을 놓지 않을 수 있었다.

콘이 자라나는 동안 이들 가족에게도 많은 일이 일어났다. 2013년 5월, 나는 피이의 어머니가 신장병으로 돌아가셨다는 소식을 펨에게 들었다. 피이는 어머니가 가장 아끼는 아들이었다. 언젠가 피이네 어머니는 내게 이런 말을 했다. "피이는 엄마를 위해 출가를 해준 고마운 아들이에요.[20] 형들이 다 자기 가족을 챙기느라 신경을 못 쓰는 와중에도 피이는 늘 엄마랑 동생들을 챙겼어요." 어머니가 갑자기 돌아가신 후 펨과 피이는 결국 도시를 떠나 외딴 야산으로 이사해 거기서 화훼 농장을 맡아 운영하기로 했다. 피이는 이미 1년 전부터 이편이 수익이 더 낫지 않을지 고민해왔지만, 당시에는 결단을 내릴 수가 없었다. 아이가 아픈데 병원에서 더 멀리 떨어진 곳에 가서 살 수는 없었기 때문이다. 농장을 맡아 1년 단위로 계약을 갱신해서 목돈을 버는 건 피이가 열네 살부터 해온 하루 벌어 하루 먹는 날일 노동의 끝없는 수레바퀴에서 벗어나기 위한 야심찬 계획이었다. "이건 다른 사람 밑에서 일하는 거랑은 완전히 달라요. 내 사업이 되는 거니까." 피이의 꿈이 피어나고 있었다. 몽 사람이지만 정식 태국 시민권이 있는 사람이 땅을 빌려주기로 했다. 땅 주인이 비료와 묘목 등을 대주면 피이는 국화를 길러서 주인에게 미리 정해놓은 가격으로 팔면 된다.

뻼과 피이가 먼 곳으로 이사를 한 후, 나는 전처럼 자주 그들을 만나지 못했다. 그러나 뻼은 여전히 주기적으로 반팻 병원을 찾아왔고, 하루는 자기들이 일하는 화훼 농장을 보여주겠다며 집으로 초대를 해주었다. 먼 길이라 차를 빌려 운전해서 가야 하나 했는데, 피이가 병원으로 데리러 갈 테니 걱정 말라고 했다. 얼마 지나지 않아 나는 이 여행이 꼭 나만을 위한 게 아니라는 걸 알 수 있었다. 뻼의 어머니와 새아버지가 처음으로 미얀마에서 치앙마이로 오셨고, 피이는 처가 식구와의 첫 만남을 위해 땅 주인에게 낡은 픽업트럭을 빌려둔 터였다.

오랜 세월 헤어져 지낸 끝에 뻼의 어머니는 이제야 사위와 손자를 처음 만날 수 있었다. 50대 후반인 뻼의 어머니는 긴 여행 끝에 매우 지쳐 보였고, 손자 걱정을 그치지 못했다. 콘을 한참 바라보던 뻼의 어머니가 나를 보며 손자가 이렇게 될 줄은 꿈에도 몰랐다고 했다. 멀리 깊은 산속에 있는 국화밭으로 가는 길에 우리는 작은 시장에 들렀다. 뻼은 어머니가 쓸 전기 프라이팬 하나와 식용유 한 병, MSG 가루 한 봉지를 샀다. 뻼과 피이의 새집은 관개수를 끌어온 산비탈 옆의 작고 어두운 판잣집이었다. 그날 밤 뻼의 사촌들이 모두 모여 어머니와 새아버지를 맞았고, 우리는 밤늦도록 술을 마셨다. 뻼의 어머니가 나에게 콘이 언제 걸을 수 있을 것 같냐고 물으셨고, 나는 뻼이 평소 사람들에게 하던 그대로 답했다. "의사 말이 천천히 좋아질 거래요." 어두운 밤 수로를 따라 쉼 없이 비탈을 흐르는 물소리가 마치 빗소리처럼 들렸다.

피이는 땅을 더 많이 빌려서 펨의 부모님도 꽃 키우는 일을 같이 하는 사업 아이디어를 구상했다. 펨의 부모님은 결국 태국에서 '불법' 이주민이 될 테지만 손이 늘면 더 많은 꽃을 키울 수 있었다. 피이는 새로운 사업 계획에 신이 나 있었다. "꽃을 수확해서 파는 즉시 두둑한 목돈을 쥘 수 있어요. 공사장에서 일해서는 절대 이런 큰 돈을 만질 수 없을 거예요." 그러나 세 번의 수확 끝에 펨과 피이는 다시 건설 노동으로 돌아왔다. 한번 결핵을 크게 앓았던 펨의 폐가 꽃 키우는 데 뿌리는 엄청난 살충제를 견디지 못했다. "엄마가 나 때문에 무척 안타까워하셨어요. 나더러 그냥 도시로 내려가라고 애원하셨어요." 펨이 돌아온 이유를 전해주었다. 결국 펨의 부모님은 야산에서 계속 화훼 농장 일을 하시고, 펨과 피이는 피이의 먼 사촌 집으로 들어가기로 했다.

부부가 도시로 다시 돌아온 것이 꼭 사업의 실패를 뜻하는 건 아니었다. 비록 운전면허는 없었지만, 꽃을 팔아서 모은 돈으로 낡은 트럭 한 대를 3년 할부로 구입할 수 있었다. 자기 차가 생겼으니 이제 일터에 콘을 데려갈 수도 있다. "종일 밭에서 일할 때는 애랑 따로 떨어져 있어야 해서 마음이 아팠어요. 이제 일하는 데 데리고 다닐 수도 있고, 차에 두고 수시로 확인할 수 있어요." 펨이 쾌활하게 말했다. 더욱이 트럭이 생기자 피이도 건설 현장에서 사정이 더 나아졌다. 일꾼들을 모으고 임시 거주지에서 작업 현장으로 실어다 주는 일을 맡았기 때문이다. 이제 피이는 자기만의 건설 현장 팀을 꾸릴 수 있는, 이주 노동자로는 쉽게 되기 어려운 작업반장 역할을 맡을 수 있었다.[21] 모험을 감행한 피이의 사업 수완 덕분에 트럭이 생겼고, 이건 꼭 일에만 도움이 되는 게 아니었다. 트럭 덕분에 부부는 콘에게 더 많은 시간과 관심을 쏟을 수 있었다.

살아가기와 저항하기

빈곤과 불안정을 강제하는 구조적 힘 앞에서 내가 만난 샨 여성들은 생계를 꾸려나가기 위해 도움이 될 만한 건 무엇이든 찾고 모으고 뒤지고 합쳤고, 상황에 따라 뭐든 변통하고 끼워 맞췄다. 이러한 삶의 방식에서는 돌봄의 자원이 될 만한 것들 역시 다양해지지 않을 수 없었다. 전통적인 보호의 관념 체계에서부터 의학적 치료와 약물적 개입, 지역 유지와의 후견-피후견 관계, 친족 간의 유대, 자선단체 등 뭐든 쓰임이 있을 만한 것들은 한번 끌어당겨봐야 했다. 치앙마이에 흩어져 있는 수백 개의 건설 현장과 농업 현장에서 살아가는 샨 이민자들에게 공식적인 형태의 사회보장은 극히 빈약하였지만, 여기에는 실낱같아도 아주 실질적인 돌봄의 관계망들이 곳곳에서 움트고 있었다. 이 관계들이 추방과 빈곤, 폭력과 같은 거센 힘을 다 버티어낼 거라고 기대하기는 어렵지만, 그럼에도 불구하고 이 작은 지지대들은 살아갈 수 있는 환경을 만드는 데 너무나 중요한 역할을 하고 있었다.

　샨 사람들의 집에서 우리는 좋은 삶을 살고자 하는 열망이 착취와 박탈을 자행하는 정치경제적 구조에 의해 어떤 심각한 방해를 받는지, 그리고 이 산적한 역경에도 불구하고 사람들이 어떻게 버티어 나아가는지를 볼 수 있다. 센, 녹, 그리고 펨과 피이는 각기 다른 도전을 마주하고 있지만 그들 모두 고립된 상태로 남아 있기를 거부했고, 임시적 관계라도 맺기 위해 애쓰는 걸 멈추지 않았다. 자신과 가족을 보살피기 위해 작은 도움이라도 끌어내는 이들의 능력은 취약함이 어떻게 살기 위한 저항과 결합할 수 있는지를 보여준다. 이들 중 그 누구도 권리에 관한 명시적인 요구를 하지 않았다고 할 때, 여기서 '저항'이라는 표현은 부적절하게 들릴 수도 있을 것이다. 그러나 저항을 권리를 가진 주체의 대립적 작용이 아니라 타자들이 느끼고 행동하게 만듦으로써 그리하여 상황을 변화시키는 능력으로 바라본다면, 우리는 책임 관계를 부여하고 돌봄을 이끌어내는 일이야말로 변혁적 효과를 가져올 수 있다는 걸 이해하게 된다.[22] 바로 이런 의미에서, 센이 그러했듯이 스스로를 보살피고, 녹이 해냈던 것처럼 지금 내가 여기 있다는 걸 잊지 못하게 나서고, 또 펨과 피이처럼 포기하지 않고 나아가는 이 모든 일들은 이들이 취약함을 강제하는 틀에 팽팽히 당겨진 줄을 단단히 짜 엮고 있다는 걸 보여준다.[23]

2016년에 내가 치앙마이로 돌아갔을 때, 센은 키야우와 갈라서고 홀로 아들을 키운 지 벌써 1년이 다 된 터였다. 갓난아이가 이제는 벌써 유치원에 다닌다. 나는 센이 새로 구한 집에서 밥도 얻어먹고 하루 자고 가기로 했다. 회반죽도 없이 시멘트 벽돌이 훤히 드러나는 벽에 슬레이트를 지붕으로 얹어놓은 작은 셋집이었지만 살림이 알뜰하게 들어차 있었다. 작은 방에 나란히 누워 밤새 그간의 소식을 주고받았다. 다음 날 아침, 차갑게 내리는 보슬비를 맞으며 차옴 순을 따러 같이 밭에 나갔다. 기온이 뚝 떨어져서 으슬으슬 추운 날이었다. 혼자 애를 키우게 된 상황에 내가 뒤늦은 걱정을 감추지 못하고 괜한 소리를 늘어놓자, 센이 다정하게 말했다. "내 걱정은 하지 않아도 돼. 난 괜찮아. 키야우는 더 싸워나가기를 원치 않았어. 오늘 같은 날씨면 일도 못 나간다고 했을걸. 고생스러운 걸 이겨내지를 못하는거야. 그런데 나는 아니야. 밭에서 일하는 거, 돈 버는 거, 아들 키우는 거, 난 다 헤쳐나갈 수 있어. 계속 싸워나갈거야." 이 강인함과 자부심이야말로, 비록 어느 것 하나 쉽사리 얻어지지 않았지만, 센이 스스로를 위해 길러낸 힘이었다.

인간 너머의 돌봄

2010년 9월, 반팻 병원에서 연례 축원식이 열렸다. 본관 2층 중앙에는 불단이 설치되었고 병원 직원과 환자들이 과일 등속과 승복, 돈을 공양했다. 당직 근무자들을 제외한 모든 부서장급 간호사들이 모였고, 관할 보건소에서 근무하는 의료진들도 오늘은 본원으로 왔다. 축원식을 위해 병원 인근에 있는 절의 주지스님이 이미 건물 구석구석을 다니며 축문을 읊고 쇄수灑水를 마친 상태였다. 주지스님이 2층 입원 병동으로 들어서자 환자들은 침대에서 일어나 앉아 합장을 했고, 간호사들도 하던 일을 잠시 멈추고 바닥에 살짝 무릎을 꿇고 앉았다. 정화 의식이 끝난 후 주지스님과 승려들이 모두 제단 옆에 모여 앉았다. 건물을 빙 둘러 묶은 무명실의 한끝은 불상에, 다른 한끝은 주지스님의 손에 쥐여져 있었다. 이윽고 반팻 병원의 부원장이 나와 촛불을 켰다. 염불이 시작되고 마이크를 통해 병원 전체에 진언이 울려퍼졌다. 사람이 그러하듯이 병원 역시 하나의 살아 있는 기관이자 공동체로서 1년에 한 번 함께 공덕을 짓고, 상서로운 힘이 이곳을 잘 지켜주도록 청하는 의식을 행한다.[1]

이 연례 행사는 병원과 같은 현대적 시설 역시 신성한 힘의 작동을 필요로 한다는 매우 기본적인 사실을 드러낸다. 종교의식은 병원 의학에서 전혀 특이한 요소가 아니다. 병원은 한편으로는 멸균 원칙이 지켜져야 하는 위생의 공간이기도 하지만[2] 때로는 종교적 정화와 신의 손길을 필요로 하기도 한다. 태국의 여느 곳과 마찬가지로 병원에도 죽은 사람들의 넋과 신령이 여기저기에 흩어져 있다. 환자의 침대 밑에 혹시 남아 있을지도 모르는 망자의 혼령에게 주는 공물로 동전을 놓아두기도 하고, 신생아 집중치료실의 조제실에서 가장 높은 선반 위에는 작은 불단이 마련되어 있다. 병원 뒤뜰에는 정교한 장식이 근사한, 수호 신령을 위한 사당이 있다. 의사의 단정한 흰 가운 안에는 신비로운 형상의 부적 목걸이가 감추어져 있기도 하다. 이 모든 것들이 인간의 삶에는 인간 아닌 존재의 힘이 드리워져 있다는 걸 어렴풋하게나마 드러낸다.

　이러한 믿음과 실천의 관행은 태국에서 현대 의학이 과학성을 엄밀하게 추구하는 양상과 결코 대치되지 않는다. 병원이라는 공간적 경계 안에서 종교적 실천이 제도화되고 다양한 일상 의례가 행해지는 양상은 외려 의료와 돌봄의 현재적 구성에서 삶과 생명에 대한 각기 다른 개념들이 서로 겹쳐지기도 한다는 걸 말해주고 있는지 모른다. 비나 다스는 인도 도시 지역에서 다양한 유형의 치유 행위가 공존하는 양상을 파노라마식으로 보여주며 이렇게 말한다. "삶은 단순히 인간들이 서로와 맺는 관계에 대한 것만이 아니다. 삶은 인간 아닌 존재들—동물, 기계, 혼령 또는 신령—이 인간 존재가 던져진 사회적이고 문화적인 환경milieu의 일부를 이루는 또는 일부가 되는 방식에 대한 것이기도 하다."[3] 다양한 종류의 힘이 공존하는 병원의 안과 밖에서 치료의 효과성은 오로지 생명의학 모델에 따라서만 보장되지 않으며 인간이 비인간 존재들과 맺는 중첩된 관계망 속에 분산되어 있다. 이 장에서 나는 인간 너머의 힘과 조우하는 경험이 위태로운 상황에 놓인 사람들에게 어떻게 새로운 삶의 길을 열어주는지를 살펴보고자 한다. 익숙하면서도 낯선 비인간 존재와의 조우가 정상성으로부터의 이탈을 의미하는 게 아니라 생명을 관장하는 힘을 모으고 합할 수 있는 구체적인 가능성으로 등장한다고 주장하고자 한다. 인간 너머의 존재들과 인간 사이에 적절한 상호성을 이끌어내기 위해 어떤 의례적 기술들이 도입되는지에 초점을 맞춤으로써 보살피기와 다스리기, 즉 돌봄과 통치가 중첩하는 힘의 역학을 더욱 깊이 탐구하고자 한다.

오늘날 태국의 종교 생활에서 신령은 권세와 보호를 제공하는 자원으로 이용 가능하다고 여겨지지만, 그 힘은 늘 한 방향으로만 작동하지는 않는다. 상서로운 혼령과 수호령이 번영과 부, 안전을 가져다줄 수 있다고 할 때, 이 세계에는 질병과 불행, 때 이른 죽음을 초래하는 악한 귀신과 제멋대로인 영들 역시 함께 살고 있기 때문이다. 신령의 존재는 뒤르켐의 유명한 경구처럼 "성스러운 것의 양면성"을 입증하며,[4] 여기서 혜택을 입을 수 있는 관계를 형성하기 위해서는 특정한 의례적 기술이 필요하다. 도시 곳곳에 있는 사당이나 부적을 파는 골목 시장, 그리고 여타의 상업화된 의례 관행은 세속에서 인간의 욕구와 필요를 충족시키기 위해 신령의 힘을 불러내는 방식을 보여주는 오랜 예다.[5] 여기서 나는 인간과 신령 사이의 교섭을 실용적 차원에서 이득을 교환하려는 시도로 보기보다는, 삶에 영향을 주는 인간 너머의 힘을 감지하고 불러내고 해석하는 방식에 초점을 맞추려 한다. 6장에서 센의 일상적인 금욕 수행이나 녹의 복잡한 병인론이 드러낸 것처럼, 고통받는 사람에게 종교적 믿음과 민속신앙의 설명 체계는 치유를 완전히 보장하지는 않는다고 하더라도 불확실하게나마 변화를 시도해볼 기회를 제공한다. 인간을 넘어서는 존재에 대한 믿음에는 의심이 늘 수반된다. 이를 염두에 두면서, 존재론적으로 서로 다른 삶의 형식을 띤 인간과 신령이 불확실성을 전제하면서도 왜 그리고 어떻게 서로에게 영향을 행사하고 관여하려고 하는지 질문해볼 수 있다.

생명을 관장하는 힘을 끌어낼 하나의 원천으로 성스러운 것의 발현이 활용되는 양상은 병원과 사당, 환자의 집을 잇는 돌봄의 회로망이 어떤 마디들로 이루어져 있는지를 이해하는 데 도움이 된다. 여기서 회로라는 은유적 개념은 다양한 종류의 권력과 생명에 관한 힘이 인간의 신체와 지역 곳곳, 그리고 사회제도를 경유하는 여러 경로들을 설명하는 데 특히 유용하다. 보편적 건강보장이 사람들에게 국가의 돌봄을 배분하는 자체 회로를 구성한다고 할 때, 여기에는 온갖 문제와 결함이 있다. 다음에서 나는 이러한 공적 제도를 활용하고자 애쓰면서도 다른 한편으로는 이와는 전혀 다른 형식의 힘을 상상하고 이끌어내는 시도들을 그려낸다. 일상에서 위험과 사고를 피하고자 하는 바람에서부터 무너진 삶의 기초를 다시 세우는 일까지, 어떻게 인간 너머의 힘이 고유한 영향력을 발휘하며 나름의 회로망을 구성하는지를 보여주려 한다. 이러한 종류의 보살핌은 초월적 힘의 발현 그 자체로 인해 생겨나는 것이 아니라 인간 너머의 존재가 인간이 처한 곤경을 알아차리고 반응하도록 이끌 수 있다는, 그리하여 인간 너머의 힘에 돌보는 자의 형상을 부여할 수 있다는 믿음에 근거한다. 서로 이끌고 이끌리는 존재로서 산 자와 죽은 자, 인간과 인간 너머의 존재가 잇닿는 양상을 드러냄으로써 돌봄에 내재한 성스러움의 성격이 무엇인지를 살피고자 한다.

죽은 자와 산 자의 보살핌

치앙마이 시내 외곽에는 대규모 샨 이주 노동자 캠프촌이 곳곳에 있다. 여기서 태국의 공공 의료 시스템에 대한 이주 노동자들의 인식 조사를 하면서 우완 아주머니 이야기를 처음 들었다. 만성신부전증 환자였던 우완 아주머니의 죽음은 태국의 공공 병원 체계가 가난한 샨 이주민들에게 제대로 도움을 주지 못한 대표적인 사례로 자주 언급되었다. 캠프촌 사람들 대부분은 정확한 병명을 알지는 못해도 우완 아주머니가 거쳐간 고통스러운 몸의 변화는 기억하고 있었다. "나중엔 발이 엄청나게 부어올라서 제대로 걷지도 못했어요." 아주머니가 절에 갈 때 종종 동행했다던 가게 주인이 마지막 순간을 전해주었다. 나는 우완 아주머니를 직접 만나보지는 못했지만 수소문 끝에 남편 캄 아저씨를 만나 환자의 마지막 3개월이 어땠는지를 들을 수 있었다. 부부는 치앙마이에서 지난 10년간 도장공으로 일했고, 두 아들 역시 건설 노동자였다.

아주머니는 마흔에 접어들 무렵 숨을 거두었다. "너무 젊은 나이에 죽었어요. 옛날엔 건강했죠, 몸이 약한 편이 아니었어요." 캄 아저씨가 합판과 슬레이트를 이어 만든 두 칸짜리 막사 앞에서 화톳불을 피우고 삭혀서 말린 콩 반죽을 구우며 말을 이어갔다. 병원으로부터 들은 첫 진단은 우완 아주머니의 혈압이 비정상적으로 높다는 거였다. 혈압약을 먹으며 여러 차례 병원을 다닌 끝에 근처 지역 거점 병원 의사가 신장이 제 기능을 못하고 있다고 말해주었다고 한다. 캄 아저씨는 아내가 수술을 받아야 할 거라고 예상했지만,

그런 일은 일어나지 않았다. 그가 병든 아내를 치료할 방법을 찾기 위해 애쓴 이야기를 간략하게 들려주었다.

내가 듣기로는 무슨 피부, 아니 지방 같은 게 신장과 연결된 혈관을 막고 있어서 그런 거라고 하니까, 만약 그걸 제거하는 수술을 했다면 아내가 살 수 있었을지도 몰라요. 물론 수술을 받았더라도 더 오래 살지는 못했을 거라고 말하는 사람들도 있기는 하지. 내가 서류 일체랑 건강보험 카드를 잘 챙겨 갖고 있으니 지역 병원에서는 분명 더 큰 병원으로 보내줄 수 있었을 거예요. 근데 그걸 안 해주더라구. 병원 측에선 아마 우리가 이주민이니까 돈이 없을 거라고 생각했던 모양이에요. 만약 우리가 태국 사람이었으면 수술부터 받고 나중에 돈을 내라고 해줬을지도 모르는데, 암튼 우리한테는 그런 기회도 안 줬어요. 의사는 이렇게 말합디다. 형편이 어려울 텐데, 돈도 없을 거 아니냐. 그러고는 태국 사람들도 신장 관련해서는 수술비를 감당을 못 한다고 얘기를 해주더라구. 무슨 비용이 10만 밧(한화 약 350만 원)이 넘는대요. 당시 나한테 전 재산은 2500밧(한화 약 8만 7500원)뿐이었지만, 그래도 의사가 전원 의뢰서라도 써주었다면, 내가 무슨 일이 있어도 수술받게 해줬을 거야.

캄 아저씨의 회상은 내가 반팻 병원에서 만났던 여러 만성신부전증 환자들의 사례와 크게 다르지 않았다. 만성신부전증은 신장 기능에 심각한 손상이 생기기 전까지는 별다른 증상이 없기 때문에 태국인 환자들과 샨 환자들 모두 고혈압 진단이 어떻게 신장의 기능 부전으로 바뀌는지를 이상스럽게 여겼고 질병의 발생 원인과 진행 양상을 이해하기 어려워했다. 더불어 한번 손상된 신장은 다시 회복되지 않는다는 사실을 많은 환자들이 쉽게 받아들이지 못했다. 이런 혼란 끝에 결국 대부분의 환자들이 투석치료에 드는 엄청난 비용에 크게 절망한다. 3장에서 우리는 보편적 건강보험을 가지고 투석치료를 받기 위해 한 태국인 환자가 거쳐야 했던 험난하고 고통스러운 여정을 살펴본 바 있다. 이주민의 경우 투석의 기회를 얻기가 훨씬 더 어려운데, 이주민 의무 건강보험은 지속적인 신대체요법을 보장하지 않기 때문이다. 이주민의 경우 지역 거점 병원에서 상급 종합병원으로 전원 의뢰를 하는 경우가 거의 없고, 따라서 혈액투석이든 복막투석이든 대기자 명단에 이름을 올릴 수도 없다. 우완 아주머니는 죽기 전 마지막 3개월 동안 상급 병원에서 딱 한 번 응급 투석을 받았고 다시 지역 거점 병원으로 보내졌다. "의사가 아내 상태가 괜찮아졌다고 다시 집에 가라고 하더라구. 그러니 우리가 뭘 할 수 있겠어?" 캄 아저씨가 억울한 기색도 없이 담담하게 말했다. 남은 반죽을 다 굽자, 아저씨가 나와 동행을 집 안으로 들였다. 이날은 샨 주 출신의 대학원생인 사앗이 통역을 도와주기 위해 함께 와주었다. 잘 구워진 콩의 짭짤하고 푸근한 냄새가 어느새 우리를 감싸고 있었다.

나는 그즈음 반팻 병원에 임시로 만들어진 신장 클리닉에서 많은 시간을 보내고 있었고, 상급 병원으로 환자를 전원하는 일의 어려움을 다시 한 번 절감하고 있었다. 그간 내가 느낀 실망감을 캄 아저씨에게 쏟아내자 그는 차분히 답했다. "의사들에게 화낼 이유가 뭐가 있겠어요. 의사들이 자기 병원에 오라고 한 게 아니잖아요. 우리가 찾아가서 도움을 청한 거지. 그건 의사들이 아니라 우리가 짊어져야 할 짐이니까." 캄 아저씨는 아내가 적절한 치료를 받을 기회조차 없었다는 사실에 여전히 슬퍼했지만 병원에 큰 기대를 하지 않는다는 점 역시 분명히 하고 있었다. 우완 아주머니가 받은 진료의 질이나 수준이 어떠했는지를 묻자 대답을 이어갔다. "병원이 나빴다는 말은 하고 싶지 않아요. 우리가 갈 때마다 병원은 도와줬어요. 수술받을 기회를 주지는 않았지만." 나는 상실의 슬픔과 현실에 대한 체념이 뒤섞인 반응에 혼란스러웠다. 우리의 대화는 우완 아주머니가 겪어야 했던 극심한 통증에 관한 이야기로 이어졌다. 아저씨는 아내가 몸이 너무 아파서 마지막에는 꼭 먹고 싶다던 음식도 못 먹었다고, 죽기 전에 꼭 고향에 가고 싶다는 소망도 이뤄주지 못했다고 하셨다. 아내를 향한 안타까운 마음이 여전했다.

캄 아저씨는 짜오 퍼 푸서파이라는 이름의, 샨에서 온 수호령을 모신다고 알려진 영매에게 나를 소개해준 사람이기도 했다. 우완 아주머니가 세상을 뜬 뒤, 아들이 집 안에서 이상한 소리를 듣기 시작했다고 한다. 달그락거리는 소리, 숟가락이 쟁강거리는 소리, 버적거리는 발소리가 났다는 것이다. 결국 스물한 살 난 큰아들이 샨 사람들 사이에서 유명하다는 신당에 찾아가 도움을 청했다. 수호령을 모셨다는 당주가 죽은 어머니와 아들의 애착 관계를 끊어내는 의식을 치러야 한다고 해서 그 말대로 했더니 이후부터는 소리가 사라졌다는 것이다. 캄 아저씨도 신당을 찾았는데, 아내가 이미 흰

옷을 입은 노부인들 사이에 있으니 걱정할 필요가 없다는 말을 들었다. 이는 우완 아주머니가 무앙 피, 즉 연화세계에서 비구니들과 함께 머물고 있다는 뜻이라고 한다.[6] 신당에서는 우완 아주머니가 자신의 죽음을 받아들이고 가족들이 잘 지내도록 돕게 하려면 집 안에 작은 제단을 만들라고 권했다. 신당에서 캄 아저씨의 가족을 위해 제의용 장신구를 준비해주었고, 가족들에게 적어도 2년은 잘 모셔두고 있으라고 당부했다. 제단을 꾸미는 데만 7000밧(한화 약 24만 원)이 들었다고 하는데, 당시 캄 아저씨는 1주일에 6일을 꼬박 일해서 한 달에 4000밧(약 14만 원) 남짓을 버는 형편이었다.

허름한 임시 판잣집에 깔린 대나무 바닥이 아버지와 아들의 침상이었다. 여기저기 터진 얇은 매트리스, 옷가지가 가득한 마대, 선풍기, 온갖 세간이 바닥에 어질러져 있었다. 침상 옆쪽으로는 두 개의 제단이 있었고 위편에는 부처 상이, 바닥에는 우완 아주머니 영정이 모셔져 있었다. 제단 위의 깨끗한 흰 천과 붉게 장식된 제기들이 세간살이로 어지러운 공간에서 도드라졌다. 취업 허가증 사진이 영정이 되었고, 제단 가까이에는 부적도 여러 개가 걸려 있었다. 비좁은 집 안에 모셔진 상서로운 물건들이 밥그릇이며 냄비며 온갖 부엌살림을 올려둔 조잡한 나무 상판 바로 옆에 붙어 있었다. 이 모든 물건들이 산 자가 이승에서 살기 위해, 죽은 자는 이승을 건너가기 위해 필요했다.

이 집에서 신령의 효험은 아픈 몸을 치유하기보다는 죽음 이후 남은 가족을 돌보기 위해 쓰였다. 우완 아주머니의 건강이 심각하게 악화되어 병원에서도 별다른 치료를 못 해주고 있을 때도 캄

그림 7. 우완 아주머니를 위한 제단.

아저씨는 신령의 도움을 구하러 다니지는 않았다고 한다. 신부전 환자에게 그런 식의 도움은 필요치 않다고 여겼기 때문이다. 그러나 아내가 죽은 후 아들이 이상한 경험을 하자 캄 아저씨는 기꺼이 신당의 충고를 따랐다. 산 자와 죽은 자 사이의 관계가 흔들리는 것처럼 보이는 순간에는 이런 종류의 보살핌이 필요했다. 비록 죽기 전에 꼭 고향으로 돌아가고 싶다는 우완 아주머니의 마지막 소원은 이루어지지 않았지만, 영매는 아주머니의 혼령이 원망을 품지 않고 이승에서 저승으로 여행길을 떠났음을 확인해주었다. 그리고 가정 의례를 통해 가족들은 죽음 이후에도 어머니의 혼령을 계속 보살필 수 있었다. 제단은 산 자와 죽은 자 사이의 경계를 명확히 하는 동시에, 집 안에 죽은 자를 위한 공간을 마련할 수 있도록 해주었다.

  캄 아저씨의 이야기에서 수호령을 매개하는 영매와 도움을 청하는 이 사이의 관계는 의사와 환자의 관계와는 확실히 다르다. 캄 아저씨가 우완 아주머니의 죽음에 대해 의사 탓을 할 수 없다고 할 때, 이는 단지 이주민은 공공 의료 서비스에서 구조적으로 배제될 수밖에 없다는 불평등만을 지적한 것은 아니었다. 외려 여기에는 의사와 환자가 맺는 사회적 관계의 기본적 한계를 인정해야 한다는 의미가 담겨 있기도 했다. 병원에서 우완 아주머니의 목숨을 구하지 못한 건 애달픈 일이지만, 캄 아저씨는 의사가 개인적으로 무언가 더 해줄 수 있었을 거라고 기대하지 않았다. 이와 달리 신령의 힘을 매개하는 사당은 병원과는 다른 방식으로 인간의 고통에 관심과 보살핌을 제공할 수 있다고 여겨졌다. 인간 너머의 존재가 발휘하는 힘에 접근할 수 있는 매개자로서 영매는 인간이 겪는 고난과 고통에 책임이 있는 다른 영역의 문을 열어준다. 인간과 신령이 일종의 동맹 관계를 맺는다면 이들 사이에서는 과연 어떤 종류의 사회성과 상호성이 생겨나는 것일까? 이 질문에 답하기 위해서, 나는 수호령이 있다는 신당에 직접 가보기로 했다.

이주하는 영들: 주권의 개념화

내가 짜오 퍼 푸서파이의 신당을 찾아갔을 때, 신당의 주인은 캄 아저씨나 그 아들을 기억하지 못했다. 샨 노인을 만나게 될 거라는 기대와 달리 영매는 도시 외곽에 신축한 2층짜리 건물에 사는 젊은 남자였다. 영매는 끊임없이 찾아오는 사람들을 맞이하느라 바빴지만 나와 사앗을 반갑게 맞이했고 신당에서 하는 일을 볼 수 있도록 허락해주었다. 이미 신령이 몸에 내려와 있다는 영매는 사앗이 듣기에는 북부 태국어와 샨어를 섞어서 쓰고 있었고, 나를 어린 소녀라고 불렀다. 이마에 흰 스카프를 두르고 실크 셔츠와 짙은 갈색의 파통(큰 천을 둘러 입는 하의)을 입은 차림이 내 눈에는 별반 특이해 보이지 않았다. 그러나 샨 주에서 태어나 최근에 치앙마이로 이주한 사앗은 그게 샨에서 주로 노인들이 하는 차림새라고 말해주었다.

영매는 신당을 찾은 사람과 이야기를 나누던 중 돌연 우리 앞에 책을 펼치더니 사진 속의 남자 얼굴을 가리키며 물었다(그림 8 참조). "어때? 이 남자와 내가 닮은 것 같지 않나?" 사진 속 인물이 누구인지를 묻자, 그는 대답 대신 다시 사진을 가리켰다. 샨 왕국의 역사에 대한 책에 실린 어느 왕자의 초상이었다. 오후 늦게 몸에서 신령이 떠나고, 신당의 주인인 촘이 자기 자신과 모시는 신령에 대해 더 자세한 이야기를 들려주었다. 촘은 서른여덟 살의 남성으로 치앙마이에서 태어났고, 지금은 미얀마의 옛 도시인 치앙 퉁의 수호령을 모신다고 하였다. 자신이 전생에 치앙 퉁의 왕자였던 터라 수호령이 이승에서 공덕을 쌓기 위한 도구로 그를 쓰고 있다는 것이었다. 많은 영매들이 그러하듯이, 촘 역시 자라면서 충격적이고 이상한 사건들을 연이어 경험했다. 열한 살 때는 죽을 생각으로 나무 꼭대기에 올라가 뛰어내렸는데, 이 사건 후 자신이 신령을 받아들여

그림 8. 짜오 퍼 푸서파이가 샨 왕국 역사책에서 발견한 어느 왕자의 사진.

7장 인간 너머의 돌봄

야 한다는 걸 깨달았다고 한다. 촘은 매우 어린 나이였음에도 누구의 도움 없이 혼자서 입문 의식을 할 수 있었다고 한다. 이후 신령을 모시기는 하였으나, 여전히 평범한 사람들처럼 공부하고 일하는 데 아무런 문제가 없었다. 학사 학위를 받은 후 호주에 가서 유학을 하기도 하고, 방콕의 주요 은행에서 고객 서비스 교육 담당자로도 일했다. 그러다가 5년 전, 신령이 그에게 영매로서 사람들을 돕는 데 더 많은 시간을 쓰라고 요구함에 따라 회사를 그만두고 치앙마이로 돌아왔다는 것이다.

　그날 오후 나는 신당에 찾아온 사람들을 위해 촘이 행하는 일련의 의식들을 함께 지켜보았다. 여러 이주민들이 다양한 걱정거리를 안고 깔끔하게 꾸며진 그의 신당에 모여들었다. 며칠째 고열에 시달리는 어린 소년을 데리고 온 아버지도 있었고, 최근에 아이를 유산해 상심한 부부도 있었다. 멀리 매홍손의 외딴 마을에서 찾아온 한 남자는 건강이 날로 나빠지고 있다면서 피 따이 홍(객귀)에 들린 적 있다는 아내에 대해서도 상담을 청했다. 촘은 문제에 따라 혼백을 부르는 의식을 하기도 하고, 긴 주문을 소리 내 외우기도 하고, 목욕을 하는 특별한 방법을 알려주기도 하고, 손목에 흰 무명실을 매어주기도 했다. 보호의 힘이 있는 부적을 가지고 돌아가도록 권하는 경우도 있었다.

∞

이 신당에서 무엇보다 흥미로웠던 건 멀리 샨 주에서 온 신령이 태국에서 샨 사람들을 위해 보살핌과 보호를 제공하고 있다는 점이었다. 여기서 나의 주된 관심은 북부 태국과 샨의 무속 사이에 어떤 근본적인 문화적 차이점이 있는지를 가려내는 것이 아니다. 온갖 신령이 넘쳐나는 치앙마이에는 수많은 영매가 다양한 문화적 전통을 끌어와 온갖 종류의 힘을 불러낸다.[7] 이러한 비옥한 교류의 토양 위에서 이 신당은 어떻게 다종의 문화적 상징과 특질들이 지금 현재의 시점에서 창의적으로 결합하고 있는지를 보여준다.[8] 태국에서 샨 왕자가 발휘하는 신성한 권위는 샨 전통에 배타적으로 기인하지 않으며, 보다 일반적인 차원에서 신령이 발휘하는 힘의 존재론을 함축적으로 드러낸다.

샨 주에서 연유한 신령들이 태국에서 활약하는 양상은 사람과 신령이 연을 맺게 되는 두 가지 구조적 특질을 반영한다. 첫째, 송 짜오, 다시 말해 신령을 매개하거나 발동하게 하는 일은 인간사에 관여하고자 하는 신령들의 욕구를 바탕으로 한다.[9] 둘째, 시간대와 장소를 옮겨다니는 것, 즉 이동과 이주는 신령의 본질적인 특징이다. 마치 사람들이 태어난 장소를 떠나 국경을 건너듯 신령들 역시 자신의 원래 영토를 떠나 여행한다.[10] 국경 없는 의사회가 곤경에 처한 사람들을 찾아가듯, 인간에 대한 관심과 연민에 근거한 신령들의 무리 역시 고통을 경감하기 위해 멀리 이동하기를 마다하지 않는 것이다. 북부 태국 출신인 한 영매는 언젠가 나에게 이렇게 설명했다. "신령들은 당연히 서로를 잘 알지. 그들의 세계에서는 태국 사람과 샨 사람을 구별짓지 않아요. 다 똑같은 인간이거든. 수호령들은 다만 모두 인간을 돕고자 할 뿐이지요."

자비로움과 국경 넘기라는 공통의 모티프는 신령과 인간 사이의 관계에 등장하는 힘의 존재론을 이해하는 데 매우 중요하다. 샨의 옛 도시를 다스리던 왕자의 환생이 자신이라고 주장하는 촘이 자신에게 내린 수호령을 "짜오(왕 혹은 군주)"라고 부를 때, 이러한 의미의 중첩에서 우리는 미시적 형태의 주권 권력에 대한 은유를 확인할 수 있다. 스탠리 탐바이아Stanley Tambiah가 언급한 것처럼, 신령의 잠재력에 접근하기 위한 모든 의례적 행위는 "백성을 향한 보편 군주universal king의 자비"를 구하는 일과 유사한 형식을 띠며, 신령의 힘에 대한 묘사는 기본적으로 "불교에 기반한 종교적이고 정치적인 비유의 잠재성과 풍부함"을 담고 있다.[11] 존 홀트John Holt는 동남아시아의 종교적 실천을 다룬 폴 뮈Paul Mus의 고전적인 연구를 재해석하면서, 신령에 대한 라오 사람들의 믿음에 권력 관념이 배태되어 있으며 여기서 권력은 "그 지역의 고유성 속에서 삶의 역동성을 설명하는 힘"이라고 요약한다.[12] 이러한 믿음과 실천 체계에서 수호신령(짜오)은 특정 지역의 지배자이자 통치자로 상상되며, 따라서 지역의 지리적이고 역사적인 특징과 구체적으로 연관된다. 신령이 자신의 힘을 드러내기 위해서는 반드시 특정 영토 내에 살아가고 있는 인간의 삶과 연결되어야만 하기 때문이다.[13]

비록 홀트는 주권 개념을 직접적으로 언급하고 있지는 않지만, 그의 논의는 정해진 영토 내에서 삶을 좌우하는 힘의 형태로 주권을 폭넓게 정의하는 인류학적 흐름과 흥미로운 관련을 보인다.[14] 인류학자 브리구파티 싱Bhrigupati Singh은 인도 중부의 하위 신인 타쿠르 바바에 대한 문화기술지 연구를 기반으로 "신격화된 주권deified sovereignty"이라는 개념을 제시한다.[15] 싱은 폭력과 베풂을 동시에 발휘할 수 있는 신의 양가적 잠재성에 초점을 맞추면서, 주권 권력을 "벌거벗은 생명이라는 재앙을 만드는 거의 모든 것을 아우르는 힘"으로 규정하는 이론적 흐름에 맞선다.[16] 싱에게 주권이란 서로 다른 삶의 양태들 사이에서 상호작용으로 드러나는 권력의 잠재적 경향성에 더 가깝다. 인간 너머의 존재들은 인간과 "각기 다른 권력 관계와 계약"을 맺고 있으며,[17] 관계의 변화 양상에 따라 생명을 빼 앗을 수도 혹은 생명을 불어넣어줄 수도 있다.

이러한 맥락에서 신령의 존재론은 결합의 형식을 통해 발휘되는 권력에 관해 우리에게 많은 것을 가르쳐준다. 삶과 죽음에 관해 신령이 발휘하는 힘은 전지전능하게 보유된 것이 아니라 오직 그들이 인간과의 관계에 이끌릴 때만 작동한다. 따라서 생명을 관장하는 인간 너머의 힘은 그것이 언제나 자신이 아닌 것, 즉 "타자들에게 열려 있고 취약한 조건"[18] 하에 발휘된다는 점에서 본질적으로 불안정하다. 신령은 산 자와 죽은 자에게 모두 영향력을 행사하는 주권적 존재지만 자기완결적이지는 않다. 오직 인간을 통해서만 그 힘을 전달하고 발현할 수 있기 때문이다. 짜오 퍼 푸서파이와 같은 연결자들은 존재론적으로 위상이 다른 대상들 간의 상호작용을 생성하고 해석하는 데 중요한 역할을 하지만, 연결의 결과가 무엇이 될지는 장담할 수 없다. 치유 의례는 신령의 보살핌을 불러일으킬 수는 있지만, 치유를 약속하지는 않는다. 그렇다면 남은 질문은 인간 너머의 힘이 본래적으로 확실성을 결여하고 있다고 할 때 이와 관여하는 일에 도대체 무엇이 걸려 있는가에 대한 것이다. 이는 이런 종류의 힘과 돌봄에 사람들이 의존하는 이유가 무엇인가에 대한 질문이기도 하지만, 동시에 사람들이 스스로 통제할 수 없는 해로움으로 가득 찬 세계에서 살아가기 위해 인간을 넘어서는 잠재적 힘을 어떻게 활용하는가에 대한 질문이기도 하다. 이 질문의 답을 찾기 위해 지금부터는 신령을 자기 집으로 초대하여 함께 거하게 하는 어느 부부의 집으로 가보고자 한다.

넘치게 흘러내리는: 집안의 수호령

서른일곱 살인 샨 여성 너이는 HIV 감염인이자 세 자녀의 어머니다. 너이는 내게 각기 다른 종류의 돌봄이 어떻게 합쳐질 수 있는지를 찬찬히 가르쳐준 사람이다. 너이는 반팻 병원의 HIV 클리닉을 오래 다닌 환자로 감염 사실을 알게 된 이후 쭉 항바이러스제 치료를 받고 있다. 치료는 잘 진행되고 있었지만 그게 문제의 전부는 아니었다. 클리닉을 담당하는 간호사에 따르면 너이는 한 번도 크게 아픈 적이 없었고, 면역 체계의 전반적인 상태를 알려주는 CD4 수치 역시 늘 적절한 범위 안에 있었다. 그러나 이런 수치 상의 안정성이 곧 너이가 항상 건강했다는 걸 뜻하지는 않는다. 너이가 떠올리기로는 평탄치 않은 날들이 오래 이어졌다. "너무 아파서 아예 걸을 수가 없었어. 심한 두통이 계속되었고 힘이 하나도 없어서 일도 못 했지. 사람 많은 곳도 못 가고. 겁이 나고 힘들어서 시장도 사람이 없는 이른 시간에만 가고. 근데 이런 얘기를 간호사들한테 했더니 내 몸은 다 괜찮다는 거야. 열도 없고, 혈압하고 CD4 수치도 다 괜찮다고." 너이는 효과적인 항바이러스제 치료에도 불구하고 원인을 알 수 없는 통증과 불안감이 심했다고 들려주었다. 너이는 물론 HIV가 약으로 충분히 치료 가능하다는 걸 이해하고 있었고, 치료제로 인해 별도의 심각한 부작용을 겪은 적도 없다고 했다.

두 해 전 너이와 너이보다 열 살이 많은 남편 톤은 마을의 수호 신령을 모시는 신당의 제자(룩싯)가 되었다. 부부의 건강과 가정 형편이 모두 심각하게 나빠지던 때였다. 너이는 몸이 너무 안 좋아서 일을 나갈 수가 없었고, 톤 역시 허리 부상으로 직장을 그만두어야 했다. 샨 이주민 아내와 태국 북동부 이산 출신의 남편은 둘 다 치앙마이에 정착하기 위해 오랜 기간 분투했다. 처음 집에 찾아간 날, 나는 마을에서 꽤 외따로 떨어진 산 밑 작은 땅에 집을 짓기 위해 온 가족이 피땀을 흘려야 했던 이야기를 들을 수 있었다. "돈 벌려고 뭐든 다 했지. 그때는 하루 일당이 20밧(한화 약 700원)밖에 안 되던 때였어." 톤 아저씨가 젊은 시절 이야기를 들려주었다. 몇 년에 걸쳐 돈을 모으고 부족분은 이웃과 고용주들에게 꾸어서 겨우 공사를 마칠 수 있었다. "결국엔 천장에 댈 나무 널을 사려고 TV까지 팔았다니까. 우리같이 없는 사람들은 살려면 매일매일을 싸워야 돼." 톤은 하루도 쉬지 않고 일하는 근면한 아버지였지만, 허리를 다치면서 가족 전체의 생계에 큰 어려움이 닥쳤다. 그러던 중 10대인 첫째 아들이 싸움을 하고 상대가 크게 다치면서 합의금이 필요해졌다. 결국 큰 빚을 지면서 집안 형편이 더욱 어려워졌다. 한창 힘든 때에 부부는 근처에 있는 신당의 도움을 받아 집에 수호 신령을 들이는 의식을 하기로 했다고 한다.

"칸(제의용 쟁반 또는 그릇)을 받든 이후에는 몸이 훨씬 좋아졌어. CD4 수치도 올라가고 체중도 늘고. 신령님들이 우리를 돌봐주시니까. 인제는 쉬어야 할 때가 언제인지, 어디가 위험한지를 알려주시지." 거실에 함께 앉아 있을 때 너이가 말했다. 거실 한 벽은 수호령들을 위한 제단으로 채워져 있었다. 반짝이는 금색과 은색 종이로 접은 나무, 색색의 종이꽃, 전통 양식의 꽃병, 양초, 근사한 향갑, 은빛 그릇과 긴 칼, 각종 조화로 만든 커다란 꽃다발이 장식되어 있었다. 정교하게 꾸며진 제단이 소박한 콘크리트 벽돌 집의 상당 부분을 차지하고 있었다. "돈이 꽤 들었겠네요?" 내 머릿속에 제일 먼저 떠오른 생각은 이걸 꾸미느라 도대체 얼마나 들어갔을까였다. "남편을 위한 큰 의식은 3000밧(한화 약 10만 5000원) 정도, 내 거는 그보다는 적게 들었지. 근데 돈이 중요한 게 아니니까." 너이네 가족의 빠듯한 살림을 고려하면 정말 큰 지출이었지만 부부에게 이건 꼭 필요한 일이었다. 톤은 신령을 모시기 위해 필요한 두 개의 칸을 받았고, 이어서 너이도 하나를 받았다.

북부 태국에서 랍 칸 또는 합 칸은 집 안에 신령을 모시는 자가 되기 위해 예를 표하고 보호의 힘을 구하는 의례를 행하는 걸 뜻한다.[19] 영매가 신당에 찾아오는 사람들에게 불운이 이어지거나 건강이 악화되면 권하는 처방 중의 하나이기도 하다. 보통 이미 수호령을 모시고 있는 사람이 권하는 경우가 많은데, 톤은 자기 주변에 머물고 싶어 하는 신령들이 존재한다는 걸 이미 느끼고 있었다고 한다.[20] "이걸 꼭 해야 한다는 걸 알고는 있었는데, 내내 거부하고 있었어. 계속해서 [신령들에게] 안 된다, 싫다, 못 한다 하고 있었던 거지. 근데 지금은 더 이상 그럴 수가 없는 거야." 톤 아저씨가 말했다. 너이가 받든 칸은 고향 샨 출신의 수호령들을 위한 것이었고 톤은 치앙다오에서 온 장군 신령을 받든다고 하였다. 산 밑 작은 집의 비좁은 거실에 멀리서 찾아온 영들이 한데 모여 있었다.

부부는 의학적 치료의 효능을 믿지 않아서 신령의 보살핌을 구한 것은 아니었다. 톤은 허리를 다친 일을 신령을 모실 수밖에 없는 불가피한 상황으로 설명하였지만, 동시에 수술 후 허리 통증을 완화하기 위해 계속해서 병원에서 약을 타고 물리치료를 받았다. 너이 역시 건강을 되찾는 데 수호령들이 결정적인 도움이 되었다고 믿었지만, 그렇다고 해서 더 이상 항바이러스제를 먹을 필요가 없다고 여기지는 않았다. 오히려 너이는 수호령들이 줄 수 있는 돌봄의 한계 또한 인정하고 있었다. "에이즈와 암은 신령님들이 도와줄 수 있는 게 아니야. 그건 몸에 이미 붙어 있는 거니까 없앨 수가 없지." 너이는 병원과 신령 모두 나름의 효험이 있다는 걸 확신하면서도 나에게 반팻 병원 간호사들에게는 집에 차려놓은 제단에 관해서 이야기하지 말아달라고 부탁했다. "괜히 분란을 일으킬 필요가 없잖아. 이걸 믿는 사람도 있고 안 믿는 사람도 있는데 괜히 가서 먼저 말할 필요는 없지. 그냥 종류가 다른 거니까. 병원도 우리를 도울 수 있고 영들도 도울 수 있고, 우리는 둘 다 받으면 되고."

집에 제단을 차린 이후로 부부는 일상생활에서 수행을 이어가는 걸 더 중요하게 생각하기 시작했다. 톤과 너이는 신령을 모시는 사람은 불교의 다섯 가지 계율, 즉 오계五戒를 잘 지키는 게 중요하다고 여겼고, 톤은 여기에 더 많은 계율을 추가하기 시작했다.[21] 음식도 이전처럼 아무거나 먹을 수는 없다고 여겼고, 특히 불교 축일 혹은 안식일이라고 할 수 있는 포살일布薩日(완 신)에는 고기를 먹지 않았다. 물소 고기도 일절 먹지 않았고 동물과 곤충을 죽이는 일도 피하려고 애썼다. 톤과 너이는 축일마다 몸에 붙은 나쁜 것들을 씻어내기 위해 정화의 의미가 있는 향물로 목욕을 하고 절에 갔다. 성적 금욕도 중히 여겼다. 더불어 톤은 고대 란나 문자와 종교 서적을 독학하기 시작했다. 또 하안거 동안에는 마을 사찰에서 열리는

그림 9. 톤이 일하기 가기 전 집 안에 차려진 제단에 기도를 올리고 있다. 이 방은 원래 10대 큰 아들이 쓰던 곳이었다.

오후 설법과 염불에도 열심히 참석하였고, 너이도 남편을 따라 함께 절에 가고 명상을 하였다.[22] 집에 수호령을 모시기 위해 제단을 차린 사람들을 여럿 만났지만 이들 부부처럼 일상생활에서 강도 높은 수행을 이어가는 경우는 흔치 않았다. 왜 이렇게까지 해야 하는지를 묻자 부부는 신령마다 모시는 사람에게 요구하는 게 다 다를 수 있다고 말해주었다.

집 주변의 절과 신당을 함께 다니면서, 나는 톤이 신당을 차리고 본격적으로 영매로 나서려는 건 아닌지 궁금증이 들었다. 내가 톤에게 마키(영매)가 되려는 건지를 묻자 그는 바로 내 말을 고쳐주었다. "되고 싶다고 되는 게 아니야. 신령이 언제 나를 쓰겠다고 할지는 누구도 알 수가 없는 거야. 나는 아직 때가 아닌 거지." 톤의 이러한 태도는 사실 세간의 설명과는 잘 부합하지 않았다. 촘처럼 갑자기 "광증"이 생기거나 심하게 아픈 후 자신의 의지와 상관없이 신령에게 선택된다는 서사가 일반적이라고 할 때, 톤은 자신의 삶이 앞으로 어떻게 나아가야 하는지를 가늠하고 이에 따라 생활을 어떻게 꾸릴지 고민하는 일을 더 중히 여기는 듯하였다. 톤은 치앙마이의 유명한 신당들을 찾아다닐 계획을 세웠고, 지역의 유명 사찰에서 열리는 공덕 짓기 행사에 자원하고 불공에도 빠지지 않았다. 바쁜 시내의 번잡한 사찰 앞에서 교통지도를 하는 등 추가적인 봉사활동도 했는데, 이는 모두 자선과 사회봉사를 통해 선업을 짓는다는 불교의 가르침에 따른 일들이었다.[23] 아울러 톤은 어떤 부적이 집에 모시는 수호령과 어울릴지 고민하면서 가족들과 잘 맞을 부적 목걸이를 얻으러 다니기도 하였다. 톤이 나에게 수호령을 통해 무엇을 이루고자 하는지를 명료하게 답해준 적은 없지만, 신령들의 요구에 응하고 그에 맞추어 일상의 생활양식을 바꿔나가는 것은 부부의 삶에서 이미 중요한 부분이 된 듯하였다.

2011년이 막 시작되고, 1차 현장연구 기간도 거의 끝나가고 있었다. 어느 날 톤이 집에서 어린 자녀들을 위해 쓸 수 있다며 자신이 쓴 카타를 보여주었다. "얘들이 열이 나면, 이걸 암송하고 물에다 숨을 불어넣은 다음에 먹이는 거야. 그러면 곧 나아져." 카타는 진언의 일종으로 위험을 물리치고 보호와 평안을 불러올 힘을 가진 구절을 뜻한다. 꼭 승려가 아니라도 수호령을 모시고 수행을 하면 진언의 힘을 쓸 수 있다고 한다. 내가 치앙마이에서 만난 신당의 영매들이 종이나 야자잎을 정교하게 접어 만든 화려하게 장식된 진언집을 가지고 있었던 반면, 톤의 신당에는 그가 직접 여러 주문을 써넣은 공책이 있었다. 어린아이들이 쓰는 학교 공책에는 배가 아플 때 마시면 도움이 되는 물을 만드는 주문부터 발열이나 발작, 근육통, 식중독 등을 치료하는 주문, 뱀의 공격을 피하거나 벌레 물린 데를 치료하기 위한 주문, 온갖 어지럼증에 도움이 되는 주문, 객귀를 막는 주문, 자비심을 불러일으키거나 타인의 마음을 사로잡는 데 도움이 되는 주문까지 있었다. 톤은 이 여러 개의 주문을 팔리어와 북부 태국어를 섞어 적어놓으며 모으고 있었다. 나는 각 주문들의 유래와 기원에 대해 더 알고 싶었지만, 톤은 수호령들이 알려주었거나 어딘가에서 배워왔다고 할 뿐이었다. 공책 중간중간에는 쓰다 만 주문들도 더러 있었는데, 뒷장에 가서는 모두 완성되어 있었다.

가난과 고난이 깊은 집에서 아버지는 인간 너머의 힘을 빌려

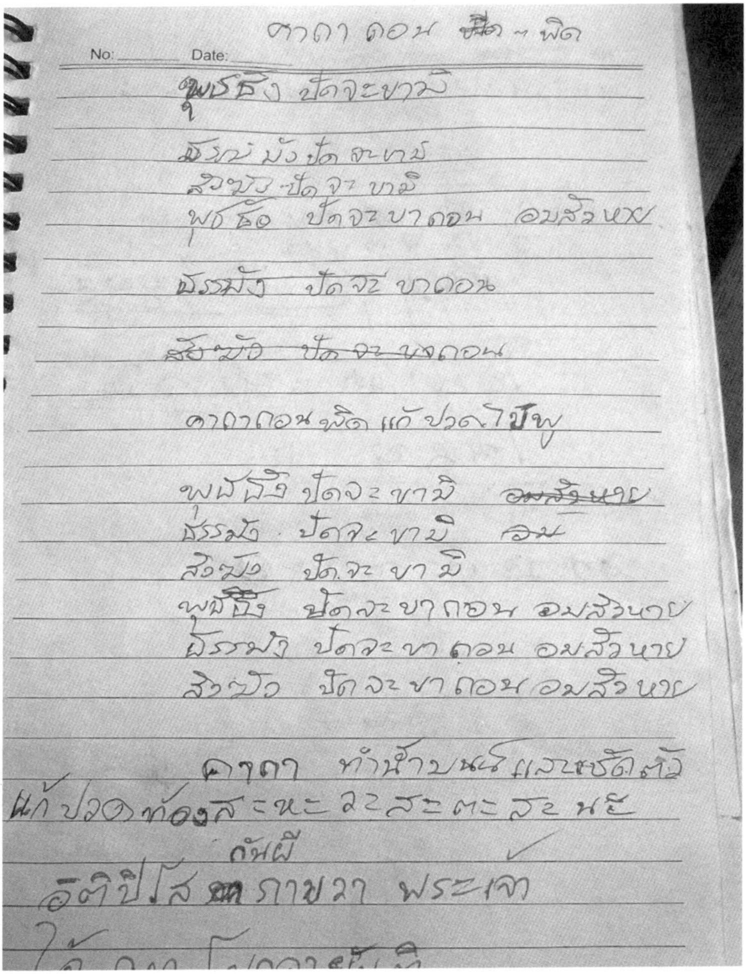

그림 10. 톤이 공책에 쓴 치유 주문들. 저주를 되돌려주는 주문, 저주를 되돌리고 빈랑잎을 사용해 치유를 하는 주문, 정화의 물을 만들어 복통을 치료하는 주문이 있다.

와 가족을 보살피고자 한다. 나는 톤을 영매로 여겨야 하는지, 가족
들은 이런 변화를 어떻게 생각하는지가 궁금하였지만 너이의 대답
은 명확하지 않았다. "때가 되면 알겠지. 이건 시장에서 좋은 물건을
고르는 거랑 비슷한 거야. 신령님도 좋은 인간을 고르는 거지." 그러
고는 이렇게 덧붙였다. "한번은 신당에 갔는데, 거기 문 앞에 커다란
코끼리 세 마리가 있는 거야. 세 마리 다 어찌나 크고 잘생겼던지, 남
편이랑 내가 동시에 봤거든. 나는 손으로 코끼리를 만져보기까지 했
다니까. 신당에서 스승님 말씀이 그 코끼리들이 다 신령님을 위한
거라고, 세 분의 신(옹 텝)들이 타고 오신 거라구. 공덕을 많이 지은
사람만 볼 수 있는 거라고 하더라구." 너이는 이 신비로운 순간을 마
치 어제 옆집 이웃이 찾아온 이야기를 하듯 아무렇지 않게 전해주
었다.

∞

삶의 방식을 조정하려는 톤과 너이의 여러 시도는 동남아시아 대
륙부의 여러 지역에서 광범위하게 나타나는 종교적 수행과 실천의
두 가지 주된 방식을 반영한다. 계율을 지키고 욕구를 절제하는 수
행을 이어가면서 일상을 재조정하는 방식(6장 참조), 그리고 자신보
다 더 강력한 존재와 사물의 힘을 빌려와 보호의 힘을 확장하는 방
식이 바로 그것이다.[24] 부부가 함께 해내려는 이 모든 노력들은 여러
지역에서 광범위하게 발견되는 종교적 관행에 잘 부합한다. 동시에
이 허름하지만 상서로운 기운이 깃든 집에서 부부는 단지 주어진

돌봄이 이끄는 자리

계율만을 따르는 것이 아니라 나름의 방식으로 새로운 시도를 하고 있기도 하였다. 집안 형편이 달라지면서 신령과 사람 사이의 관계도 함께 변해야 했다. 그리고 이러한 조정은 익히 알려진 의례적 기술을 활용하고 또 그것의 새로운 용도를 발견하면서 가능해졌다.

톤이 모으는 진언들은 위기와 수난 속에서 "특정한 행동의 도덕적, 주술적, 의례적 효과"[25]가 어떻게 실현되는지를 보여준다. 톤의 공책은 주술적 힘이 만들어지는 과정을 보여주는 일종의 브리콜라주bricolage라고 할 수 있다. 어떤 부분은 지역 내에 잘 알려진 주문을 그대로 따온 것이기도 하고, 어떤 부분은 새롭게 창작되기도 하였다. 태국에서 보통의 불교도들이 자신이 외는 염불의 모든 의미를 다 알지는 못하는 것처럼, 톤 역시 주문의 각 구절을 정확히 설명하지는 못했다.[26] 그러나 여기서 신령스러운 힘은 문자 그 자체에 깃들어 있는 것이 아니라 주문을 만들고, 이어 붙이고, 일상에서 외는 행위를 통해 발휘된다. 그의 소박한 공책에 담긴 의례적 독창성은 몸과 말을 쓰는 방식, 더 나아가 돌봄의 작은 기술들이 미리 규정된 행동 규칙에 따라 생겨나는 것이 아니라 순간순간 생의 변화를 감지하고 새로운 무언가를 발명해나가려는 기획의 일부로 자리 잡고 있다는 것을 보여준다.

따라서 HIV를 완치시키는 마법의 주문 같은 건 없는 게 당연하다. 인간 너머의 힘을 활용하는 일에는 늘 한계가 따르기 때문이다. 그리고 이는 이런 종류의 힘이 결국은 다 허상이라는 걸 뜻하지 않는다. 여기서 전능한 힘의 부재는 곧 너이를 비롯해 많은 이들이 경험하는 중첩된 취약성을 한꺼번에 해결할 일반적이고 보편적인 방법은 이 세상에 없다는 걸 암시한다. 간호사들에게 신령에 관한 이야기를 전하고 싶지 않은 너이의 신중한 태도는 현대의학과 무속 중 무엇이 더 큰 힘과 지위를 가졌는지를 반영하기도 하지만, 동시에 각기 다른 이 두 돌봄의 방식이 서로를 보충한다는 것을, 즉 두 가지 힘 모두 부분적이고 불완전하다는 사실을 입증하기도 한다. 가족의 힘만으로는 도통 살아갈 방도를 찾기 어려운 때 너이와 톤은 기적의 치료를 찾지도, 병원과 같은 기관의 도움에만 전적으로 기대지도 않았다. 대신에 접근 가능한 돌봄의 회로망에 접속할 방법을 찾고자 하였다.

지역 내에서 넘쳐흐르는 고유한 힘의 회로망에 진입점을 찾고자 하는 부부의 시도를 통해 우리는 기다림과 상상이 인간과 인간 너머의 힘을 이끌어내는 데 특정한 역할을 한다는 걸 알 수 있다. 톤과 너이의 서사에서 신령의 힘, 인간 너머의 힘은 이들의 믿음과 관계없이 이미 존재하고 있지만, 그 힘은 저절로 작동되지 않는다. 나름의 방식으로 이끌어내져야 한다. 즉, 신령들이 가족의 일상사에 개입하려면 먼저 이들 가족에게 의미 있는 존재로 인지되고 집 안으로 초대될 때까지 기다려야만 한다.[27] 톤과 너이 역시 일정한 기다림을 거쳐야 했는데, 신령들이 과연 그들의 삶에 어떤 영향을 미칠지는 특정한 일이 벌어지기 전까지는 알 수 없기 때문이다. 부부는 자신들의 속도에 맞춰 여러 계율을 지켜나갔지만, 톤은 본격적으로 신당을 차리고 여기에 완전히 매달리는 건 여전히 꺼리고 있었다. 한번은 톤 아저씨가 이렇게 말했다. "영매가 되려면 희생해야 하는 게 너무 많아. 돈도 벌러 다니면서 모든 계율을 다 지킬 수 있는 게 아니니까. 더군다나 자식이 셋이나 되는데, 어떻게 될지는 두고 봐야지." 당시에 나는 이 말의 의미를 잘 알 수 없었다. 한참 나중에야 미래를 미리 정할 수 없다고 여기고 조심스럽게 다가가고자 하는 톤의 방식이 내가 익숙하게 알고 있는 성취의 감각으로는 설명할 수 없는, 다른 삶의 전망과 연결되어 있다는 걸 겨우 어림할 수 있었다. 이 머뭇거림에는 자신이 원하는 걸 얻거나 되고 싶은 게 되면 성취라고 생각하는, 발전과 자기계발의 서사와는 매우 다른 방식으로 삶을 대하는 태도가 담겨 있었다. 삶에서 성취는 외려 생의 파괴적 잠재력과 희망적 잠재력 모두를 어떻게 끌어안을지, 그 흡수의 방식에 달려 있었다. 나는 이걸 전혀 예기치 않았던 어느 순간에 알게 되었다.

절망과 열망

조용하고 시원한 오후였다. 너이의 여섯 살 난 아들과 여덟 살 난 딸은 바깥에서 놀고 있었고, 톤 아저씨는 방에서 한숨 자고 있었다. 이즈음 톤 아저씨는 전에 하던 야간 경비 일로 다시 복귀한 상태였다. 너이는 올해 하안거 기간에는 축일마다 일을 쉬기로 했으니 나에게 그때에 맞추어 집에 놀러 오라고 하였다. 너이의 가족은 아침 일찍 이미 절에 다녀온 뒤였다. "축일마다 일하러 안 나가도 괜찮아요? 축일이 너무 많은 거 같아요. 저는 아침마다 절에 가는 거 벌써 지쳤어요." 나는 어설프게 쓸데없는 말을 둘러댔지만, 정말로 묻고 싶었던 건 애들 등하교 버스비며 각종 청구서에, 온갖 빚을 어떻게 감당하고 있는지였다. "괜찮아. 신령님들이 바라는 건 공덕을 많이 쌓는 거니까. 돈은 너무 걱정 안 해도 돼. 여기 좀 앉아봐." 너이가 바닥이 아니라 소파에 편히 앉으라고 고집했다. 우리는 환히 열린 나무 창 아래 놓인 낡고 너덜너덜한 비닐 소파의 양 끝에 앉아 있었다. 아이들이 지치도록 놀다 돌아오기를 기다리는 집 안은 고요했다.

지난 몇 달간 톤은 너이에게 태국 신분증을 얻어주려고 돌아다니느라 바빴다고 했다. 톤이 마을 이장을 몇 번이나 찾아가서 너이의 신원 확인 문서를 만드는 데 도움을 좀 달라고 부탁했지만, 별소용이 없었다고 했다. "이장이 따로 돈을 받고 싶어서 안 도와주는 게 아니야. 그냥 어떤 문제에도 얽히기 싫어서 그런 거지." 너이가 설명을 이어갔다. "얼마 전에는 경찰이 우리 집에 다 왔어. 이웃집에서 경찰에 나를 신고했더라고. 정말 기가 막혀서. 그 집이 오래전에 우리한테서 5000밧(한화 약 17만 5000원)을 빌려갔거든. 그래서 내가 얼마 전에 아무리 못해도 3000밧만(한화 약 10만 5000원)이라도 돌려달라고 했더니, 그새 나를 신고한 거야. 정작 경찰을 불러야 할 사람은 난데!" 너이는 태국에서 태국 남자와 결혼해 이미 25년을 살았지만, 여전히 아무런 신분 증명이 없는 미등록 상태로 남아 있었다. 그러나 너이는 보통의 샨 이주민과 달리 이 문제로 크게 불안해하지는 않았다. "걱정할 게 뭐가 있어. 경찰도 내가 여기서 애 셋을 낳고 산 사람이라는 걸 아는데. 나를 어쩌겠어? 이장하고 남편이 집에 오니까 경찰도 결국 그냥 가더라구. 아들 출생증명서라도 들이밀면서 '내가 애 엄마요.' 하고 보여줄 수도 있지. 내가 어디로 가겠어? 전

돌봄이 이끄는 자리

에 어디서 살았는지도 모르는데."

"어머니랑 같이 태국으로 왔다고 했죠?" 내가 물었다. "아니, 엄마가 우리를 팔았지. 여동생이랑 나를. 큰 식당 같은 데 팔려와가지고 한 대여섯 달 같이 지냈나. 인제는 엄마가 어디 있는지도 모르지." 너이가 언제나처럼 차분한 목소리로 답했다. 치앙마이에 처음 왔을 때, 너이는 고작 열두 살이었다. 1만 5000밧(한화 약 52만 5000원)에 팔린 거라는 얘기를 듣고 "죽도록 울었다"고 한다. 그러나 눈물은 마르기 마련이고, 시간은 흘러 당시 열일곱이던 톤을 만났다. 톤이 고용주에게 돈을 빌려와 너이의 빚을 갚았고, 그런 다음 이산에 있는 자기 부모 집에 데려갔다고 한다. 너이가 덧붙였다. "몇 년 전 동생이 미얀마로 돌아갔거든. 그래서 동생한테 엄마가 내 소식을 물으면 그냥 죽었다고 하라고 했어. 엄마라면 자식을 사랑해야 하는 거잖아. 그치? 난 엄마라는 사람을 도대체 모르겠어. 어떻게 그럴 수 있었을까? 하지만 지난 일은 다 지난 일이니까. 탐 짜이 레오(이미 다 받아들였어). 만약 그때 톤을 만나지 못했다면, 나는 벌써 어떻게 됐을지 몰라."

어린 시절 이야기는 어린 아이들에 대한 이야기로 옮겨갔다. 너이는 두 번째 임신 때 산전검진을 받으면서 처음으로 자신의 HIV 감염 상태를 알게 되었다. "결과를 들었을 때 톤이 그러더라구. '신경 쓸 거 없어. 사람은 누구나 다 죽어. 너무 심각하게 생각할 필요 없어.' 그치만 난 심장이 갈기갈기 찢겨나가는 거 같았어. 며칠 동안은 밥도 못 먹었어. 그런데 진료소 간호사가 '걱정하지 않아도 돼요. 약만 꼬박꼬박 먹으면 아이는 괜찮을 거예요.'라고 말해주는 거야. 얼마나 든든하던지. 딸이 태어나고 나서, 병원에서 여러 검사를 했는데 다 건강하다고 그랬어. 이게 다 공덕을 열심히 쌓은 덕이겠지." 아이 셋 중에 둘은 반팻 병원에서 어머니로부터의 HIV 감염을 예방하기 위해 치료를 받았다. "만약 그때 강간으로 HIV에 걸렸다는 걸 더 일찍 알았더라면, 아마 난 벌써 죽어버렸을 거야."

병원 대기실에서 처음 만났던 날, 너이가 강간 사건 후에 HIV에 걸렸다는 이야기를 해준 적이 있었다. 당시 너이가 먼저 이 이야기를 꺼냈을 때 공공장소에서 차마 대화를 더 이어갈 수 없었던 건 오히려 나였다. "그 일은 어떻게 된 거였어요?" 이제서야 나는 질문을 꺼낼 수 있었다. "샨 남자였는데, 미얀마에서 사람들을 사다가 태국에 파는 사람이라고 하더라구. 경찰에도 다 뇌물을 먹이고 정말 무서운 사람이라고 그랬어. 신고서를 작성해도 소용이 없었으니까." 당시 톤은 병든 어머니를 돌보기 위해 이산의 고향에 가 있었고, 너이는 첫째 아들과 함께 치앙마이에 남아 있었다고 한다. "내가 막 소리쳤거든. 도와주세요, 여기요, 제발 도와주세요! 방이 다 닥다닥 붙어서 여럿이 같이 사는 집이었으니까, 진짜 여럿이 살고 있었거든. 옆방에도 부부가 살았고 집주인은 위층에 살고. 사람들이 분명 내 소리를 들었을 거야. 근데 아무도 도와주러 안 왔어. 내 옆에서 어린애가 자고 있었는데, 혹시라도 저항하면 우리 둘 다 죽일까봐 겁이 났지." 여전히 소파의 양쪽 끝에 앉은 채 우리는 눈물을 글썽이며 서로를 향해 몸을 기울였다. "어떻게 그런 일이? 왜, 누가 도와주러 오기만 했어도……." 내가 한숨을 쉬었다. "이웃들도 다 그 사람을 무서워했어. 아무도 안 도와줬어. 정말 고통스러웠는

데. 나중에 한참 지나고 나서 그 남자가 에이즈로 죽었다고 하더라구." "그런데 당시 그 일을 톤한테는 말하지 않았던 거죠?" "그렇지. 그냥 다른 데로 이사 가고 싶다고만 하고, 말을 안 했지. 보, 사람이 몸을 다치면 그 고통은 견딜 수 있지만, 마음을 다치면 견딜 수가 없어. 그이가 고통받는 건 원치 않았으니까." 이 말을 할 때 너이의 부드러운 검은 눈에는 더 이상 물기가 없었다.

잠에서 깨어난 톤이 근처에 있는 절이라도 같이 다녀오자고 했다. 잔뜩 지친 사람이 오후에 좀 쉬어야 저녁에 다시 출근을 할 수 있을 것 같아서 내가 사양을 하는데도 어디 좋은 곳에 데려가서 구경을 시켜주고 싶어 했다. 어린이들은 나들이 소식에 신이 나서 벌써 내가 타고 온 자동차에 올라타 자리를 잡고 있었다. 너이 역시 다 같이 절에 가서 새 불상이라도 한번 보자며 출발을 보챘다. 온 가족을 태우고 톤이 알려주는 대로 차를 몰았다. 절에 가는 길에 톤은 언젠가 내게 준 목걸이 부적이 치앙마이의 어느 유명한 절을 지을 때 쓰던 나무못으로 만든 거라며, 그게 한국으로 돌아가는 길이 무탈하도록 지켜줄 거라고 했다. 한 시간쯤 달려 산꼭대기에 있는 절에 도착했다. 관음당을 지나 절을 둘러보면서 톤이 구만 텅(아기 신령)에 관해 짧게 설명해주었다. 돌아오는 길에는 노점상에 들러 카놈 찐(북부 태국식 쌀국수)을 한 그릇씩 먹었고 아이들은 후식으로 단 과자도 먹었다. 언젠가 너이는 인생은 일하고, 공덕을 쌓고, 함께 먹는 게 다라고 말한 적이 있었다. 그날 우리 모두는 유 디 낀 디, 잘 지내고 잘 먹었다.

나는 너이네 가족 곁에 있다는 수호령을 떠올릴 때마다 이날 우리가 나눈 대화로 되돌아가곤 했다. 휴일 오후의 평온함과 너이가 나눠준 이야기의 강렬함은 생생한 대조를 이루었다. 어떻게 사람은 이렇게 연약하면서도 다시 이런 가혹한 세상을 살아갈 수 있을 만큼 강인한 것일까? 너이가 나누어준 이야기의 많은 부분은 우리가 6장에서 만났던 샨 여성들의 이야기와 많은 공통점이 있다. 너이가 겪은 일들은 센이나 녹의 삶을 관통한 구조적 폭력의 길고 짙은 그림자 속에 있었다. 출생 가족과 사회적 유대 관계는 어린 너이, 젊은 너이를 모두 저버렸고 모진 괴로움을 겪게 하였으며, 사회적, 법적 보호의 부재는 취약성을 더욱 키웠다. 나는 수호령의 존재에 관해 여러 번 듣기는 하였지만, 이 대화를 하기 전까지는 너이와 가족 전반의 삶에 드리우고 있던 위태로움과 폭력, 역경의 강도와 복잡성을 온전히 알지 못하고 있었다.

마침내 내가 알아차리게 된 것은 이들의 가족사에서 인간 너머의 힘, 수호령은 이 모든 위태로움에도 불구하고 우리가 인간다운 삶을 살 수 있다는 가능성을 보증하고 있다는 것이다. 너이의 과거는 언제든 삶에 고통과 폭력이 닥칠 수 있으며, 어쩌면 절망이야말로 더 나은 삶에 대한 열망을 그토록 중요하게 만드는 이유이기도 하다는 것을 보여준다.[28] 인류학자 앤절라 가르시아Angela Garcia는 돌봄의 윤리는 "부서짐의 순간, 삶의 고유성이 공유되는 순간"에야 생겨난다고 지적한다.[29] 사람들은 비록 공약수가 없는 형태의 각기 고유한 고통과 절망을 경험하지만, 그렇다고 이는 우리가 상처와 부서짐을 타인과 공유할 수 없다는 걸 뜻하지 않는다. 여기서 나는 고통의 통약 불가능성incommensurability에 관한 가르시아의 통찰을 확장하여 인간 본연의 취약성이 돌봄의 유일한 근거가 아니며, 존재론적으로 서로 다른 존재와 공유하는 삶에 대한 열망 역시 서로에 대한 보살핌을 불러일으킬 수 있다는 점에 주목하고자 한다. 구조적 취약성을 관통하며 살아온 너이와 톤이 고통스러운 사건들을 겪으면서도 놓지 않으려고 한 것은 선한 삶을 이끌려는 의지였으며, 신령들은 이들의 열망을 공유하고 확인해주는 가장 친밀한 동반자가 되었다. 바로 이 지점에서 너이와 톤에게 수호 신령들은 그 어떤 인간보다 중하다. 그것은 신령이 모든 종류의 재난과 불안으로부터 인간을 지켜줄 위력을 지닌 존재이기 때문이 아니라 인간을 넘어서는 존재감 그 자체로 이들 부부에게 현재의 삶이 더 나아질 수 있다는 잠재력을 느끼고 발휘할 수 있게 해주기 때문이다.

이 장에서 나는 산 자와 죽은 자, 인간과 신령 사이에 어떻게 돌봄을 중심에 놓는 관계가 형성되는지를 살폈다. 질병이 변화하는 궤적에 따라, 기원의 현장들을 따라, 또 한 가족이 거쳐온 자취를 되짚으며 인간 너머의 존재가 지녔다고 여겨지는 힘의 속성을 드러내고, 특히 이들의 존재가 인간에게 중요하게 인지되고 그리하여 인간의 삶에 일정한 책임을 나누도록 이끌리는 양상에 초점을 맞추었다. 신령들은 인간에게 닥친 다양한 문제를 봉합해주는 생산적인 힘을 발휘할 수 있는데, 이는 그들이 전능한 종류의 주권성을 담지했기 때문이 아니라 이들의 힘을 이끌어내는 인간의 의례적 작업이 이들에게 돌보고 보살피는 역할을 부여할 수 있기 때문이다. 이처럼 강력한 종류의 힘이 파괴와 재앙이 아닌 보살핌의 가능성으로 일상에서 구체화되는 양상은 서로 동등해질 수는 없지만 "착취를 기본으로 하지 않는 공생"[30] 관계가 돌봄의 회로망 안에서 어떻게 만들어질 수 있는지에 대한 구조적 모델을 제시한다. 인간과 신령은 행위 능력이나 존재론적 위상에서 결코 서로 동등해질 수 없으며, 따라서 여기서 만들어지는 관계는 해롭고 위태할 수 있다. 그러나 서로의 존재가 시간의 흐름 속에서 감지 가능해지고, 서로 간의 작용이 평안과 회복, 나아짐의 가능성을 확인하는 데 고유한 역할을 할 때, 이 임시적인 연관은 각기 다른 삶의 형식 모두를 생동하게 한다.

8장

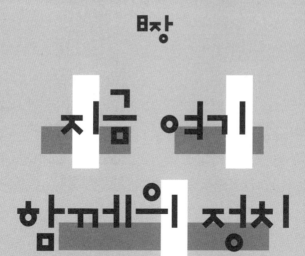

지금 여기
함께의 정치

이 책의 시작을 함께한 두 사람, 분 할아버지와 익은 차례로 병동을 떠났다. 댕 할머니의 고단했던 병원 생활도 막을 내렸다. 병동 의료 진이 할아버지가 곧 돌아가실 것 같다는 말을 전하자 할머니는 주저 없이 퇴원을 결정했다. 그러고 며칠 지나지 않아 분 할아버지의 혼백은 이승의 몸을 영영 떠났다. 나중에 병원 외래 대기실에서 다시 만난 댕 할머니는 할아버지가 마지막까지 병원에서 치료를 받다가 집에서 편안하게 숨을 거둔 건 정말 잘된 일이라고 전해주셨다. 할머니는 죽어가는 남편이 마지막 순간에 버림받았다고 느끼지 않기를 원했고, 공공 병원에서의 입원 치료부터 기운을 돋우는 의례까지 여러 보살핌의 자원을 끌어모은 덕에 죽음은 순탄히 이뤄졌다. 한편 익은 기관지에 연결된 호흡용 튜브를 자기 손으로 잡아당길 수 있을 만큼 힘이 생겼다. 몸의 왼편은 여전히 움직일 수 없었지만, 더는 산소 공급이 필요하지 않기에 병동 의료진들이 해줄 일이 별로 없어졌다. 그도 집에 갈 때가 되었다. 문제는 어떻게 가느냐였다. 간호사들은 퇴원 환자 이송을 위한 교통편을 마련할 때까지 보호자에게 병동에서 며칠만 더 기다려보라고 했지만, 폰은 스스로 방도를 찾아냈다. 가뜩이나 끄렝 짜이한 상황에서 더 이상 병원에 신세 지고 싶지 않았기 때문이다. 결국 폰의 남자형제들이 일하는 공사장에서 낡은 트럭 한 대를 빌려와 짐칸에 이불을 깔고 거기다 익을 뉘어 폰네 집까지 실어다 놓았다. 퇴원 후 찾아간 폰네 집은 마을에서도 아주 외진, 거의 버려진 곳이나 다름없는 곳에 있었다. 굴착기와 불도저가 돌아가는 거대한 토목공사 현장은 온통 진흙밭이었고, 그 위에 합판을 이어붙인 가건물이 있었다. 익이 누워 지내는 작은 방을 보여주며 폰이 말했다. "시간이 걸리기야 하겠지. 그래도 자기 몸을 스스로 추스를 수 있을 때까지만 도와주면 오빠는 어떻게든 살아갈 거야. 달리 뭘 어쩔 수 있겠어?" 석 달 즈음 지나, 다행스러운 소식이 들려왔다. 익이 다시 걷기 시작했다.

이 책이 담고 있는 모든 이야기들은 이 두 남자의 발이 함축하고 있었던 당장 어쩔 수 없는 취약성과 의존성에서 비롯한다. 댕 할머니와 폰은 지금 나를 돌보아달라는 구체적인 몸의 요구에 응답하지 않을 수 없었던 사람들이다. 이들은 책임과 의무의 그물망에 얽혀 매우 고된 시간을 보내야만 했다. 다른 세대, 다른 국적의 두 여성이 짊어졌던 돌봄의 무게는 공공 의료 체계를 통해 일부 덜어낼 수 있었지만, 여전히 성별화된 불평등을 비롯하여 빈곤과 이주에 따른 박탈이라는 여타의 불평등 구조와 깊이 결부되어 있다. 지금까지 나는 위태로운 상황에서 타인과 자신의 필요를 마주하고 이를 감당할 부담을 지지 않을 수 없게 된 사람들의 이야기를 들려주었지만, 여기서 나의 목표는 단지 이런 책임의 암울한 측면만을 강조하고자 함이 아니다. 그보다는 이 모든 어려움에도 불구하고 이들의 돌봄이 가져온 효과가 무엇인지를 찬찬히 들여다보고자 하였다. 분 할아버지의 무탈한 죽음과 익의 회복은 돌보는 일이 삶과 죽음을 변화시키는 힘을 발휘한다는 것을, 생명을 변혁한다는 것을 입증한다. 댕 할머니와 폰의 사회경제적 위치를 고려할 때, 이들은 사회에서 흔히 영향력 있는 개인으로 여겨지는 이들과는 거리가 멀다. 그러나 이 두 여성은 자신이 돌본 이들의 삶과 죽음에 그 누구보다 큰 영향을 끼쳤다. 엄청난 힘을 행사했다. 이 책에서 나의 목표는 이처럼 평범하지만 동시에 너무나 강력한 사람들, 돌봄을 이끄는 사람들의 힘을 전면에 드러내고 그리하여 돌봄의 회로를 구성하는 주요 관로와 배선망을 사람들이 어떻게 만들어내는지 제시하는 것이었다.

나는 돌보는 관계를 구성하고 실천하는 일이 태국에 보편적 건강보장이 자리 잡는 과정에서 얼마나 중요한 일부를 이루었는지, 특히 빈곤한 사람들의 삶에서 어떤 의미를 지니는지를 구체화하고자 했다. 돌봄에 대한 폭넓은 정의를 바탕으로 치앙마이라는 지역의 풍경 속에서 어떻게 다양한 삶의 양태들이 교차하며 서로를 지탱하는지에 초점을 맞추었다. 여기서 내가 마주했던 수수께끼는 가난한 사람들, 절망에 빠진 사람들, 사회의 가장자리로 내몰린 사람들, 이방인, 미등록 이주민, 자격 없는 사람이라고 여겨지는 이들이 공공 의료를 비롯한 지역의 광대한 돌봄 회로망에서 그저 단절되어 있지 않다는 거였다. 오히려 이들은 명시화되지는 않아도 실질적인 효과를 보이는 돌봄 관계의 필라멘트 속에 스스로를 연결해내는 힘을 발휘하고 있었다. 생명정치에 근간을 둔 제도를 넘어 사람 간에, 가정에서, 의례의 형식으로 드러나는 돌봄의 실천들은 위태로운 사람들에게 의미와 안도를 얻게 해주는 중요한 역할을 하였다.

내가 이끌어내기라고 부르는 돌봄의 작동 방식은 일면 수동적이고 무력하게 보이지만 상호성과 의무의 관계를 실질적으로 불러일으키는 행위성의 잠재력을 드러내기 위해 도입되었다. 돌봄이 일어나기 위해서는 이끌고 이끌리는 동력이 생겨나야 한다. 즉, 이끌어내기는 돌봄이 단지 주거나 받는 문제가 아니라 그 사이에서 일어나는 어떤 것임을 뜻한다. 나는 돌봄을 서로 이끌고 이끌리는 과정이자 결과라고 재정의함으로써 흔히 돌봄 수용자라고 여겨지는 사람들이 어떻게 타인들에게 자신의 필요를 인식하게 하고 그리하여 구체적인 관여가 일어나도록 만드는지, 그 과정에서 일어나는 여타의 정동적, 실천적 측면을 강조했다. 즉, 돌봄의 대상이 된다는 것은 더 강하고 능력 있는 쪽에서 약하고 무능력한 쪽으로, 한 방향으로 움직이는 자원의 흐름에서 받는 쪽에 고정되어 있어야 한다는 것을 뜻하지 않는다. 오히려 나는 위태로운 상황에 처한 사람들이 몸과 마음을 쓰는 방식이 어떻게 관계의 물길을 트는지, 그리고 그 안에서 타자들이 어떻게 서로를 마주하는지를 보여주고자 하였다. 이끌어내기는 항구적이라기보다는 생겨났다가 사라지는 일시적인 작용이며, 말의 약속보다는 몸으로 체감된다. 무언가 일어나도록 기다리고 버티어내는 순간들, 절제하고 인내하는 몸이 만들어내는 변화들, 혹은 태어나고 죽어가는 때는 누군가의 부정할 수 없는 존재감이 부각되고 그에 따라 관계성이 효력을 발생시키며 생동하는 양상을 드러낸다.

또한 이끌어내기는 취약성을 띠는 존재에게 과연 우리가 영향을 받을 줄 아는지 여부에 논의의 초점을 맞추게 해준다. 제 앞의 존재로부터 영향을 받을 줄 아는 것, 바로 이 능력이 돌봄의 핵심이다. 나는 돌봄을 제공하는 일이 특정한 직업집단이나 기관에 할당된 사회적 기능이라고 여기고 접근하는 대신, 누군가를 돌볼 수 있는 능력이 모두에게 잠재하고 있다는 점에 주목하고자 하였다. 단순히 누가 돌보는지가 아니라 돌봄의 잠재성이 일으켜지고, 구체적으로 발현되고, 지속 가능해지는 상호주관적 조우와 사회적 과정에 초점을 맞추었다. 이 책에 등장하는 병원, 간호사, 의사, 어머니, 아버지, 형제자매, 자녀, 신령은 모두 돌봄이 일어나는 책임성의 지점들로 등장하며, 이는 단순히 주어진 역할이 그러하기 때문이 아니라 인간과 비인간 존재 모두 자신이 돌봄이 필요한 타자들과 도덕적으로 얽혀 있음을 발견하고 여기에 어쩔 수 없이 응답한 결과다. 다양한 상황에서 돌봄의 관계로 서로가 인도되는 방식에 초점을 맞춘다면, 우리는 돌봄을 주는 일이 미리 규정된 역할이나 지위에 따른 것이 아니라 자신과 타자 사이에서 일어나는 우발성에 관여하고 그에 따라 성원권과 삶의 지속을 위한 버팀목을 내어주는 생성적 역량이라는 점을 보다 완전하게 이해할 수 있다.

2장에서 우리는 의료 서비스에 대한 보편적 접근이라는 공공의 이상이 반팻 병원이라는 작은 지역 거점 병원에서 적극적으로 추구되는 방식을 자세히 살펴보았다. 이 병원에서 지역사회를 '돌보아야 한다'라는 명제가 기관 전체를 관통하는 제도화된 문화의 중심축이 되는 양상은 보편적 건강보장의 확장에 따른 자연스러운 논리적 귀결이 아니라 지역에서 발생하는 긴급한 필요를 인지하고 이에 대응할 수 있는 능력이 축적된 경험에 기초한다. 3장에서는 보살피고 다스리는 힘으로서 통치 권력의 잠재성을 끄집어내고자 할 때 생겨나는 여러 정동적 반응을 조명했다. 국가가 제공하는 돌봄에 의존할 수밖에 없는 많은 이들 가운데 특히 샨 이주민 여성들의 적극적인 산전진료실 이용은 위태로운 상황에 놓인 사람들이 스스로를 적절한 돌봄의 대상으로 만들고 사회적 성원권을 가진 존재로 정의하기 위해 관료적, 의료적 기술 체계를 적극적으로 활용하는 양상을 보여준다(4장). 소속의 형성은 신생아 집중치료실과 같은 고도로 전문화된 의료 환경에서도 돌봄의 필수적인 요소로 자리잡고 있었다(5장). 의료진은 극도로 취약하고 병약한 신생아의 변화에 조응하며 이들이 삶으로 혹은 죽음으로 향하는 여정을 시작하는 데 반드시 필요한 집을 임시적으로나마 제공하고 있었다. 여기서 멈춤 없이 계속되는 돌봄의 실천은 생명의 박동을 조절하는 힘으로 작용하고 있었다. 많은 샨 이주 여성들이 폭력과 끔찍한 상실, 불의의 경험 속에서 스스로를 돌보고 자녀를 키워내고자 할 때, 이 일은 때때로 가혹한 짐으로 다가오지만, 동시에 일상을 보살피는 일은 그럼에도 불구하고 다른 삶을 살아갈 가능성을 열어주었다(6장). 또한 돌봄의 영역에서 성스러운 인간 너머의 힘은 중요한 일부를 이루는데, 성스러운 힘은 매개자의 도움을 통해 혹은 스스로 익힌 의례 기술을 통해 인간의 삶에 주의를 기울이도록 인도되어 세속과의 적절한 거리를 유지하며, 각기 다른 삶의 형식이 공존할 수 있게 해준다(7장).

이 모든 상황에서 돌보는 이들과 돌보아지는 이들 모두가 서로 이끌고 이끌려 서로에게 영향을 받을 수 있는 상태에 이르게 된다. 돌봄을 규범이 아니라 상호 수용의 역학으로 보는 이러한 관점은 향후 생명정치를 더 많은 생의 형식과 양태를 허용하는 방향으로 나아가도록 하는 데, 특히 보편적 사회보장과 같은 전 세계적으로 중요한 변화의 지향을 풍부화하는 데 중요한 기여를 할 수 있다.

뜻밖의 가능성들

이 책의 바탕이 된 현장연구가 시작된 것은 2010년이었다. 나는 첫 현장연구 이후 10년이 넘는 시간 동안 추가적인 연구를 이어가며 제도와 현장의 변화를 살펴왔다. 태국의 보편적 건강보장은 그 기조를 계속 유지하고는 있지만, 한편으로는 구조 개혁에 대한 상당한 압력에 직면해왔다. 변화의 요구는 2014년 쁘라윳 짠오차가 이끄는 군부가 정권을 잡으면서 가장 뚜렷하게 대두되었다. 군사정권 하에서 초안이 작성된 2017년 헌법은 의료에 대한 권리를 이전보다 좁게 인정하면서 이를 빈곤층만을 위한 것으로 한정하였다.[1] 이러한 개정은 사실상 소득, 사회적 지위, 거주지에 상관없이 모든 사람이 의료 서비스를 받을 자격을 보장하는 기존 제도의 보편성에 반하는 것이었다. 한편 공공 병원의 적자 해결과 재정 증가를 위한 추가적인 개혁 방안으로 공동보험과 본인부담금 도입도 논의가 본격화되었다.[2] 비용 분담에 대한 논의는 이전부터 여러 차례 반복된 바 있지만, 환자의 경제적 부담이 커지는 데 대한 국민적 반대 여론 역시 거셌다.[3] 예를 들어 2018년 초에 여러 시민단체들이 모여 조직한 대규모 항의 집회는 민주주의의 회복과 함께 보편적 건강보장의 지속을 핵심 의제로 내세운 바 있다.[4]

이 글을 쓰는 2019년의 시점에서 과연 어떤 정책 변화가 추진될지 정확히 예측하는 것은 불가능하지만, 태국 내의 보편적 건강보장을 둘러싸고 반복되는 논쟁이 후견주의적 정치 문화와 선거 포퓰리즘이 서로 중첩될 때 생겨나는 긴장에서 여전히 자유롭지 못하다는 점을 주목할 필요가 있다. 3장에서 나는 탁신 친나왓 전 총리와 태국 왕정이 원조의 주 제공자로 등장한 방식을 논의하면서, 공중보건 분야에서 이들의 중심적 위치가 단순히 세금으로 국가가 제공하는 서비스를 농촌 사람들이 오해하면서 부여된 것이 아니라는 점을 논의한 바 있다. 여기서 보다 중요한 점은 빈민을 보살피는 능력을 발휘할 수 있는지 여부가 정치적 정당성을 드러내는 중요한 통로로 태국의 정치 풍토에 자리 잡고 있다는 사실이다. 물론 오랜 기간의 군부 통치가 끝난 후 태국 정치의 두 주요 진영에서 일어난 변화는 통치의 정당성을 구성하는 요소들에 상당한 변화가 일어나고 있다는 것을 말해준다. 잉락 친나왓이 총리직에서 축출된 이후 친나왓 가문의 정치적 영향력이 이전에 비해 크게 줄어들었고, 더 중요하게는 푸미폰 아둔야뎃 국왕의 70년 통치가 그의 사망과 함께 막을 내렸다. 2019년 총선 이후 태국의 오랜 민주주의의 위기는 새로운 국면에 접어들었고, 연이은 혼란 속에서 정치적 정당성의 문제와 빈곤 및 사회복지 의제가 뒤얽힐 가능성은 그 어느 때보다 높다.[5]

반팻 병원은 태국의 여러 공공 병원들과 마찬가지로 재정의 압박을 겪고 있지만, 동시에 빠르게 확장하고 있기도 하다. 입원 병상이 60개에 불과했던 이 지역 거점 병원은 2017년에는 별관 신축을 통해 두 배 규모로 확장되었고, 종합병원 역할을 강화한다는 계획에 따라 더 많은 전문의를 채용하고 있다. 2장에서 살펴보았듯이 지역사회에서 정부에게 기대되는 구체적인 역할을 해내야 한다고 여기는, 즉 통치와 돌봄의 주체를 자임하는 병원의 제도적 문화는 이러한 확장 과정에서 더욱 왕성해졌다. 반팻 병원은 보건부로부터 건물 신축을 위한 종자 예산을 확보한 후 지역의 마을 주민들, 사찰, 각종 기업과 단체 등으로부터 적극적으로 모금을 진행하면서 혈액 투석기를 비롯한 새로운 의료 장비 구입을 도모하고 있다. 또 치앙마이 주 내 지역 거점 병원들의 협력 네트워크를 구축해 자체적으로 지역 단위 차원의 예산을 마련했다. 이와 같은 인프라의 확장은 반팻 병원이 지역의 필요에 응답하는 사회보장의 가치를 적극적으로 추구해온 그간의 역사에서 비롯한다고 할 수 있다. 앞에서 살펴보았듯이 반팻 병원의 종사자들은 공공 의료 서비스의 범위와 자격을 확장적으로 재정의하고, 나름의 구상에 따라 의료와 돌봄에 대한 정부의 책임을 실현하고자 해왔다.

치앙마이의 상급 병원들이 갈수록 늘어나는 환자를 감당하는 데 큰 어려움을 겪어왔다는 점을 감안할 때, 반팻 병원의 성장은 절실하다. 고질적인 병상 부족과 신규 의료 장비 도입 문제를 타개하기 위해 자체 증축을 도모할 수 있었던 건 병원이 그간 지역사회 및 주변 기관들과 맺어온 오랜 관계 덕분이기도 했다. 반팻 병원이 보여주는 사회적, 정치적 창발성은 우리에게 돌봄의 의무가 단지 도덕적 이상이 아니라 기존의 사회적 관계 내에서 지속적인 협상과 협력을 촉진하고 조직화하는 실용적인 동력으로 작동할 수 있다는 것을 다시금 생각하게 해준다. 태국 전체의 차원에서 볼 때 반팻 병원의 성장은 지극히 작은 변화에 불과할 수 있지만, 그럼에도 불구하고 이 지역 거점 병원의 성장사와 고유한 철학은 돌봄의 의무가 의료 서비스 제공에서 중심이 될 때 일어날 수 있는 일에 대한 현실적 희망을 제공해준다.

분배 정치와 돌봄의 의무

전 세계적으로 볼 때 최소 4억 명의 사람들이 여전히 필수적인 의료 서비스를 받지 못하고 있으며, 전체 인구의 약 40퍼센트는 여전히 사회 안전망으로부터 배제되어 있다.[6] 보편적 건강보장은 세계보건기구와 국제연합의 지속가능개발 목표Sustainable Development Goals, SDGs의 최우선 과제 중 하나로 추진되어왔지만, 완전한 실현은 여전히 요원하기만 하다.[7] 특히 최근 수십 년 사이 유럽의 복지국가를 비롯한 경제적으로 부유한 지역에서조차 공공 의료 체계가 긴축정책의 대상이 되면서 보편주의 원칙은 심각하게 훼손되기 시작했다.[8] 일부에서는 복지 국수주의라고 부르는 현상이 더욱 심화되고 있으며, 특히 신규 및 기존 이주민 집단의 의료 서비스 접근을 제한하려는 경향은 2015~2016년의 세계적인 난민 위기를 마주한 유럽의 대응이 어떠했는지가 단적으로 보여준다.[9]

돌봄에 대한 논의가 어떻게 하면 전 세계적인 건강 불평등을 해소하고, 더욱 평등하고 공정한 의료 체계를 구성하는 데 기여할 수 있을까? 이 책에서 나는 의료의 공적 제공이 단지 추상적이고 비인격적인 설계와 규제 감독으로 작동하는 장치가 아니라 지역의 고유한 역사와 세계관에 뿌리를 내리며 커나가는 제도적 환경이라는 점을 보여주었다. 보편적 건강보장을 단지 재정 문제로만 여길 때 의료 체계의 복잡한 도덕적, 정치적 토대는 서비스의 범위와 수혜 자격에 대한 논의로 손쉽게 축소된다. 수혜자 개별에게 주어지는 보장 범위를 어느 정도로 설정할지, 비용효과성을 어떻게 분석할지의 측면, 즉 보험 설계 및 재정 운영의 측면으로 접근하게 되는 것이다.[10] 그와 반대로 이 책은 공공 병원의 일상적 운영에서 돌봄의 중심성에 주목하고, 이 기관이 사회적 성원권의 확장과 삶의 지속을 위한 자원의 전반적인 분배 측면에서 중요한 역할을 하고 있다는 점을 강조한다. 반팻 병원이 모두를 위한 의료라는 보편적 포괄성의 실현을 목표로 채택하고, 이러한 사회적 이상으로 "돌봄이라는 변혁적 실천을 진전"[11]시키는 양상은 보편적 건강보장이 단지 보험 예산을 추계하고, 자금을 조달하고, 수익을 관리하는 사업만이 아님을 증명한다. 즉, 공공 의료는 단순히 지불 제도의 개편으로만 실현 가능한 것이 아니라 돌봄의 지속성을 목표로 아래부터 만들어지는 실질적 연대를 통해 지역적 맥락에서 하나씩 하나씩 그 구체성을 확보해나가야 한다.

이 책이 '이끌어내기'라고 개념화한 돌봄의 동학은 댕 할머니나 폰과 같은 상황에 처한 이들이 의존할 수밖에 없었던 실질적 연대의 속성을 규명하기 위해 도입되었으며, 이들의 경험은 다소 불편하고 불확실한 방식으로 실현되는 분배 정치의 한 양상이라고 할 수 있다. 이 책에서 나는 태국 시민으로서 권리 주장을 할 수 있는 조건을 갖추지 못했거나 권리에 대한 강조 그 자체가 그다지 효과를 발휘하기 어려운 위태로운 조건에 놓인 사람들에 관한 이야기를 더 많이 전하고 있다. 이들에게 돌봄을 이끌어내는 일은 삶의 지속을 위한 자원의 분배를 요구하는 행위라고 할 수 있으며, 이러한 시도의 결과로 등장하는 것은 개인의 자유와 공정의 증진이라기보다는 의존과 복속의 성격을 더 많이 띠고 있기도 하다. 이처럼 돌봄을 이끌어내는 일은 간편하게, 그 어떤 불편도 겪지 않으며 생겨나지는 않는다. 이끎과 이끌림이 근본적으로 인간 존재의 취약성으로부터 시작된다고 할 때, 이러한 상호적 과정에 대한 강조는 개별적 권리의 증진과 사회구조의 변화를 단시간 내 야기하기보다는 외려 돌봄에 대한 요구를 탈정치화하는 것처럼 비춰질 수도 있을 것이다.

그러나 이 책이 이러한 미시적이고 불균형한 상호성에 주목하는 이유는 구조적 취약성에 직면한 사람들의 관점에서 돌봄 관계의 형성이 어떻게 가능하고, 또 어떤 의미를 띠는지를 파악하기 위해서이다. 여기서 나의 제안은 불평등의 제약에도 불구하고 어떻게 돌봄의 정치가 작동하는지에 관해 보다 실질적인 증거를 확보해내야 한다는 것이다. 이 책에서 소개한 이야기들은 구조적이고 일상적인 폭력, 빈곤, 이주, 박탈 등으로 빚어지는 사회적 고통의 복잡한 차원을 드러낸다. 그러나 이러한 난국들이 돌봄의 대상이 되고자 하는 이들의 끈질긴 시도를 무화시키지는 않는다. 돌보도록 이끄는 힘이 발휘되는 양상을 이해함으로써 우리는 어떻게 사람들이 자신의 구체적이고 변화하는 현존presence을 드러내고, 이를 바탕으로 타자와의 상호의존성을 구성하는 가능성을 도출하는지 보다 면밀히 살필 수 있다. 불평등한 구조의 그늘 밑에서도 상호성과 동무감, 연대의 감각이 실질적으로 생겨날 수 있다. 그리고 이러한 교류는 인류애나 인도주의에 기반한 구호나 원조에서 개별의 참여와 행동을 촉구하는 방식과 근본적으로 다르다.[12] 돌봄을 이끌어내는 일은 연민이나 보편 인권이라는 추상적인 관념에서 즉각적으로 기인하지 않으며, 인정과 의무감을 발생시키는 사람들의 구체적인 현존에 기반한다.

인류학자 제임스 퍼거슨James Ferguson은 개발과 빈곤의 맥락에서, 공유와 분배의 근거로 현존이 야기하는 의무감의 중요성에 대한 논의를 이어온 바 있다. 그는 정부가 저소득층에게 현금을 지급하는 남아프리카공화국 및 글로벌 사우스의 기본 소득 프로그램에 대한 사례들을 중심으로, 국가와 타인에게 의존하여 생계를 유지하는 것이 타락이나 자유의 결여가 아니라 오히려 정치와 인간됨을 구성하는 중요한 토대라고 주장한다. 퍼거슨은 직접적인 소득 지급에 대한 요구가 커져가는 흐름을 전 지구적 분배 정치의 핵심적 조류로 위치시키면서, 이러한 자원 배분 요구에서 정치의 조직 원리는 "시민권도 합법성도 아닌 [지금 여기 함께 있다는] 현존"의 감각에 더 부합한다고 주장한다.[13] 그는 공유 요구demand sharing에 대한 인류학의 고전적 논의[14]를 바탕으로 달라고 요구하고 이에 기반해 나누어 받는 일을 정당한 공유의 한 형태로 생각하자고 요청한다. 수렵채집 사회에서 음식은 지위나 기여도에 상관없이 이웃이나 친척, 또는 그 자리에 참석한 모든 사람에게 공유된다. 이러한 공유 의무의 모델을 창조적으로 확장하면, 우리는 현대사회에서 돌봄과 복지를 국민으로 태어나거나 정식으로 시민권을 획득한 사람에게만 주어지는 것이 아니라 "여기, 우리 중에" 함께 존재한다는 단순한 사실에 기반하여 분배할 수 있는 것으로 재조직할 수 있다.[15]

더욱 포괄적이고 보편적인 분배 체계의 구상과 관련해서 현존에 중요한 의미를 부여하는 퍼거슨의 주장은 시민권과 수혜 자격이라는 협소한 개념을 뛰어넘어 사회적인 것의 구성과 상호 의존의 의미를 강조한다는 점에서, 돌봄을 이끌어내는 일에 사회변혁적 요소가 담겨 있다는 이 책의 주장과 일맥상통한다. 한편으로 내가 이 책에서 탐구하는 돌봄 관계는 도식적인 형태의 공유나 지급 개념으로 압축되지 않는 복잡한 정치경제적, 정동적, 시간적, 젠더적 차원을 수반한다. 돌보는 일은 반드시 상호 교환의 성격을 띠지 않을 수 있고 또 상환의 의무를 실천할 것이 기대되지 않기도 하지만, 여전히 선물이자 빚의 형태로 남아 있을 수도 있다. 이 책에서 나는 돌봄을 삶을 지속하게 하는 관계의 협력적 연합으로, 일대일의 교환을 넘어서서 이질적인 동기와 사회적, 도덕적 기대, 규칙 일습을 포함하는 보다 넓은 단위로 접근하고자 하였다.

연대와 분배를 위한 확고한 토대로 '지금 여기 함께 있다'는 현존의 감각을 강조함으로써 우리는 의무에 기반한 돌봄의 회로가 그 형태를 갖춰가는 양상을 더 풍부하게 이해할 수 있다. 그간 의료인류학과 과학기술 연구에서는 특정한 손상 및 질병이 가져오는 위기에 방점을 찍는 생물학적 모델을 토대로 시민권 및 복지 수혜의 자격 주장이 어떻게 정교화되는지를 두고 광범위하게 논의해왔다.[16] 이러한 형식의 집단적인 신체 정치는 의료 및 사회보장의 배분을 요구하는 사람들의 주장이 의학적 진단과 기술적인 분류를 통해 검증 가능해지는 새로운 공간을 열어주지만, 동시에 인구집단을 세분류하고 표적화하여 통제하는, 그리하여 성원권과 소속의 경계를 제한하는 생명정치의 부정성 속으로 빠르게 흡수되기도 한다. 그러나 생명을 둘러싼 정치적 실천은 반드시 이러한 방향으로만 작동하는 것은 아니다. 내가 권리 개념을 기반으로 의료 접근성의 확대를 요구하는 전반적인 방식을 드러내기보다는 자격이 없다고 여겨지는 사람들이 실질적으로 돌봄을 이끌어내는 양상에 주목한 이유는, 생물학적 사실에만 의거하지 않고도 '지금 여기 함께 있음'에 대한 인정을 요구하는 누군가의 구체적인 현존이 관계에 기반한 정치를 열어낼 수 있기 때문이다.

이러한 개별적 실천들은 비시민들도 공공 의료를 이용할 권리가 있다는 공식적 확인으로 즉각 이어지지는 않지만, 특정 국가 및 사회의 구성원이 될 자격이 무엇인지에 대한 기존의 배제 논리를 넘어서서 한 지역 내에 함께 살아가는 사람들이 서로에게 확장된 의미의 책임감을 지닐 수 있다는 정치적 잠재력을 상기한다. 이는 3장과 6장에서 만났던 젊은 샨 이주민 아버지 피이와 같은 이들이 태국 시민과 동등한 정치적, 사회적 권리를 획득하기를 바라지 않는다는 의미가 아니다. 오히려 내가 강조하고자 하는 것은 인권과 시민권 개념에 한정된 자유주의에 기반한 언어가 위태로운 조건에 놓인 사람들에게 실질적 토대를 제공하지 못할 때, 펨과 같은 샨 이주 여성들은 돌봄에 대한 그들의 필요와 요구가 인지되고 실현될 수 있는 나름의 공간을 열어냈다는 사실이다. 반팻 병원 간호사들이 "환자는 이미 여기에 우리와 함께 있다. 그들을 돌보는 것 외에 도대체 우리가 무엇을 할 수 있단 말인가?"라는 입장으로 매일의 일을 이어나갈 때, 여기에 등장한 무조건적 보편성은 생활의 실용성과 맞닿아 있다. 즉, 부정할 수도 피할 수도 없는 사람이 이미 바로 여기에 우리 가운데 있다는 현실에서부터 출발할 때 시민과 비시민, 국민과 비국민, 적격자와 부적격자, 보험 수혜의 자격이 있는 사람과 없는 사람의 구별이 어떻게 재구성될 수 있는지를 직접적으로 보여준다. 반 팻 병원에서 치료실에 도착한 모든 신생아 환자에게 집중치료가 제 공되는 방식 역시 인간의 생명을 반드시 살려야 한다는 추상적 가 치에 따라 실현된 것이 아니다. 오히려 이 공간은 모든 인간이 태어 난 순간에 부여되는 구체적인 취약성이 어떻게 의무와 책임감을 불 러일으키고 삶을 생동하게 하는 개입을 촉발하는지를 명확히 드러 낸다.

돌봄의 긍정성에 기반한 분배 정치가 가능해지기 위해서는 이 러한 이끌어내기의 동학이 촉발하는 정동적이고 도덕적인, 정치적 인 효과들을 더욱 증폭시켜야 한다. 이 책에서 강조한 삶의 지속을 가능하게 하는 여러 종류의 힘들, 나름의 기술들, 그리고 여기에 가 닿기 위한 노력들은 때때로 실패하기도 하였지만 동시에 여러 형태 의 삶을 보살필 수 있게 해주었다. 돌봄의 힘, 여러 사람들이 해내온 일상의 실천에서, 때로는 수호령의 기적에서 우리가 함께 목격한 이 힘에 대한 이해가 더 풍부해져야 한다. 돌보는 힘을 키우는 일이 사 회의 변화, 삶의 변화를 위한 기초로 여겨져야 한다. 자신과 타자에 대한 돌봄의 의무는 때로는 매우 무겁지만 이는 우리를 무력하게 만들기보다는 활성화하며, 돌봄의 대상이 되는 일 역시 생명의 성 쇠와 삶의 부침을 긍정하고 승인하는 과정으로 인식될 수 있다. 돌 봄의 일상적인 성취와 실패에는 크나큰 정치적 잠재력이 내재되어 있다. 서로 이끌고 이끌릴 수 있는 역량이 개인과 집단의 차원에서 모두 커질 때, 우리는 더 많은 연결 속에서 서로에 대한 책임과 의무 가 피어나도록 하는 새로운 회로망들을 합성할 수 있다.

감사의 말

이 책은 사람들이 서로를 보살피는 방식의 다양함을 다루고 있다. 현장연구를 진행하고 원고를 마련하는 동안 나 역시 많은 도움을 받았다. 나의 질문과 요청에, 도움을 구하는 눈짓과 손짓, 몸짓에 답해준 무수히 많은 사람들이 있어서 배울 수 있었다. 무엇보다도 수년 동안 병원이라는 공간에 외부 연구자를 받아들이고 물음을 던질 수 있게 허용해주신, 또 답을 찾을 수 있게 도와주신 반팻 병원의 모든 직원들과 환자분들께 진심으로 감사드린다. 비록 병원의 실명은 밝히지 않았지만 경영진과 의료진, 배후 지원을 하는 모든 직원들의 노력과 열정, 희망이 이 책 전체에 배어 있다. 이들 덕택에 예상치 않은 방식의 돌봄을 직접 경험하고, 생각할 수 있었다. 아주 고단한 삶의 순간에도 자신의 이야기를 들려준 샨 이주 여성들에게도 고마움을 전하고 싶다. 피넝은 샨어와 태국어에서 모두 형과 아우, 언니와 동생을 일컫는 말인데, 나를 기꺼이 동생으로 삼아준 센과 같은 언니들에게 큰 은혜를 입었다. 센은 내가 하려는 일이 가치가 있다고, 이 먼 길을 와서 자신을 만나고, 그래서 평생 만나보지 못할 어떤 사람들이 자신에 대해 알게 된다는 건 정말 멋진 일이라고 말해준 적이 있다. 인류학이 무슨 일을 할 수 있는지를 그 순간 배웠다. 이 책이 센의 기대에 부응할 수 있기를 얼마나 바랐던가.

아울러 치앙마이에서 함께 지내며 내게 의지처가 되고 가르침을 준 수많은 이들에게 깊은 감사를 표하고 싶다. 나는 병원에서 현장연구를 하는 동안 근처 마을에서 두왕랏 가족과 함께 살았다. 형제자매들이 삼대에 걸쳐 가깝게 모여 사는 곳에서 지내며 나는 4인 가족의 단출한 일상과는 비교도 할 수 없는 대가족의 크나큰 따스함과 복잡함을 처음으로 느껴보았다. 나를 하숙생이자 딸로 삼아주신 티 아주머니는 한 번도 결혼을 한 적은 없지만 나를 포함해 여러 아이들을 먹이고 입히고 기르셨다. 내 몸과 마음이 지친 날에는 어김없이 기름을 듬뿍 넣고 가장자리가 바삭하게 부풀어오른 태국식 달걀 지짐을 만들어주시곤 했다. 지금도 허한 날에는 금방 지진 달걀 향과 달큰한 간장 맛이 떠오른다.

치앙마이대학교의 '지속 가능한 개발과 사회과학 연구원'은 여러 해 동안 태국에서 연구와 공부를 이어갈 수 있는 본거지가 되어주었다. 이 책은 연구원의 환대와 풍요로운 지적 토양에 크게 빚지고 있다. 차이얀 바다나푸티, 말리 시티끄렝끄라이, 암폰 지라티껀, 아란야 시리폰 선생님들에게 많은 도움을 받았고, 연구소의 행정 직원분들 덕분에 여러 어려움을 헤쳐갈 수 있었다. 또한 태국 공공 보건 체계 전반의 작동과 신생아 의학에 관해 많은 것을 가르쳐주고 좋은 연구 동료가 되어준 치앙마이대학교 보건과학연구소의 아룬랏 탕문콩보라쿨과 린다 어피벌에게도 감사를 드린다. 치앙마이대학교의 재능 있는 젊은 연구자들이 인터뷰 녹음을 듣고 정리하는 데 큰 도움을 주었고, 특히 잘 알려지지 않은 마을과 공사장을 찾아다닐 수 있게 애써주었다. 부사린 레차발사쿨, 밈 까사마, 메이 완날락에게 감사드린다. 특히 티라욱 상응암사꾼과 사이 루앙은 창의적인 연구 협력자이자 인내심 많은 어학 교사였고, 다정한 술친구로 나의 치앙마이 생활에서 없어서는 안 될 존재들이었다. 이들이 나눠준 우정이 없었다면, 현장연구가 훨씬 덜 즐거웠을 뿐만 아니라 이 책에 실린 많은 이야기들을 찾아내지 못했을 것이다. 이제는 쉽게 만나기 어려운 그립고 소중한 친구들에게 다시 한 번 감사의 마음을 전한다.

책의 기초가 된 박사논문과 연구논문을 쓰는 동안에도 많은 도움을 받았다. 탁월한 통찰력의 소유자로 끝을 모르는 격려를 해주신 필립 테일러 선생님에게 깊이 감사드린다. 그가 준 귀중한 조언들, 답하기 너무 어려워서 가끔 화를 내지 않을 수 없게 하는 질문들, 나보다 이 연구의 중요성을 더 많이 믿었던 그의 마음에 크게 빚졌다. 필립은 그 어느 누구도 그럴 수 없을 만큼 이 책의 초고를 자세히 읽어주었고, 어디로 나아가야 할지를 늘 함께 고민해주었다. 호주국립대학교에서 박사과정을 하는 동안에는 캐서린 로빈슨, 앤드루 워커, 앤드루 킵니스, 작고하신 니컬러스 탭, 피터 잭슨, 티럴 하버콘 선생님들로부터 다시없을 지도와 지원을 받았다. 캔버라에서 함께 공부했던 박사과정 친구들, 제프 뷰캐넌, 질리언 달게티, 프리디 홍사턴, 비시샤 핀텅비자야쿨, 타니샤 조쉬, 주주, 에밀리 인스는 가장 가까운 이웃이자 사회 안전망으로 생활을 지탱해주었다.

박사 졸업 이후에도 여러 사람들의 도움으로 책을 마무리할 수 있었다. 2013년, 베를린자유대학교의 사회문화인류학연구소가 주관한 의료인류학 여름학교에 참여할 수 있었고, 여기서 의료인류학의 새로운 변화와 글로벌 보건 분야에 대한 이해를 더욱 키울 수 있었다. 이때 만난 피에르 민, 놀란 클라인, 하이디 카스타네다에게 특히 감사드린다. 독일 인류학자들과의 교류는 이후 베를린자유대학교에서 박사후 연구원을 하면서 더욱 돈독해졌다. 사려 깊은 조언과 지원을 해준 한스요그 딜저와 의료인류학 연구 그룹의 구성원들에게 감사드린다. 로베르타 자보레티, 아니카 쿠닉, 브리타 루터트는 베를린 시절의 의지처였다. 또한 탐마삿대학교의 인류학자들, 특히 프라섯 랑클라와 분럿 비셋쁘리차 덕분에 연구의 폭을 보다 넓힐 수 있었다. 석사 연구생 시절부터 동남아시아에 대한 관심을 불어넣어주신 오명석, 채수홍, 신윤환, 전제성 선생님께도 감사의 마음을 전한다. 연세대학교의 동료들, 특히 김현미, 이상국, 조문영 선생님은 교원으로 취업한 이후에 원고를 끝까지 마무리할 수 있도록 큰 배려를 해주셨다.

위스콘신대학교 출판부에서 이 책을 낼 수 있게 된 것은 기쁨이자 행운이었다. 출간 계약을 성사시켜준 그웬 워커, 작업 일정을 효율적으로 짜준 실라 맥마흔, 그리고 꼼꼼히 교정을 봐준 주디스 로비에게 감사드린다. 또한 '동남아시아 연구의 새로운 전망' 시리즈 편집자 중 캐서린 보위에게 특히 깊이 감사드린다. 보위의 격려와 꼼꼼한 지적으로 오래 이어온 연구 프로젝트를 새롭게 다시 볼 수 있었다. 시어도어 준 유와 마이클 허츠펠트가 출판 준비에 유용한 조언을 주었고, 김지은은 최종 마무리 단계에서 새롭게 쓴 서문을 미리 읽고 자신감을 가질 수 있게 도와주었다.

이 책의 밑바탕이 된 장기간의 현장연구는 여러 기관으로부터 받은 제도적 지원이 없었다면 불가능했을 것이다. 호주국립대학교와 멜버른대학교 아시아연구소의 연구 보조금 덕분에 본격적인 현장연구를 시작할 수 있었다. 또한 쭐랄롱꼰대학교의 태국학연구소에서 받은 연구 장학금과 호주국립대학교 인류학과에서 가장 촉망받는 박사논문에 수여하는 '레이먼드 퍼스 경 상' 덕분에 추가 현장연구를 진행할 수 있었다. 박사후 연구원 기간 동안에도 독일연구재단의 POINT 연구기금으로 후속 연구를 이어가며 원고 집필을 할 수 있었다. 책의 최종 마무리 단계에서는 연세대학교의 미래선도 연구기금의 지원을 일부 받았다.

이 책의 3장 중 일부는《영국왕립인류학회지*Journal of Royal Anthropological Institute*》22 (2)호 279~295쪽에 「인내의 기다림: 태국 의료 체계에서 선물과 빚으로서의 돌봄」으로 실렸고, 4장의 초고는《의료인류학*Medical Anthropology*》35 (6)호에, 5장의 초고는《의료인류학 계간지*Medical Anthropology Quarterly*》31 (4)호에 실린 바 있다.

이 책이 완성되기를 오랫동안 기다려주신 부모님, 어영옥과 서종석은 내가 삶과 글쓰기 모두에서 모험을 두려워하지 않도록 용기를 주셨다. 또한 김수경의 사랑과 격려 덕분에 무엇이든 마무리할 수 있었다.

주

한국어판 서문: 고치고 고쳐서 새롭게 배우기

1. Kwon(2009).

2. 「野, 건보공단 건보료 생계형 체납자에 '무차별 예금 압류'…3만1198건」, 《데일리메디
팜》, 2024년 9월 26일. 건강보험료 체납은 한국에서 흔히 도덕적 해이의 문제로 여겨
지는데, 체납액 규모와 현황에 대한 본격적인 연구에 따르면 2015년 기준 월 평균 5
만 원 미만의 보험료를 내지 못하는 빈곤 가구에서 주로 6개월 이상의 장기 체납이 발
생하였으며, 체납에 따른 의료 이용 제한 및 압류는 가구원 전체의 건강과 경제적 안
정에 심각한 악영향을 끼치는 것으로 나타났다. 관련해서는 김선 외(2017)를 볼 것.

3. World Health Organization(2013).

4. 씨부라파(2022[1937]).

5. Saltman(2004); 신영수(2023[2013]), 522쪽에서 재인용.

1장 침상 위의 발

1. 독일어의 맥락에서 영어 care의 해석과 적용에 관한 논의로는 van der Geest(2018)를

참조할 것.

2. Ferrarese(2016, 150). 또한 관련 논의로 다음을 참조할 것. Gilligan(1982); Held(2006); Kittay와 Feder(2002); Mol 외(2010); Robinson(2011); Sevenhuijsen(1998); Tronto(1993; 2013).

3. Tronto(1993, 103). Maria Puig de la Bellacasa(2017)는 트론토의 정의를 인간 너머의 세계들에 적용하면서 돌봄 논의를 다양한 비인간 행위자에 적용하는 데 이러한 포괄적 접근이 매우 유용하다고 강조한다.

4. W. Brown(2004, 197).

5. Glenn(2010); Meehan과 Strauss(2015); Mitchell 외(2004) 참조. Nancy Fraser(2016)는 현재의 돌봄 위기가 일시적 상태가 아니라 금융화된 신자본주의 아래서 자본과 돌봄의 근본적 모순을 반영한다고 지적한다.

6. Mol(2008).

7. Foucault(1978, 143).

8. Fassin(2009; 2010) 참조.

9. 예를 들면 Biehl(2005); Nguyen(2010); Petryna(2002); Redfield(2005)를 볼 것.

10. Fassin(2012); Ticktin(2011) 참조.

11. Gupta(2012, 24).

12. Stevenson(2014).

13. Kleinman(2015, 240).

14. 돌봄 개념의 다면성에 관한 인류학적 검토는 Buch(2015)와 Thelen(2015)을 볼 것.

15. Sakolsatayadorn Piyasakol(2016).

16. Viroj Tangcharoensathien 외(2011; 2014).

17. Kim(2013).

18. Drèze와 Sen(2013); Sen(2015).

19. Pasuk Phongpaichit과 Baker(2016).

20. Bamber(1997); Irvine(1982).

21. Jackson(1999b); Thak Chaloemtiarana(1979).

22. Cohen(1989)은 태국에서 일차의료 중심의 정책이 채택된 양상이 집권 권력의 후

견주의적이고 반민주적인 속성을 드러낸다고 해석한다. 이와 관련한 논의로는 Lyttleton(1996)을 들 수 있다.

23. Haggard와 Kaufman(2008, 133).

24. Viroj Tangcharoensathien 외(2018).

25. 관련 논의로 Haggard와 Kaufman(2008); Rigg(2015)가 있다. 국가 보건 정책의 수립 과 농촌 지역에서의 실현 사이의 간극에 관한 자세한 설명은 Whittaker(1996)를 볼 것.

26. Kuhonta(2003).

27. Pasuk Phongpaichit과 Baker(2000).

28. Pasuk Phongpaichit과 Baker(2009).

29. 예를 들면 농촌의사협회는 보편적 건강보험을 포함하여 핵심 공공 정책을 만드는 데 중요한 역할을 했다. 자세한 분석은 Harris(2017) 참조.

30. Hewison(2005, 323).

31. 보편적 접근의 맥락에서 의학적 개입에 내포된 불확실성과 가용성에 관해서는 Livingston(2012) 참조.

32. Povinelli(2011, 33).

33. Reader(2007, 579).

34. Reader(2010, 206).

35. Strathern(2004, 80).

36. Street(2014, 24).

37. Street(2014, 27).

38. Singh(2013)은 이와 같은 시간적 차원을 삶에 등장하는 문턱의 변모로 개념화한다.

39. Ingold(2011, 68).

40. Desjarlais(2016); Langford(2009); Stasch(2009).

41. Ingold(2011, 68).

42. 태국과 샨 사람들의 신체 개념에 관해서는 Davis(1984); Eberhardt(2006); Tambiah(1970)를 볼 것.

43. 그 예로 Holt(2009)를 볼 것.

44. Anderson(1972); Mulder(1979); Reynolds(2005); Taylor(2004); Walker(2012)가 주요 예이다.

45. Tannenbaum(1995).

46. Reynolds(2005, 217-18).

47. High(2014)와 Walker(2012) 참조. 인도에서의 유사한 관찰은 Singh(2012) 참조.

48. Pitrou(2014, 102).

49. '샨'은 식민지 버마 시기에 부여된 영어 명칭이며, 미얀마와 태국에서 샨 사람들은 스스로를 '타이' 혹은 '타이 야이'라고 일컫는다. 샨 사람과 국적이 아닌 종족 집단 구별로서 태국 사람은 형제 관계를 맺고 있다고 여겨지기도 한다. 이에 따르면 샨 사람은 타이 야이(큰 타이)로, 태국 사람은 타이 너이(작은 타이)로 나뉜다.

50. 보다 자세한 내용은 Amporn Jirattikorn(2008); Arnold와 Hewison(2005); Belton(2005); Farrely(2012)를 볼 것.

51. 태국어와 샨어는 모두 타이어족(Tai language family)에 속하며, 특히 북부 태국어와 샨어는 지리적 근접성에 따라 많은 유사성을 공유한다.

2장 병원이 정부와 같다면

1. 도농 구분은 태국의 문화적 시민권 구성의 주요 요소이다. 그 예로는 Mills(2012)를 볼 것.

2. 태국의 보편적 건강보험은 사고 및 재활 서비스, 예방 서비스까지 포함한다. HIV 감염에 따른 항바이러스제 치료와 신대체요법은 초기 설계에서는 보장되지 않았지만, 이후 혜택 범위를 확장하면서 포함되었다. 보편적 건강보험의 확장을 시간순으로 확인하려면 Viroj Tangcharoensathien 외(2018)를 볼 것.

3. 더 자세한 내용은 Chutima Suraratdecha 외(2005); Supon Limwattananon 외(2012)를 볼 것.

4. 태국의 행정단위에서 가장 상위에 있는 짱왓은 대체적으로 한국의 도(道)보다는 작고 군(郡)보다는 크며, 그다음 단위인 암퍼는 엄밀히 말해 한국의 군 단위보다는 작다

고 할 수 있다.

5. Foucault(1973; 1978).

6. Livingston(2012); Mattingly(2010); Street(2014).

7. Mol(2002; 2008). 병원 공간의 복잡성과 다양성은 병원의 문화기술지에 관한 여러 연구에서 강조되어왔다. 관련해서는 Long 외(2008); Street와 Coleman(2012); van der Geest와 Finkler(2004); Wind(2008)을 볼 것.

8. Fassin(2012, 1).

9. Foucault(2000, 208).

10. 2012년 이주민 의무 건강보험 비용은 연간 1300밧(한화 약 4만 3000원)에 간단한 건강검진비 600밧(한화 약 2만 원), 병원 방문시 회당 공동 부담금 30밧(한화 약 1000원)이었다. 이주 노동자들은 취업 허가를 갱신하기 위해 매년 이 건강보험비를 내야 했다. 이주민 의무 건강보험은 포괄적인 치료 서비스를 보장하지만, 교통사고 부상이나 만성신부전 환자에게 필요한 투석치료 등은 보장 대상에서 제외된다(Samrit Srithamrongsawat 외 2009). 이주민 건강보험에 관한 더 많은 문제는 4장에서 논의한다.

11. 태국 인구 1000명당 간호사와 조산사의 비율은 2001년에서 2015년 사이 꾸준히 증가해 1231명에서 2295명으로 늘어난 바 있지만(World Health Organization's Global Health Workforce Statistics n.d.), 간호사 부족은 여전히 태국 병원, 특히 농촌 지역 병원에서 큰 문제 중 하나다. 반팻 병원은 빠르게 발전하고 있는 치앙마이의 근교 지역에 있기 때문에 간호사 고용의 어려움이 벽지의 병원보다는 적지만, 젊은 간호사들은 특히나 과중한 업무량과 번아웃 문제를 자주 언급하고 있다. 태국의 간호사 노동환경에 관한 논의로는 Apiradee Nantsupawat 외(2011; 2017)가 있다.

12. 건강보험에 대한 인류학적 접근을 확장한 논의로는 Dao와 Mulligan(2016)을 볼 것.

13. 일부 시민단체들은 태국 인구 가운데 상당수를 차지하는 무국적자와 이주 노동자까지 포함하는 매우 포괄적인 보편적 건강보험의 도입을 주장했지만, 도입 초기에는 정식 신분증이 있는 국민에게만 자격이 주어졌다. 이와 같은 차등적 포함을 둘러싼 역사적 투쟁에 관한 자세한 논의로는 Harris(2013)를 볼 것.

14. 역설적인 것은, 국적 취득에 어려움을 겪고 있는 소수민족들이 보편적 건강보험이

도입되기 전에는 저소득층을 대상으로 한 의료 급여의 혜택을 받을 수 있었다는 점이
다. 전국적인 신원 확인 절차가 지연되는 동안 무국적자로 등록된 약 40만 명에게 보
장을 제공하기 위해 이른바 '시민권 문제가 있는 사람들을 위한 건강보험(HIS-PCP)'이
2010년에 시작되었다. 이 제도는 보편적 건강보험과 거의 동일한 혜택을 제공하지만,
지역 의료기관은 운영상의 다양한 문제로 인해 이를 충분히 활용하지 못하는 경향이
있다. 자세한 내용은 Rapeepong Suphanchaimat 외(2016)를 볼 것.

15. 이주민을 위한 건강보험 제도의 변화에 관해서는 Rapeepong Suphanchaimat 외
(2019)를 볼 것.

16. 태국의 보편적 건강보험은 인두제와 포괄수가제를 혼합한 체계에 기반하고 있다
(Viroj Tangcharoensathien 외 2015). 보편적 건강보험을 운영하는 국가건강보험국이
각 지역에 등록된 보험 인구 수를 기준으로 지역 의료기관에 예산을 배정한다. 이는
지역 거점 병원마다 등록 인구의 규모에 따라 배정된 예산이 다를 수 있으며, 재정 운
영을 그에 맞추어 독립적으로 해야 한다는 것을 뜻한다(Gottret 외 2008, 368).

17. 이는 단지 반팻 병원만의 문제는 아니다. 많은 지역 거점 병원, 특히 태국과 미얀마
국경에 있는 병원들도 같은 문제를 겪고 있었다. 손실이 큰 병원들의 파산을 막기 위
해 2010년 2억 밧의 긴급 자금이 지원되었고(Apradee Treerutkuarkul 2010), 이 문제
를 해결하기 위해 '시민권 문제가 있는 사람들을 위한 건강보험'이 도입되었다. 이 보험
의 적용과 활용 방식은 치앙마이 소재 공공 병원마다 각기 다르게 나타났는데, 반팻
병원은 이 보험의 예산을 적극 활용해 비교적 안정적인 재정 여건을 유지하고 있었다.
태국 공공 병원들의 적자 운영에 관한 전반적인 보고는 Prachatai(2017)를 볼 것.

18. 신생아 집중치료실의 업무에 관해서는 5장에서 자세하게 다룬다.

19. 공공 병원에 고용된 간호사들 모두가 공무원은 아니다. 태국 보건부는 1972년부터
농촌 지역에서 일하는 의사와 간호사의 수를 늘리기 위해 장학금을 지원해왔고, 이
프로그램을 통해 의대 및 간호대 졸업생 다수가 공무원이 될 수 있었다. 그러나 최근
고용 방식에 변화가 생겨서 신규 간호사가 바로 공무원 직급을 부여받지 않으며, 그
경우 근속 연수를 채운 이후 별도의 시험이 요구되기도 한다. 새로 졸업한 간호사들
대부분은 보건부가 아닌 병원에 직접 고용된다(Walaiporn Patcharanarumol 외 2011).
태국에서 여성적 직업으로서 간호의 역사적 발전에 관해서는 Muecke와 Wichit

Srisuphan(1989)을 볼 것.

20. Foucault(2003).

21. 태국의 실천 중심 돌봄 개념에 대한 유사한 관찰로는 Aulino(2016)를 볼 것.

22. 태국어 동사 리양(키우다)에 관한 Penny van Esterik의 섬세한 설명은 돌봄 개념이 권력관계 속에 깊이 얽혀 있는 양상을 이해하는 데 도움이 된다. 리양은 "돌봄, 보살핌, 지원, 유지, 육성" 등의 광범위한 행위를 포괄한다. 이 단어는 보통 음식을 나누고 제공하는 맥락에서 사용되는데, 여기서 음식은 관계성과 친밀성의 형성을 위한 것일 뿐 아니라 "권력과 통제가 행사되는 수단"이기도 하다(Van Esterik 1996, 25).

23. 이 돌봄과 통치의 결합은 현대 태국의 국가행정이 진화해온 과정을 이해하는 데 매우 중요하다. 1947년 쿠데타 이후 성립된 왕당파 정부의 핵심 각료로 1946년 보건부 장관, 1947년 내무부 장관을 역임한 프라야 순톤피핏의 화장식 때 발간된 추모 책자에는 「통치자의 윤리」라는 흥미로운 글이 실려 있는데, 여기서 그는 현대 통치의 지침으로 보살핌과 자기 수양의 불교 윤리를 제시한다. 이는 정치적 권한이라는 현대적 개념이 태국에서 베풂, 연민, 일상 도덕 등의 개념과 긴밀히 연결되어 발전되어왔다는 점을 흥미롭게 보여준다. 해당 논의와 관련해 프라야의 글을 소개하고 번역해준 프리디 홍사톤에게 감사를 전한다.

24. Gupta(1995, 378).

25. Humphrey(2004, 435).

26. Foucault(1978, 140).

27. Agamben(1998).

3장 기다리는 힘

1. Auyero(2012).

2. Harris(2012, 116).

3. 보편적 건강보험의 본인부담금 제도는 정권 교체에 따라 도입과 폐지를 반복했다. 초기에는 병원을 이용할 때마다 30밧의 본인부담금을 내는 제도를 실시했지만, 2006년

쿠데타 이후 성립된 아피싯 정부는 이를 폐지한다. 이후 집권한 잉락 정부는 예산 확충에 따른 공공 의료 서비스의 질 향상을 근거로 30밧 본인부담금을 부활시켰다. 이후 잉락 정부를 전복시킨 태국 군부가 본인부담금제를 개혁 대상으로 지목하면서 다시금 논쟁이 시작되었고, 2024년 현재에는 30밧 본인부담금이 폐지된 상태이다.

4. 관련 논의로는 Harris(2015; 2017); Kuhonta(2017); Nam(2015)이 있다.

5. 민간 병원은 1980년대 말 도입된 세제 혜택에 힘입어 크게 증설되었다. 특히 방콕 중심의 경제 부흥기를 기점으로 주요 도시들에서 우후죽순으로 생겨났다. 민간 병원 병상 수는 1970년 1780개에서 2000년 3만 9551개까지 늘어났고, 2003년에는 태국 전체 병상의 25.9퍼센트가 민간 부문에 속해 있었다(Suwit Wibulpolprasert와 Paichit Pengpaibon 2003). 1997년 경제 위기를 겪으면서 민간 병원 투자는 급격히 감소했지만, 2001년 경제 회복 이후 외국인 환자의 유입과 도시 중산층의 국내 수요 증가로 민간 보건 부문은 급속히 성장했다(Cha-Aim Pachanee와 Suwit Wibulpolprasert 2006). 이 과정에서 주목해야 할 것은 탁신 정부가 보편적 건강보험 제도를 확립하는 시점에서 동시에 세계화된 민간 의료 시장의 육성을 목표로 하는 '투 트랙' 정책을 도입했다는 점이다(Wilson 2010). 이러한 이분화 정책에는 공공 보건의 장기적 지속 가능성, 의료 및 인적 자원에서 민간과 공공 부문 사이의 불평등한 분배 등 심각한 문제가 다수 내포되어 있다. Chitr Sitthi-Amorn 외(2001); Harris(2017); Supasit Pannarunothai 외(2004); Worawan Chandoevwit(2005).

6. 태국의 포퓰리즘에 관한 논쟁은 Hewison(2017); Seo(2019)를 볼 것.

7. Supon Limwattananon 외(2012).

8. Tewarit Somkotra와 Lagrada(2008).

9. Pitch Phongsawat(2004); Pasuk Phongpaichit과 Baker(2009, 196)

10. 담마라자(정의로운 왕)는 상좌부 불교 왕권의 핵심 개념이다. 이는 브라만교에서 일컫는 군주, 데바라자, 즉 "신들의 왕" 개념과는 다르지만, 둘 다 통치 권력으로서 왕의 권위에 대한 종교적, 정치적 토대를 형성하였다. 관련 논의는 Jackson(2010); Tambiah(1976) 참조.

11. Thak Chaloemtiarana(1979, 325-34).

12. Handley(2006).

13. Bamber(1997, 243). 푸미폰 아둔야뎃 왕의 어머니인 스리나카린트라 왕태후는 간호학을 공부했고 왕실이 공중보건 관련 프로젝트를 주도하는 데 중요한 역할을 했다. 여러 지역에서 병원과 간호학교 설립을 후원했을 뿐 아니라, 태국 북부에서 널리 알려진 의료 봉사 팀을 후원했다. 이는 훗날 산악 지역 오지에 사는 소수종족을 위한 개발 프로젝트로 확장되기도 했다.

14. 자세한 내용은 Wilson(2011) 참조.

15. 해당 사건이 언제 벌어졌는지, 방치의 성격이 어땠는지는 면담 과정에서 충분히 파악할 수 없었다. 2005년 말까지 HIV 감염에 따른 항바이러스제 치료는 높은 약제비에 대한 우려 때문에 보편적 건강보험의 급여 대상에 포함되지 않았고, 이로 인해 많은 HIV 감염인이 생명 유지에 필수적인 치료를 받지 못했다. HIV 치료에 따른 의료비 증가에 관한 논의로는 Padmini Srikantiah 외(2010)를, 치료 보장성 확보를 위한 태국 HIV 감염인들의 투쟁에 관해서는 서보경(2008)을 참조할 것. 공공 병원에서의 환자 불만족에 관한 또 다른 사례는 6장에서 찾아볼 수 있다.

16. Auyero(2012, 9).

17. Ibid.

18. Mauss([1954]1990, 68).

19. 관련해서는 Laidlaw(2000); Parry(1989)를 볼 것.

20. Auyero(2012, 122).

21. Van Esterik(2000, 39).

22. Kamol Somvichian(1976, 155).

23. Weisz 외(1987, 720).

24. 갈라테사는 팔리어와 산스크리트어의 복합어로, '시간(갈라)'과 '공간(테사)'을 합친 말이다. 반 에스테릭은 "갈라테사는 영어 context와 의미가 동일하지는 않지만 [……] 어떤 즉각적인 상황들이 특정 방식으로 시간과 공간에 걸쳐 일어나는 것을 가리킨다"고 설명한다(Van Esterik 2000, 40).

25. Van Esterik(2000, 40).

26. Cassanti(2014)는 태국 북부에 거주하는 한 가정의 질병 경험에 대한 사례 연구에서 일상적으로 쓰이는 관용구들에 내포된 의미를 섬세하게 논의한 바 있는데, 특히 탐

짜이와 같은 표현을 통해 상좌부 불교에서 강조하는 도덕성을 표현하는 데 감정이 매우 중요한 역할을 한다는 점을 잘 보여준다.

27. Bauman(1998, 59).

28. Bourdieu(1984, 470).

29. Bourdieu(1984, 474).

30. Eberhardt(2006); Engel과 Engel(2010); Keyes(1983) 등을 볼 것.

31. 최근 태국에서 증가하는 의료소송 문제에 관해서는 Wongsamuth(2016) 참조.

32. Bourdieu(1977, 192).

33. Leach(1982, 150-52).

34. Stonington(2012)은 태국에서 임종을 맞이하는 환자를 둘러싼 의사 결정 과정에서 생명의 빚을 갚는 것이 중요한 윤리적 의무로 대두되는 흥미로운 양상을 제시한다.

35. Graeber(2001, 162).

덧붙이기: 공공 의료의 몇몇 구성 요소들

1. Ministry of Public Health(2021).

2. 보건복지부(2018).

3. 르언의 치료 과정과 태국에서의 만성신부전 치료 확산에 관해서는 다음에서 더 논의한 바 있다. Seo(Forthcoming).

4. 한국에서도 방문 진료를 비롯하여 일차의료 영역을 확장하기 위한 여러 시도가 일어나고 있다. 관련한 예로 김창오 외(2020)를 참고.

5. Achara Nithiapinyasakul 외(2016, 414). 지난 30년간의 물가 및 임금 상승률을 고려할 때 벌금액은 크게 오르지 않은 상황이기 때문에, 이탈을 막기에 불충분한 측면이 있다. 태국의 의료인 양성 방식에 관한 논의는 서보경(2022)을 요약한 것이다.

6. 김연희(2024, 216-17).

7. Chutima Siripanumas 외(2022).

8. Win Techakehakij와 Rajin Arora(2017).

9. 2001년에 태국의 5개 주를 대상으로 행해진 한 연구에 따르면 해당 지역의 공공 병원에 근무하고 있는 1808명의 의사 중 69퍼센트가 민간 기관에서 겸직 및 시간제 근무를 하고 있다고 응답했다는 기록이 있기는 하나 전국적으로 이중 취업 상태가 어떻게 변화하고 있는지를 체계적으로 검토하는 자료는 찾지 못하였다. 해당 연구는 보편적 건강보험 정착 이전에 행해진 연구로 현재 이중 취업 비율이 이와 유사하다고 추정하기는 어려운 측면이 있다. Phusit Prakongsai와 Viroj Tangcharoensathien(2005).

10. Marshall 외(2023).

11. 차재관(2023).

12. 한국에서 HIV 감염인을 위한 항바이러스제 치료는 주로 대학 병원을 중심으로 이뤄지지만, 태국에서는 지역 거점 병원 단위에서 치료받을 수 있도록 제도를 갖춰왔다.

13. Geertz(1973, 5). 해당 문장의 번역은 다음을 따랐다. 미야노 마키코, 이소노 마호 (2021[2019], 243).

4장 존재를 새겨넣기

1. 이날 잔치에는 치앙마이에서 10년간 건설 노동자로 일해온 샨 이주민이자 무속에 대해서도 잘 아는 친척 어른이 참석해 아기를 위한 목욕 의례를 주도해주었다. 먼저 면도날로 아기의 머리카락을 잘라주고, 풀잎과 흰 꽃을 섞은 목욕물을 준비했다. 그러고 나서 아기 엄마가 목욕물에 금 목걸이와 동전을 넣었고, 친척 어른이 물에 숨을 불어넣고 낮은 목소리로 주문을 외웠다. 그리고 이 물을 가족들이 차례로 아기에게 조심스럽게 뿌리면서 건강과 행운을 기원했다. 이렇게 목욕을 마친 후에는 엄마와 할머니가 아기의 손톱과 발톱을 잘라 보관했는데, 나중에 악한 기운과 불운에서 아기를 보호할 목걸이를 만들기 위해서이다. 보통 이 목걸이는 엄마의 치마끈을 가지고 만든다. 신생아를 위한 이 첫 달 의식을 보통 압 드언이라고 하는데, 이는 아기가 집 밖에 나와도 된다는 신호일 뿐만 아니라 산모를 위한 한 달의 산후조리 역시 끝이 났다는 신호이기도 하다. 태국의 출생 및 산후 풍습의 변화에 관해서는 Hanks(1963); Poulsen(2007); Rice와 Manderson(1996); Sansnee Jirojwong(1996); Symonds(1996);

Townsend와 Rice(1996); Whittaker(2000)를 참조할 것.

2. 영혼을 붙들어두는 것, 수 콴 혹은 리악 콴은 안녕을 기원하는 일반적인 의식이다. 출생, 임신, 출가를 비롯해서 멀리 여행을 떠나거나 새로 이사를 하는 때 등 삶의 주기에서 중요한 사건들을 기념할 때도 행한다. 샨 사람들의 콴에 대한 인식과 개념에 관해서는 Eberhardt(2006)가 중요하며, 태국에서 혼에 관한 일반적인 이해에 관해서는 Hanks(1963)와 Whittaker(2000)를 참조할 수 있다.

3. Agamben(1998, 128).

4. 주요 예로는 Hull(2012a); Jacob(2007)이 있다.

5. Kelly(2006); Navaro-Yashin(2007); Reeves(2013)도 참조할 것.

6. 예를 들어 Braff(2013); Davis-Floyd(2004); Franklin(1997); Gammeltoft(2014); Greenhalgh와 Winckler(2005); Martin(1987); Rapp(1999) 등을 참조할 것.

7. Honneth 외(2016, 123).

8. Arnold와 Hewison(2005); Belton(2005); Leiter 외(2006)를 주요 예로 들 수 있다.

9. Kelly(2006); Reeves(2013); Torpey(2000) 참조.

10. Pinkaew Laungaramsri(2014).

11. Keyes(2002); Toyota(2005).

12. Migrant Assistance Programme Foundation(2012).

13. Hall(2011).

14. Nyein Nyein(2013a).

15. Nyein Nyein(2013b); O'Toole(2013a; 2013b).

16. Migrant Workers Rights Network(2015). 2014년 중반 당시 집권한 군부 정권은 미등록 이주민을 대상으로 한 엄격한 등록제를 도입했다. 이 조치에 따르면 미등록 이주민은 반드시 내무부에 등록해 체류 허가를 받고 국적 확인 절차를 거쳐야 하며, 필수 절차를 마치지 못한 이들은 모두 추방 대상이 된다. 그러나 조치의 엄격함에도 불구하고 등록 절차에 시간이 매우 오래 걸릴뿐더러 일관성이 없다는 문제가 있었다. 이주 정책 변화가 건강에 미치는 영향에 대한 자세한 내용은 Rapeepong Suphanchaimat 외(2019)를 볼 것.

17. Aretxaga(2003); Das와 Poole(2004).

18. McGuire(2010, 311).

19. Supon Limwattananon 외(2010).

20. Samrit Srithamrongsawat 외(2010). 2004년부터 2006년까지 이주민 인구 내의 총 출생 건수는 당연히 집계된 3만 3300명을 크게 상회할 것이다. 이 보고서는 태국의 모든 주를 대상으로 하지 않았고, 등록된 이주민의 경우에만 집계에 포함하였다.

21. 내가 현장연구를 할 2010년 당시 등록 이주민이 이주민 의무 건강보험의 적용을 받을 수 있는데 반해, 태국 국적은 없으나 특수한 체류 허가증 및 신분증을 가진 사람들은 아무런 보험의 적용을 받을 수가 없고 자비 부담을 해야 했다. 결국 이러한 경우를 위해 '시민권 문제가 있는 사람들'을 위한 건강보험'이 2010년에 새롭게 도입되었다. 그러나 이 제도의 혜택을 받기 위해서는 여전히 국적 확인 절차를 거쳐야 한다. 반팻 병원에서는 보험에 가입하지 못한 사람들이 자비 지출을 감당할 수 없는 경우에도 산전 검진 및 분만진료를 제공하고 있었다. 미납된 비용은 개인 부채로 처리되지만, 자발적으로 납부하지 않는 한 병원에서 별도의 상환을 요구하지는 않았다.

22. Scott(1998).

23. Alice Street는 파푸아뉴기니에서 진행한 병원 연구를 통해 "자신의 존재와 요구를 보지 못하는 국가로부터 인식 가능한 상태가 되기 위해" 환자들이 건강 카드를 신중하게 관리하는 흥미로운 예를 제시한다(2012, 5). 특히 관료제적 장치가 관계를 구성하는 효과를 발휘한다는 점을 강조한다.

24. 태국 정부는 2005년 이후부터 국적에 관계없이 모든 어린이에게 초등교육을 무상으로 실시하겠다고 약속했다. 2005년 태국 내각의 결의안에 따르면, 신분증명 서류가 없는 어린이도 공교육을 받을 수 있다. 많은 이주민 엄마들은 학교 등록을 위해서 제대로 된 출생증명서와 예방접종 기록을 가지고 있는 게 중요하다고 강조한다. 시민권이 없는 어린이를 위한 태국의 교육정책에 관한 자세한 내용은 Thithimadee Arphattanano(2012)를 볼 것.

25. 고산지대민 카드는 태국 시민권이 없는 소수종족민에게 체류자 지위를 주기 위해 만들어졌다. 자세한 내용은 Pitch Pongsawat(2007, 176-81) 참조.

26. Johnson 외(2015, 115).

27. 샨 아동과 관련된 법적 문제는 크게 두 가지다. 첫째, 부모가 불법적으로 미얀마를

떠났다면 아이들은 미얀마 시민권법에 따라 부모의 출생지에서 시민권을 취득할 수 없다(Nyo Nyo 2001). 둘째, 이주민 가족은 태국에 거주하는 동안 자녀의 출생을 미얀마 당국에 신고하기 위해 미얀마로 갈 수 없으며, 결국 출생 및 가족 등록 기록이 없어 미얀마에서 신분증을 신청하는 게 원천적으로 불가능해질 수도 있다(Yang 2007).

28. 아동의 보편적 국적권에 관해서는 UN의 시민적 및 정치적 권리에 관한 국제규약 제24조 3항, 아동권리협약 제7조, 세계인권선언 제15조 등에서 주요 논의를 찾아볼 수 있다.

29. Star(1999, 385).

30. Cohen(2004, 167).

31. Keyes(2002, 1179).

32. Hull(2012b, 18).

33. Rancière(2011, 5).

34. Rancière(2004, 304).

35. Castaneda(2008); De Genova(2002); Holmes(2013); Willen(2005, 2012) 참조.

5장 여린 삶, 어린 죽음

1. 신생아 의학에 관한 사회과학 연구의 주요 흐름으로는 다음을 참고할 것. Anspach(1987); Cadge와 Catlin(2006); Frohock(1986); Lantos(2001); Mesman(2008); Seymour(2001); Weiner(2009).

2. Brinchmann과 Nortvedt(2001)는 조산아가 보여주는 취약성과 생동성이 의료진들이 신생아 집중치료실에서 일하게 하는 주된 매력으로 다가온다는 흥미로운 논의를 제시한다.

3. Strathern(1988, 294).

4. 과정으로서 친족 관계에 관해서는 Carsten(1997)을 볼 것.

5. Kenner와 Lott(2013).

6. Vermeulen(2004); Walther(2005).

7. 생명정치의 작동 내에서 인간의 삶과 생명에 차등적 가치가 매겨지는 양상에 대한 더 많은 논의는 Fassin(2009)에서 확인할 수 있다.

8. 이 장에서 다루지 못한 중요한 부분 중 하나는 원치 않는 출산을 한 여성들의 경험, 특히 태국의 '낙태금지법'으로 인해 이들이 겪어야 하는 폭력과 고통이다. 임신중지에 대한 징벌적 접근으로 인해 수텝을 출산한 여성을 비롯하여 많은 빈곤 여성들이 안전한 임신중지 서비스와 사후 관리에 접근할 수 없으며, 원치 않는 출산을 할 수밖에 없는 상황에 놓여 있다. 태국에서의 임신중지 범죄화와 이에 부여된 도덕적 낙인에 관해서는 Whittaker(2004)가 자세히 분석한 바 있다.

9. Strathern(1988, 250).

10. Haraway([1985]2003).

11. 영국의 한 신생아 집중치료실에서 문화기술지 연구를 수행한 Alderson과 그 동료들(2005)은 조산아가 비록 의식이 없고 타인과 상호작용할 수 있는 능력이 극히 제한적이라고 하더라도 비인간으로 여겨지기보다는 권리를 지닌 주체로 등장하여 돌봄 과정에 적극적으로 참여하고 영향을 미칠 수 있다고 강조한다.

12. Kaufman(2003, 2260).

13. 태국 불교의 지형에서 업의 관념에 대한 개괄적 논의로는 Keyes와 Daniel(1983)을 볼 것. 북부 태국의 지역적 맥락에서는 손해배상과 법 관념에 관한 Engel과 Engel(2010)의 연구, HIV/AIDS 감염 여성에 대한 Pranee Liamputtong 외(2013)의 연구, 가족 내 위기 상황에 대한 Cassaniti(2014)의 연구 등이 불행과 질병에 대한 인과적 설명에서 업의 중심성을 강조하고 있다.

14. Keown(1995, 63); 또한 Stonington(2012) 참조.

15. 태국어 쁠로이는 분리의 의도와 감정을 전달하는 일상적 단어다. Cassaniti(2014)는 불교 전통에 기반한 도덕성의 발현에 관한 폭넓은 논의를 진행하면서 이러한 놓아주기의 감정이 중요하게 활용되는 양상을 설득력 있게 제시한 바 있다.

16. 돌봄의 논리에 관한 더 많은 논의로는 Mol(2008)을 볼 것.

17. 관계 맺기에서 친밀감과 거리감의 변증법적 관계에 관한 자세한 논의로는 Stasch(2009)를 들 수 있다.

18. Candea(2010, 255).

19. 이 지역 사람들의 설명에 따르면 신생아는 두개골의 말랑말랑한 부분인 숨구멍이 아직 닫히지 않았기 때문에 죽음 이후에 쉽게 영의 세계로 돌아갈 수 있으며 따라서 시체를 따로 화장할 필요가 없다.

20. 관련해서는 Eberhardt(2006); Ladwig(2012); Langford(2009)를 볼 것.

21. 페미니즘 철학자 Adriana Cavarero는 양육의 본질을 다음과 같이 논한다. "따라서 '어머니'는 [특정한 누군가의 어머니가 아니라] 타자에 대한 지향을 부르는 다른 이름이다. [……] 또는 절대적으로 취약한—무방비한—사람에게 존재론적이고 정치적 의미에서, 또 윤리적 의미에서 매우 중요한 인물이 되는, 인간 조건의 첫 장면에서 필요에 응답하는 책임을 소환하는 기능 그 자체를 칭하는 이름이다."(2016, 104)

22. 여기서 나는 Lévinas(1981, 91)의 환대 개념을 도입하고 있다.

23. Humphrey(2012, S63).

24. 인류학자 Hannah Brown(2010)은 케냐의 의료 현장에서 두려움과 존중이라는 감정적 거리감이 관계를 형성하는 주요 축으로 등장하는 과정을 보여준다.

6장 집에서의 투쟁

1. Cavarero(2018, 100).
2. 자본주의의 태생적 모순으로서 오늘날 재생산의 위기에 대한 보다 일반적인 개괄로는 Fraser(2016)를 볼 것.
3. 건강 불평등과 빈곤, 이주의 상관관계를 연구한 여러 인류학자들이 보여준 것처럼, 구조적 폭력은 소외된 사람들에게 가해지는 역사적, 정치경제적 억압을 분석하는 중요한 범주이다. 이와 관련해서는 Bourgois와 Schonberg(2009); Farmer(1996; 2003; 2004); Green(2009); Gupta(2012); Holmes(2013); Scheper-Hughes(1992; 2008)의 연구가 있다.
4. Tsing(2015, 21-22).
5. 동남아시아 지역의 출산 관행에서 드러나는 다양성과 공통성에 관해서는 Rice와 Manderson(1996)을 참조.

6. Hanks(1963).

7. 태국 북부의 전통적 관념에서 롬(바람 혹은 공기)은 신체의 균형을 유지하는 중요한 요소다. 타이-윈난의 민족 의학 모델에 관한 자세한 내용은 Irvine(1982)을 볼 것. 출산 후 여성의 신체는 다량의 피와 공기가 빠져나갔기 때문에 질병에 특히 취약해진다고 여겨진다. 약초 복용을 포함한 여러 산후조리 방법은 체액 균형을 회복하는 데 중점을 두고 있다. 임신과 출산, 산후조리에 대한 현지 관행은 태국의 여러 지역에서 연구되고 기록된 바 있다. 태국 중부에 대한 연구로는 Hanks(1963), 북부는 Mougne(1975); Muecke(1979); Pranee Liamputtong(2004), 북동부의 경우는 Poulsen(1984; 2007); Whittaker(2000)가 있다.

8. Mougne(1975)와 Irvine(1982)의 고전적인 문화기술지는 각종 음식 및 생활 금기와 롬에 의한 질병 관념에 대해서 자세히 논하고 있다.

9. 센은 자신의 식단 구성을 설명하면서 체액 체계에 대한 관념을 직접적으로 언급하지는 않았지만, 출산 후 빠져나간 오래된 피와 새로 생긴 피 사이에 균형이 맞춰지는 게 중요하다고 강조했다. 출산 중에 오래된 피가 모두 빠져나가고 몸에는 새로운 피가 채워지기 시작하는데, 이 새로운 피는 여러 음식에 매우 민감할 수 있다. Irvine은 고전 의학과 지역의 민간신앙에 대한 문헌 연구를 바탕으로 타이-윈난에서 체액 체계는 담즙, 점액, 바람, 혈액으로 구성된다고 종합한다(1982, 115). 북부 태국과 샨 전통에서 체액 균형에 대한 이해가 서로 어떻게 다른지에 관해서는 충분히 많은 정보를 수집할 수 없었다. 다만 내가 만난 샨 사람들 대부분은 그 둘 사이의 공통점을 강조했고, 때로는 태국인 이웃의 조언을 적극적으로 받아들였다.

10. Bourdieu(1977, 167).

11. Whittaker(2000).

12. 여기서 센은 엄마의 혈액과 모유가 연결되어 있다는 걸 암시하고 있다.

13. 어느 학술대회에서 센의 생애사에 관한 발표를 했을 때, 연구참여자의 '냄새'를 언급하는 게 부적절하다는 비판을 받은 적 있다. 누군가의 체취를 맡는다는 건 다양한 정서적 함의를 가지는데, 여기서 내가 드러내려 하는 것은 냄새는 신체적 변화를 구체적인 방식으로 확인시켜주며, 누군가가 이전과는 전혀 다른 강도의 삶을 살고 있다는 걸 몸으로 이해하는 데 도움을 준다는 점이다. Tsing의 설명은 냄새를 타자와의 조우

에서 생겨나는 매듭으로 생각하는 데 유용하다. "냄새는 공기와 달리, 우리가 이미 반
응하고 있는 다른 존재의 신호다. 반응은 항상 우리를 새로운 곳으로 데려간다. [냄새
와 함께] 우리는 더 이상 우리 자신이 아니다. 적어도 예전의 우리 자신이 아니라, 타
인과 만나는 우리 자신이다."(2015, 47)

14. 금욕적 수행을 통해 다양한 종류의 힘과 권력을 획득하는 양상에 대한 자세한 내용
은 Reynolds(2005)와 Tambiah(1984)를 참고할 것.

15. Hanks(1963).

16. Tannenbaum(1995).

17. 반팻 병원의 가정방문 절차에 관한 자세한 내용은 2장을 참조.

18. 수수는 한국식 영어인 "Fighting!"의 태국어 번역으로, "할 수 있어!" 또는 "힘내자!"
라는 의미다. 태국에서 이 표현은 한국 문화의 영향을 받은 젊은이들 사이에서 널리
쓰이게 되었다.

19. Das(2010).

20. 태국은 물론 샨 남성 불교도들에게는 일생에 한 번 이상은 출가하는 일이 여전히 중
요한 의미를 띤다. 특히 출가할 수 없는 어머니를 대신해 단기간이라도 승려가 되어 공
덕을 쌓는 일은 큰 효로 여겨진다.

21. 건설 노동에서 숙련 노동자, 창 야이로 인정받으려면 배선과 배관을 포함해 건설과
관련된 다양한 기술과 기능을 알고 있어야 한다. 이런 유형의 숙련 노동자는 현장 감
독 및 소규모 하청업자가 될 기회를 얻을 수 있다. 치앙마이의 여러 건설 현장을 조사
한 결과, 이 정도의 중간관리직에 오른 샨 출신의 미등록 이주민 노동자는 매우 드물
었다.

22. 행위성의 발현과 저항을 동일시하는 문제에 관한 자세한 논의는 Ahearn(2001)을 참
고할 것. 여기서 나는 돌봄을 일상적 저항과 같은 낭만적 개념과 연결하려는 것이 아
니다. 대신에 사회 재생산의 과정 그 자체에 내재된 행위성의 속성과 힘의 작용, 책임
의 속성을 파악하고자 한다. Laidlaw(2010)와 Kean(2016)의 연구는 인간의 행위성을
논의하는 데 책임, 효과성, 윤리적 삶에 대한 개념을 고려하는 게 핵심이라는 중요한
통찰을 제공한다.

23. Butler는 우리가 취약성을 "권력에 대한 의도적인 노출"로 이해한다면, 취약하다는

것은 이미 "체화된 실행으로서 정치적 저항이라는 의미"를 일부 구성하고 있다고 주장한다(2016, 22). 이 문화기술지에서 나는 버틀러가 주로 초점을 맞추는 대립적 상황에서 정치적 저항을 구축하는 사람들의 의도적 전술을 보여주지는 않는다. 그러나 사람들의 삶과 신체가 구체적으로 작동하는 구조적 취약성에 노출되어 있다는 사실을 면밀히 파악함으로써 취약하다는 상태가 곧 "행동할 힘의 부재"를 뜻하는 것은 아니라는 걸 인식할 수 있다(Ferrarese 2016, 157). 취약성은 바로 이 지점에서 버틀러가 강조한 것과 같이 대안적인 권력 형태를 상정하기 위한 구성적 일부를 이룬다.

7장 인간 너머의 돌봄

1. Stonington(2012)은 병원이 어떻게 유해한 혼령이 숨어 있는 잠재적으로 위험한 장소로 인식될 수 있는지를 흥미롭게 그려낸다.

2. Katz(1981).

3. Das(2015, 116).

4. Durkheim(2001, 306).

5. 태국에서 부를 기원하는 종교적 실천의 증가에 관해서는 Jackson(1999a); Wilson(2008); McDaniel(2011)을 참조.

6. 캄 아저씨와의 대화는 주로 북부 태국어로 이루어졌지만, 무앙 피는 샨어이다. 영매는 우완 아주머니의 영이 "아직 환생하지는 않았지만 '좋은 곳에' 있다는 걸, 다시 말해 객귀가 되어 굶주리며 떠도는 게 아니라 선하고 덕 있는 혼백들"(Eberhardt 2006, 185-86)과 함께 있음을 확인해주고 있다.

7. Suriya Samutkhupt 외(1996)는 1990년대 태국에서 신령은 크게 힌두 신들, 브라흐마, 중국의 신령들, 그리고 각종 객귀의 네 범주로 분류된다고 제시한 바 있다(Jackson에서 재인용[2004, 362]). Golomb(1984)은 불교에 입각한 치료 의례를 묘사하면서, 각기 다르다고 여겨지는 종교적 전통과 실천들이 이 지역에서 어떻게 혼용되고 혼재하는지에 대한 흥미로운 예를 보여준다. 즉 불교에 기반하고 있다고는 하나 의례의 주관자는 무슬림의 비술과 크메르 주술을 포함해 각종 초자연적 힘을 불러오는 등 다양한

종족적, 문학적 자원을 끌어오는 데 매우 능숙했다.

8. 예를 들어 그는 의식을 할 때 흔히 사용되는 흰색 실 대신 검은색 실을 사용했고, 찾아온 사람들을 거리낌 없이 이름으로 불렀다. 치앙마이에서 신당을 차리거나 신령을 모신 사람들이 매년 모여 춤을 올리고 성대한 볼거리를 만드는 행사에도 참여하지 않았다. 즉 북부 태국에서 흔히 고유한 전통이라고 여겨지는 방식과는 여러 차이를 유지하고 있었다. 외려 신령이 태국이 아닌 샨 지역사에 기원을 두고 있다는 점을 강조하면서, 거기서 가져왔다는 고대 문자가 가득한 오래된 천인 얀트라 몇 개를 자랑스레 우리에게 선물하기도 했다.

9. 인간을 도우려는 신령들의 의도에 대한 가장 일반적인 설명은 신령들도 자신을 위해 기꺼이 공덕을 지으려 한다는 것이다. Jackson은 공덕 짓기와 신령에 대한 믿음과 실천 사이의 일반적인 연결고리는 브라만교와 불교의 혼합적 상징성 안에 있다고 본다. "브라흐마로카 천국에 사는 비물질적 존재들은 지상에서 선행을 하기 위해 필요한 신체적 형태를 갖추고 있지 않다. 따라서 이들 존재는 더 높은 천국으로 올라가거나, 궁극적 구원인 열반에 이르게 해줄 종교적 공덕을 더 얻을 수가 없다."(2004, 363) 신령들도 결국 인간처럼 종교적인 공덕을 더 쌓아야 할 필요가 있다고 여겨지며, 이를 위해서는 몸으로 삼을 인간이 필요하다. 치앙마이에서 신령을 둘러싼 여러 믿음과 실천에서 공덕 짓기의 중심성에 대한 보다 공통된 해석에 관해서는 Wijeyewardene(1981)를 참고할 것.

10. Holy High는 라오스에서 나타나는 토지신에 대한 믿음 체계에서 특정 지역, 땅에 기반한 신령은 그 장소에 "뿌리를 박고 있는" 존재라기보다는 그 자체로 "외향적"이고 끊임없이 "여행"을 감행하고 있다는 걸 보여준다(2006, 262). Philip Taylor도 이주가 베트남에서 종교적, 무속적 실천의 부상에 미친 효과를 논의하면서, 신령의 이동성은 "사람과 장소의 관계에서 드러나는 상당한 복잡성과 확장성, 역동성"을 동시에 반영한다고 지적한다(2004, 114). 동남아시아 디아스포라 관점에서 본 죽음과 친족 관계에 대한 인류학적 논의들 또한 지역을 넘나드는 신령의 이동성을 생생하게 드러낸다. 관련해서는 Langford(2005)와 Tapp(2010)을 참고할 것.

11. Tambiah(1985, 117). Wijeyewardene 역시 치앙마이에서 신령들을 짜오(왕 혹은 군주)라고 지칭할 때, 늘 그렇지는 않지만 보통 과거 해당 지역을 다스렸던 왕족 및 군주와

돌봄이 이끄는 자리

관련이 있으며 과거 그들에게 했던 것처럼 충성할 의무가 있다고 여겨진다고 지적했다. 사람들이 짜오 퍼, 짜오 피, 짜오 너이를 구별할 때 짜오 뒤에 붙은 접미사들은 각신령의 속성을 드러내는 것으로 한국 무속에 빗댄다면 각각 군왕신, 장군신, 아기동자로 설명할 수는 있으나 완전히 일치하지는 않는다. 중요한 것은 신령들의 특성과 능력이 각기 다르다는 것이지 호칭 자체가 이들 내부의 우열을 가르는 위계를 뜻하지는 않는다(1981, 7). Reynolds는 힘에 대한 불교식 개념이 "능력, 잠재력, 주권, 금욕적 신체"의 관점에서 해석되는 방식을 간결하게 요약한다(2005, 226).

12. Holt(2009, 24).

13. Herzfeld(2016)와 Morris(2000)도 참조할 것.

14. Hansen과 Stepputat(2006); Humpgrey(2004).

15. Singh(2012; 2015).

16. Singh(2015, 43).

17. Singh(2015, 55).

18. Tsing(2015, 20).

19. 랍 칸은 문자 그대로 해석하면 '그릇 또는 쟁반을 받는 것'을 뜻한다. 중부 태국어로 '받다'를 뜻하는 동사형은 랍이지만, 북부 태국어에서 'ㄹ'은 종종 'ㅎ'으로 소리가 바뀐다. Jackson은 칸의 상징적 의미를 자세하게 분석하는데, 랍 칸은 신령이 깃들어 있다고 여겨지는 상징으로 그릇 또는 쟁반을 받는 양상뿐 아니라 "매개체 역할을 하는 인간의 [……] '몸을 받음'으로써 신령이 몸을 지니게 되는" 방식을 가리키기도 한다(2004, 364-365). 칸은 의례에 쓰이는 그릇을 뜻하는 동시에 신령이 깃들도록 준비된 인간이라는 그릇, 즉 몸을 가리킨다는 점에서 이중의 의미가 있다. 해당 의례를 섬세하게 해석할 수 있도록 조언을 해주신 '동남아시아 연구의 새로운 전망' 시리즈의 편집자께 감사드린다.

20. 치앙마이에서 신령에 대한 믿음과 실천은 대중 종교는 물론 북부 태국의 모계 중심 친족 사회에서도 핵심적인 위치를 차지하고 있다. 전문적으로 신당을 차리지는 않는다고 하더라도 집에 신령을 들이거나 제를 모실 수 있도록 안내하는 경우를 쉽게 찾아볼 수 있다(Hale 1979; McMorran 1984; Wijeyewardene 1981, 1986).

21. 태국에서 계율을 지키는 일이 고유한 능력과 종교적 힘, 특히 인간 너머의 힘을 구

성하는 데 중요한 토대로 등장하는 양상에 관해서는 Reynolds(2005); Tambiah(1984); Tannenbaum(1995)을 참고할 것.

22. 하안거는 약 3개월 동안 계속되며, 그사이에 축일(완 신)은 13일 있다. 이 기간은 "승려들은 세속의 모든 일에서 물러나 고립되는 기간이며, 평신도에게는 경건과 금욕의 기간"으로 여겨진다(Davis 1984, 180).

23. 여기서 톤이 신령들의 요구라고 설명하는 다양한 공덕 짓기는 "불교에 기반한 실천과 신령에 대한 믿음 사이의 상호 교류"를 보여준다(Tambiah 1970, 377). Justin McDaniel은 태국 근대의 다양한 종교적 실천 양상을 다루면서, 이러한 호환과 보완이 일어나는 양상을 "사람에 따라, 귀신에 따라 나름의 방식으로 끊임없이 불교를 창조해내는 비목적론적인 과정"이라고 정의한다(2011, 230).

24. Tambiah(1984); Tannenbaum(1995).

25. Mauss([1960]1992, 460).

26. McDaniel(2011)은 태국 불교의 현재성에 주목하면서 보호의 힘이 있다고 여겨지는 진언의 효능이 어떻게 태국인들의 종교 생활에서 중요한 일부분으로 널리 받아들여지고, 실행되고, 재창조되고 있는지를 흥미롭게 보여준다.

27. Sophie Day(2015)는 기다림에 내포된 여러 의미를 논의하면서 만약 우리가 waiting on(대기, 시중)이라는 표현에 담긴 중세 영어식의 종속 관계를 가정하지 않고 이를 참여와 보조, 보살핌의 상황으로 간주한다면 기다림이란 단지 줄을 서서 그저 때를 기다린다는 식의 상태보다는 훨씬 더 적극적인 의미를 띤 개념일 수 있다고 지적한다.

28. Kleinman(2006).

29. Garcia(2010, 51).

30. Puig de la Bellacasa(2011, 24).

8장 지금 여기 함께의 정치

1. 2007년 헌법 51조는 "모든 사람은 적절하고 표준적인 공공 의료를 받을 동등한 권리를 누린다"고 명시하였다. 그러나 2017년의 개정 헌법 47조에서는 **적절, 표준, 동등**이

돌봄이 이끄는 자리

라는 표현이 의도적으로 생략되고 다음과 같이 기술되었다. "모든 사람은 국가의 공
중보건 서비스를 받을 권리가 있다. 빈곤한 사람은 법률이 규정하는 바에 따라 무료
로 국가의 공중보건 서비스를 받을 권리가 있다."

2. 본인부담금 도입을 위한 개혁안에 대한 간략한 보고는 Chularat Saengpassa(2018)를
볼 것.

3. 보편적 건강보장 정책의 주요 반대 세력 중 일부는 민간 병원 부문과 관련이 있는 의
료 전문가들이다. 이 정책을 둘러싼 의료계의 상반된 반응에 대한 자세한 논의는
Harris(2017, 59-62)에서 찾아볼 수 있다.

4. Aekarach Sattaburuth(2018).

5. 2019년 선거에서 친군부 정당인 팔랑프라차랏은 최다 의석을 차지하지는 못했지만,
쁘라윳 짠오차 장군이 총리로 복귀하면서 군부의 권력 장악력을 유지했다. 이는 군
부가 입안한 헌법상 상원 250석 전체가 임명제로 선출되며 총리는 반드시 현직 의원
일 필요가 없다는 불공정한 조항 때문에 가능했다. 2019년 선거 결과에 관한 더 상세
한 분석은 Termsak Chalermpalanupap(2019)을 참조.

6. WHO/World Bank(2015; 2017).

7. Ghebreyesus(2017).

8. Karanikolos 외(2013).

9. Bradby 외(2018).

10. 비용 편익을 최우선으로 하는 신자유주의적 의료 개혁이 어떻게 빈곤층의 건강에
괴멸적인 결과를 가져오는지에 대한 문화기술지 연구는 Keshavjee(2014) 참조. 보편
적 건강보장을 신자유주의적 개발 의제로 이용하는 양상에 대한 비판적 논의로는
Abadia-Barrero와 Bugbee(2019)를 볼 것.

11. Wilkinson과 Kleinman(2016, 181).

12. Didier Fassin은 인도주의에 기반한 구호 프로젝트가 기본적으로는 인간의 고통
에 대한 연민이라는 도덕률을 바탕으로 하고 있지만 이러한 도덕적 이성은 "항상 위
에서 아래로, 더 강한 자에게서 더 약한 자, 더 연약한 자, 더 취약한 자—일반적으
로 압도적인 운명의 피해자로 구성될 수 있는—에게로 향한다"고 지적한다(2012, 4).
인도주의적 돌봄이 야기하는 정치적 위협에 관한 인류학적 논의로는 Bornstein과

Redfield(2010); Ticktin(2011)을 볼 것.

13. Ferguson(2015, 214).

14. Widlok(2004) 참조.

15. Ferguson(2015, 215).

16. Nguyen(2010); Petryna(2002); Rabinow(1992); Rose와 Novas(2004)의 연구를 주요
예로 들 수 있다.

돌봄이 이끄는 자리

참고문헌

영어 논문 및 단행본

Abadía-Barrero, César Ernesto, and Mary Bugbee. 2019. "Primary Health Care for Universal Health Coverage? Contributions for a Critical Anthropological Agenda." *Medical Anthropology* 38 (5): 427–35.

Achara Nithiapinyasakul et al. 2016. "Impact of a 20-year Collaborative Approach to Increasing the Production of Rural Doctors in Thailand." *International Journal of Medical Education* 7: 414–16.

Aekarach Sattaburuth. 2018. "'We Walk' Ends with Pledge to Uphold Democracy." *Bangkok Post*, February 17.

Agamben, Giorgio. 1998. *Homo Sacer: Sovereign Power and Bare Life*. Stanford: Stanford University Press.

Ahearn, Laura. 2001. "Language and Agency." *Annual Review of Anthropology* 30 (1): 109–37.

Alderson, Priscilla, Joanna Hawthorne, and Margaret Killen. 2005. "The Participation Rights of Premature Babies." *International Journal of Children's Rights* 13 (1): 31–50.

Amporn Jirattikorn. 2008. "Migration, Media Flows and the Shan Nation in Thailand."

PhD diss., University of Texas at Austin.

Anderson, Benedict. 1972. "The Idea of Power in Javanese Culture." In *Culture and Politics in Indonesia*, edited by Claire Holt, 1–70. Ithaca, NY: Cornell University Press.

Anspach, Renee. 1987. "Prognostic Conflict in Life-and-Death Decisions: The Organization as an Ecology of Knowledge." *Journal of Health and Social Behavior* 28 (3): 215–31.

Apiradee Nantsupawat et al. 2011. "Impact of Nurse Work Environment and Staffing on Hospital Nurse and Quality of Care in Thailand." *Journal of Nursing Scholarship* 43 (4): 426–32.

——. 2017. "Effects of Nurse Work Environment on Job Dissatisfaction, Burnout Intention to Leave." *International Nursing Review* 64 (1): 91–98.

Appadurai, Arjun. 2004. "The Capacity to Aspire: Culture and the Terms of Recognition." In *Culture and Public Action*, edited by Vijayendra Rao and Michael Walton, 59–84. Stanford: Stanford University Press.

Apradee Treerutkuarkul. 2010. "Cabinet OKs New Health Package." *Bangkok Post*, March 24.

Aretxaga, Begoña. 2003. "Maddening States." *Annual Review of Anthropology* 32:393–410.

Arnold, Dennis, and Kevin Hewison. 2005. "Exploitation in Global Supply Chains: Burmese Workers in Mae Sot." *Journal of Contemporary Asia* 35 (3): 319–40.

Aulino, Felicity. 2016. "Rituals of Care for the Elderly in Northern Thailand: Merit, Morality, and the Everyday of Long-Term Care." *American Ethnologist* 43 (1): 91–102.

Auyero, Javier. 2012. *Patients of the State: The Politics of Waiting in Argentina*. Durham, NC: Duke University Press.

Bamber, Scott. 1997. "The Thai Medical Profession and Political Activism." In *Political Change in Thailand: Democracy and Participation*, edited by Kevin Hewison, 233–50. New York: Routledge.

Bauman, Zygmunt. 1998. *Work, Consumerism and the New Poor*. Philadelphia: Open

University Press.

Belton, Suzanne. 2005. "Borders of Fertility: Unwanted Pregnancy and Fertility Management by Burmese Women in Thailand." PhD diss., University of Melbourne.

Berchick, Edward, Emily Hood, and Jessica C. Barnett. 2018. "Current Population Reports." In *Health Insurance Coverage in the United States: 2017.* Washington, DC: US Government Printing Office.

Biehl, João. 2005. *Vita: Life in a Zone of Social Abandonment.* Berkeley: University of California Press.

Biehl, João, and Peter Locke. 2010. "Deleuze and the Anthropology of Becoming." *Current Anthropology* 51 (3): 317–51.

Bornstein, Erica, and Peter Redfield. 2010. *Forces of Compassion: Humanitarianism between Ethics and Politics.* Santa Fe: School for Advanced Research Press.

Bourdieu, Pierre. 1977. *Outline of a Theory of Practice.* Translated by Richard Nice. Cambridge: Cambridge University Press.

—. 1984. *Distinction: A Social Critique of the Judgement of Taste.* Translated by Richard Nice. Cambridge, MA: Harvard University Press.

Bourgois, Philippe, and Jeff Schonberg. 2009. *Righteous Dopefiend.* Berkeley: University of California Press.

Bradby, Hannah, Rachel Humphris, and Beatriz Padilla. 2018. "Universalism, Diversity and Norms: Gratitude, Healthcare and Welfare Chauvinism." *Critical Public Health* (Published Online Only): 1–13. https://doi.org/10.1080/09581596.2018.1522 420

Braff, Lara. 2013. "Somos Muchos (We Are So Many)." *Medical Anthropology Quarterly* 27 (1): 121–38.

Brinchmann, Berit Støre, and Per Nortvedt. 2001. "Ethical Decision Making in Neonatal Units: The Normative Significance of Vitality." *Medicine, Health Care and Philosophy* 4 (2): 193–200.

Brown, Hannah. 2010. "'If We Sympathise with Them, They'll Relax': Fear/Respect and

Medical Care in a Kenyan Hospital." *Medische Anthropologie* 22 (1): 125–42.

Brown, Wendy. 2004. "Finding the Man in the State." In *The Anthropology of the State: A Reader*, edited by Aradhana Sharma and Akhil Gupta, 187–210. Oxford: Blackwell.

Buch, Elana D. 2015. "Anthropology of Aging and Care." *Annual Review of Anthropology* 44 (1): 277–93.

Butler, Judith, Zeynep Gambetti, and Leticia Sabsay. 2016. *Vulnerability in Resistance*. Durham, NC: Duke University Press.

Cadge, Wendy, and Elizabeth Catlin. 2006. "Making Sense of Suffering and Death: How Health Care Providers Construct Meaning in a Neonatal Intensive Care Unit." *Journal of Religion and Health* 45 (2): 248–63.

Candea, Matei. 2010. "'I Fell in Love with Carlos the Meerkat': Engagement and Detachment in Human-Animal Relations." *American Ethnologist* 37 (2): 241–58.

Carsten, Janet. 1997. *The Heat of the Hearth: The Process of Kinship in a Malay Fishing Community*. Oxford: Oxford University Press.

Cassaniti, Julia. 2014. "Moralizing Emotion: A Breakdown in Thailand." *Anthropological Theory* 14 (3): 280–300.

Castañeda, Heide. 2008. "Paternity for Sale." *Medical Anthropology Quarterly* 22 (4): 340–59.

Cavarero, Adriana. *Inclinations: A Critique of Rectitude*. Stanford: Stanford University Press, 2016.

Cha-Aim Pachanee and Suwit Wibulpolprasert. 2006. "Incoherent Policies on Universal Coverage of Health Insurance and Promotion of International Trade in Health Services in Thailand." *Health Policy and Planning* 21 (4): 310–18.

Chitr Sitthi-Amorn, Ratana Somrongthong, and Wattana S. Janjaroen. 2001. "Economic and Health Care Restructuring: The Need for Better Governance." *International Journal of Epidemiology* 30 (4): 717–19.

Chularat Saengpassa. 2018. "People to Pay More for Medical Care under Healthcare Reform." *The Nation*, April 23.

Chutima Siripanumas, Suphanchaimat, R., Nittayasoot, N., & Sawaengdee, K. 2022. "Distribution of Physicians to Public Health Facilities and Factors Contributing to New Medical Graduates Serving in Public Facilities, 2016-2020 Thailand." *Risk Management and Healthcare Policy* 15: 1975–85.

Chutima Suraratdecha, Somying Saithanu, and Viroj Tangcharoensathien. 2005. "Is Universal Coverage a Solution for Disparities in Health Care? Findings from Three Low-Income Provinces of Thailand." *Health Policy* 73 (3): 272–84.

Cohen, Lawrence. 2004. "Operability: Surgery at the Margin of the State." In *Anthropology in the Margins of the State*, edited by Veena Das and Deborah Poole, 165–90. Santa Fe, NM: School of American Research Press.

Cohen, Paul. 1989. "The Politics of Primary Health Care in Thailand, with Special Reference to Non-Government Organizations." In *The Political Economy of Primary Health Care in Southeast Asia*, edited by Paul Cohen and John Purcal, 159–76. Canberra: Australian Development Studies Network.

Dao, Amy, and Jessica Mulligan. 2015. "Toward an Anthropology of Insurance and Health Reform." *Medical Anthropology Quarterly* 30 (1): 5–17.

Das, Veena. 2010. "Engaging the Life of the Other." In *Ordinary Ethics: Anthropology, Language, and Action*, edited by M. Lambek, 376–99. New York: Fordham University Press.

—. 2015. *Affliction: Health, Disease, Poverty*. New York: Fordham University Press.

Das, Veena, and Deborah Poole. 2004. *Anthropology in the Margins of the State*. Santa Fe, NM: School of American Research Press.

Davis, Richard. 1984. *Muang Metaphysics: A Study of Northern Thai Myth and Ritual*. Bangkok, Thailand: Pandora.

Davis-Floyd, Robbie. 2004. *Birth as an American Rite of Passage*. Berkeley: University of California Press.

Day, Sophie. 2015. "Waiting and the Architecture of Care." In *Living and Dying in the Contemporary World: A Compendium*, edited by Veena Das and Clara Han, 167–84.

Berkeley: University of California Press.

De Genova, Nicholas. 2002. "Migrant 'Illegality' and Deportability in Everyday Life." *Annual Review of Anthropology* 31:419–47.

Desjarlais, Robert. 2016. *Subject to Death: Life and Loss in a Buddhist World.* Chicago: University of Chicago Press.

Drèze, Sen, and Amartya Sen. 2013. *An Uncertain Glory: India and Its Contradictions.* Princeton, NJ: Princeton University Press.

Durkheim, Émile. 2001. *The Elementary Forms of Religious Life.* Translated by Carol Cosman and Mark S. Cladis. Oxford: Oxford University Press.

Eberhardt, Nancy. 2006. *Imagining the Course of Life: Self-Transformation in a Shan Buddhist Community.* Honolulu: University of Hawai'i Press.

Engel, Davis, and Jaruwan Engel. 2010. *Tort, Custom, and Karma.* Chiang Mai: Silkworm Books.

Farmer, Paul. 1996. "On Suffering and Structural Violence: A View from Below." *Daedalus* 125 (1): 261–83.

—. 2003. *Pathologies of Power: Health, Human Rights, and the New War on the Poor.* Berkeley: University of California Press.

—. 2004. "An Anthropology of Structural Violence." *Current Anthropology* 45 (3): 305–25.

Farrely, Nicholas. 2012. "Exploitation and Escape: Journeys across the Burma-Thailand Frontier." In *Labour Migration and Human Trafficking in Southeast Asia: Critical Perspectives,* edited by Michelle Ford, Lenore Lyons, and William van Schendel, 130–48. New York: Routledge.

Fassin, Didier. 2009. "Another Politics of Life Is Possible." *Theory, Culture, Society* 26 (5): 44–60.

—. 2010. "Ethics of Survival: A Democratic Approach to the Politics of Life." *Humanity* 1 (1): 81–96.

—. 2012. *Humanitarian Reason: A Moral History of the Present.* Berkeley: University of

California Press.

Ferguson, James. 2015. *Give a Man a Fish: Reflections on the New Politics of Distribution*. Durham, NC: Duke University Press.

Ferrarese, Estelle. 2016. "Vulnerability: A Concept with Which to Undo the World as It Is?" *Critical Horizons: A Journal of Philosophy and Social Theory* 17 (2): 149–59.

Foucault, Michel. 1973. *The Birth of the Clinic: An Archaeology of Medical Perception*. New York: Pantheon Books.

—. 1978. *The History of Sexuality*. Vol. 1. New York: Pantheon Books.

—. 2000. "Governmentality." In *The Essential Works of Foucault, 1954–1984*, vol. 3, *Power*, edited by James Faubion, 201–22. New York: New Press.

Franklin, Sarah. 1997. *Embodied Progress: A Cultural Account of Assisted Conception*. London: Routledge.

Fraser, Nancy. 2016. "Contradictions of Capital and Care." *New Left Review* 100:99–117.

Frohock, Fred M. 1986. *Special Care: Medical Decisions at the Beginning of Life*. Chicago: University of Chicago Press.

Gammeltoft, Tina. 2014. *Haunting Images: A Cultural Account of Selective Reproduction in Vietnam*. Berkeley: University of California Press.

Garcia, Angela. 2010. *The Pastoral Clinic: Addiction and Dispossession along the Rio Grande*. Berkeley: University of California Press.

Geertz, Clifford. 1973. *Interpretation of Cultures*. New York: Basic Books.

Ghebreyesus, Tedros Adhanom. 2017. "All Roads Lead to Universal Health Coverage." *Lancet Global Health* 5 (9): e839–40.

Gilligan, Carol. 1982. *In a Different Voice: Psychological Theory and Women's Development*. Cambridge, MA: Harvard University Press.

Glenn, Evelyn Nakano. 2010. *Forced to Care: Coercion and Caregiving in America*. Cambridge, MA: Harvard University Press.

Golomb, Louis. 1984. "The Curer as Cultural Intermediary in Southern Thailand." *Social Science & Medicine* 18 (2): 111–15.

Gottret, Pablo, George Schieber, and Hugh Waters. 2008. *Good Practices in Health Financing: Lessons from Reforms in Low and Middle-Income Countries.* Washington, DC: World Bank.

Graeber, David. 2001. *Toward an Anthropological Theory of Value: The False Coin of Our Own Dreams.* New York: Palgrave.

Green, Linda. 2009. "The Fear of No Future: Guatemalan Migrants, Dispossession and Dislocation." *Anthropologica* 51 (2): 327–41.

Greenhalgh, Sarah, and Edwin A. Winckler. 2005. *Governing China's Population: From Leninist to Neoliberal Biopolitics.* Stanford: Stanford University Press.

Grosz, Elizabeth. 2005. *Time Travels: Feminism, Nature, Power.* Durham, NC: Duke University Press.

Gupta, Akhil. 1995. "Blurred Boundaries: The Discourse of Corruption, the Culture of Politics, and the Imagined State." *American Ethnologist* 22 (2): 375–402.

—. 2012. *Red Tape: Bureaucracy, Structural Violence, and Poverty in India.* Durham, NC: Duke University Press.

Haggard, Stephan, and Robert R. Kaufman. 2008. *Development, Democracy, and Welfare States: Latin America, East Asia, and Eastern Europe.* Princeton, NJ: Princeton University Press.

Hale, Ann. 1979. "A Reassessment of Northern Thai Matrilineages." *Mankind* 12 (2): 138–50.

Hall, Andy. 2011. "Migration and Thailand: Policy, Perspectives and Challenges." In *Thailand Migration Report*, edited by Jerrold W. Huguet and Aphichat Chamratrithirong, 17–35. Bangkok: IOM International Organization for Migration.

Handley, Paul. 2006. *The King Never Smiles: A Biography of Thailand's Bhumibol Adulyadej.* New Haven, CT: Yale University Press.

Hanks, Jane. 1963. *Maternity and Its Rituals in Bang Chan.* Ithaca, NY: Southeast Asia Program, Department of Asia Studies, Cornell University.

Hansen, Thomas and Finn Stepputat. 2006. "Sovereignty Revisited." *Annual Review of*

Anthropology 35 (1): 295–315.

Haraway, Donna. (1985) 2003. "A Manifesto for Cyborgs: Science, Technology, and Socialist Feminism in the 1980s." In *The Haraway Reader*, edited by Donna J. Haraway, 7–46. New York: Routledge.

Harris, Joseph. 2012. "A Right to Health? Professional Networks, HIV/AIDS, and the Politics of Universal Health Care." PhD diss., University of Wisconsin–Madison.

——. 2013. "Uneven Inclusion: Consequences of Universal Healthcare in Thailand." *Citizenship Studies* 17 (1): 111–27.

——. 2015. "'Developmental Capture' of the State: Explaining Thailand's Universal Coverage Policy." *Journal of Health Politics, Policy and Law* 40 (1): 165–93.

——. 2017. *Achieving Access: Professional Movements and the Politics of Health Universalism*. Ithaca, NY: Cornell University Press.

Held, Virginia. 2006. *The Ethics of Care: Personal, Political, and Global*. Oxford: Oxford University Press.

Herzfeld, Michael. 2016. *Siege of the Spirits: Community and Polity in Bangkok*. Chicago: University of Chicago Press.

Hewison, Kevin. 2005. "Neo-Liberalism and Domestic Capital: The Political Outcomes of the Economic Crisis in Thailand." *Journal of Development Studies* 41 (2): 310–30.

——. 2017. "Reluctant Populists: Learning Populism in Thailand." *International Political Science Review* 38 (4): 426–40.

High, Holly. 2006. "Ritualising Residency: Territory Cults and a Sense of Place in Southern Lao PDR." *The Asia Pacific Journal of Anthropology* 7 (3): 251–63.

——. 2014. *Fields of Desire: Poverty and Policy in Laos*. Singapore: NUS Press.

Holmes, Seth. 2013. *Fresh Fruit, Broken Bodies: Migrant Farmworkers in the United States*. Berkeley: University of California Press.

Holt, John. 2009. *Spirits of the Place: Buddhism and Lao Religious Culture*. Honolulu: University of Hawai'i Press.

Honneth, Axel, Jacques Rancière, and Katia Genel. 2016. *Recognition or Disagreement:*

A Critical Encounter on the Politics of Freedom, Equality, and Identity. New York: Columbia University Press.

Hull, Matthew. 2012a. "Documents and Bureaucracy." Annual Review of Anthropology 41 (1): 251–67.

—. 2012b. Government of Paper: The Materiality of Bureaucracy in Urban Pakistan. Berkeley: University of California Press.

Humphrey, Caroline. 2004. "Sovereignty." In A Companion to the Anthropology of Politics, edited by David Nugent and Joan Vincent, 418–36. Malden, MA: Blackwell.

—. 2012. "Hospitality and Tone: Holding Patterns for Strangeness in Rural Mongolia." Journal of Royal Anthropological Institute, n.s., 18:S63–75.

Ingold, Tim. 2011. Being Alive: Essays on Movement, Knowledge and Description. London: Routledge.

Irvine, Walter. 1982. "The Thai-Yuan 'Madman' and the 'Modernizing, Developing Thai Nation' as Bounded Entities under Threat: A Study in the Replication of a Single Image." PhD diss., University of London.

Jackson, Peter A. 1999a. "The Enchanting Spirit of Thai Capitalism: The Cult of Luang Phor Khoon and the Post-Modernization of Thai Buddhism." South East Asia Research 7 (1): 5–60.

—. 1999b. "Royal Spirits, Chinese Gods, and Magic Monks: Thailand's Boom-Time Religions of Prosperity." South East Asia Research 7 (3): 245–320.

—. 2004. "The Tapestry of Language and Theory: Reading Rosalind Morris on Post-Structuralism and Thai Modernity." South East Asia Research 12 (3): 337–77.

—. 2010. "Virtual Divinity: A 21st-Century Discourse of Thai Royal Influence." In Saying the Unsayable: Monarchy and Democracy in Thailand, edited by Søren Ivarsson and Lotte Isager, 29–60. Copenhagen: NIAS Press.

Jacob, Marie-Andree. 2007. "Form-Made Persons: Consent Forms as Consent's Blind Spot." Political and Legal Anthropology Review 30 (2): 249–68.

Johnson, Derina, Liberty Thawda, Sid Mone Thwe, and Hay Mar San. 2015. "Discovering

Culturally Appropriate Psychosocial Care for Children and Young People." In *Trauma and Recovery on War's Border: A Guide for Global Health Workers*, edited by Kathleen Allden and Nancy Murakami, 109–40. Hanover, NH: Dartmouth College Press.

Kamol Somvichian. 1976. "The Thai Political Culture and Political Development." In *Modern Thai Politics: From Village to Nation*, edited by Clark D. Neher, 153–69. Cambridge: Schenkman.

Karanikolos, Marian, Philipa Mladovsky, Jonathan Cylus, Sarah Thomson, Sanjay Basu, David Stuckler, Johan P. Mackenbach, and Martin McKee. 2013. "Financial Crisis, Austerity, and Health in Europe." *The Lancet* 381 (9874): 1323–31.

Katz, Pearl. 1981. "Ritual in the Operating Room." *Ethnology* 20 (4): 335–50.

Kaufman, Sharon. 2003. "Hidden Places, Uncommon Persons." *Social Science & Medicine* 56 (11): 2249–61.

Keane, Webb. 2016. *Ethical Life: Its Natural and Social Histories*. Princeton, NJ: Princeton University Press.

Kelly, Tobias. 2006. "Documented Lives: Fear and the Uncertainties of Law during the Second Palestinian Intifada." *Journal of the Royal Anthropological Institute* 12 (1): 89–107.

Kenner, Carole, and Judy Wright Lott. 2013. *Comprehensive Neonatal Nursing Care*. New York: Springer.

Keown, Damien. 1995. *Buddhism & Bioethics*. New York: St. Martin's.

Keshavjee, Salmaan. 2014. *Blind Spot: How Neoliberalism Infiltrated Global Health*. Berkeley: University of California Press.

Keyes, Charles. 1983. "Merit-Transference in the Karmic Theory of Popular Theravada Buddhism." In *Karma: An Anthropological Inquiry*, edited by Charles F. Keyes and E. Valentine Daniel, 261–86. Berkeley: University of California Press.

—. 2002. "Presidential Address: 'The Peoples of Asia': Science and Politics in the Classification of Ethnic Groups in Thailand, China, and Vietnam." *Journal of Asian Studies* 61 (4): 1163–203.

Keyes, Charles, and Valentine Daniel, eds. 1983. *Karma an Anthropological Inquiry.* Berkeley: University of California Press.

Kim, Jim Yong. 2013. "World Bank Group President Jim Yong Kim's Speech at World Health Assembly: Poverty, Health and the Human Future." World Bank, May 21. http://www.worldbank.org/en/news/speech/2013/05/21/world-bank-group-president-jim-yong-kim-speech-at-world-health-assembly.

Kittay, Eva Feder, and Ellen K. Feder. 2002. *The Subject of Care: Feminist Perspectives on Dependency.* Lanham, MD: Rowman & Littlefield.

Kleinman, Arthur. 2006. *What Really Matters: Living a Moral Life amidst Uncertainty and Danger.* Oxford: Oxford University Press.

—. 2015. "Care: In Search of a Health Agenda." *The Lancet* 386 (9990): 240–41.

—. 2017. "Presence." *The Lancet* 389 (10088): 2466–67.

Kuhonta, Erik. 2003. "The Political Economy of Equitable Development in Thailand." *American Asian Review* 21 (4): 69–108.

—. 2017. "The Politics of Health Care Reform in Thailand." In *Towards Universal Health Care in Emerging Economies*, edited by Ilcheong Yi, 91–118. Palgrave Macmillan, London.

Kwon, Soonman. 2009. "Thirty Years of National Health Insurance in South Korea: Lessons for Achieving Universal Health Care Coverage." *Health Policy and Planning* 24 (1): 63–71.

Ladwig, Patrice. 2012. "Visitors from Hell: Transformative Hospitality to Ghosts in a Lao Buddhist Festival." *Journal of Royal Anthropological Institute*, n.s., 18:S90–102.

Laidlaw, James. 2000. "A Free Gift Makes No Friends." *Journal of the Royal Anthropological Institute* 6 (4): 617–34.

—. 2010. "Agency and Responsibility: Perhaps You Can Have Too Much of a Good Thing." In *Ordinary Ethics: Anthropology, Language, and Action*, edited by Michael Lambek, 143–64. New York: Fordham University Press.

Langford, Jean. 2005. "Spirits of Dissent: Southeast Asian Memories and Disciplines of

돌봄이 이끄는 자리

Death." *Comparative Studies of South Asia, Africa and the Middle East* 25 (1): 161–76.

———. 2009. "Gifts Intercepted: Biopolitics and Spirit Debt." *Cultural Anthropology* 24 (4): 681–711.

Lantos, John D. 2001. *The Lazarus Case: Life-and-Death Issues in Neonatal Intensive Care*. Baltimore: Johns Hopkins University Press.

Leach, Edmund. 1982. *Social Anthropology*. Oxford: Oxford University Press.

Leiter, Karen, Voravit Suwanvanichkij, Ingrid Tamm, Vincent Iacopino, and Chris Beyrer. 2006. "Human Rights Abuses and Vulnerability to HIV/AIDS: The Experiences of Burmese Women in Thailand." *Health and Human Rights* 9 (2): 88–111.

Lévinas, Emmanuel. 1981. *Otherwise Than Being: Or, Beyond Essence*. Hague: Kluwer Boston.

Livingston, Julie. 2012. *Improvising Medicine: An African Oncology Ward in an Emerging Cancer Epidemic*. Durham, NC: Duke University Press.

Long, Debbi, Cynthia Hunter, and Sjaak van der Geest. 2008. "When the Field Is a Ward or a Clinic: Hospital Ethnography." *Anthropology & Medicine* 15 (2): 71–78.

Lyttleton, Chris. 1996. "Health and Development: Knowledge Systems and Local Practice in Rural Thailand." *Health Transition Review* 6 (1): 25–48.

Marshall, A. I., Witthayapipopsakul, W., Chotchoungchatchai, S., Wangbanjongkun, W., & Tangcharoensathien, V. 2023. "Contracting the Private Health Sector in Thailand's Universal Health Coverage." *PLOS Global Public Health* 3 (4).

Martin, Emily. 1987. *The Woman in the Body: A Cultural Analysis of Reproduction*. Boston: Beacon.

Mattingly, Cheryl. 2010. *The Paradox of Hope Journeys through a Clinical Borderland*. Berkeley: University of California Press.

Mauss, Marcel. (1954) 1990. *The Gift: The Form and Reason for Exchange in Archaic Societies*. Translated by W. D. Halls. London: Routledge.

———. (1960) 1992. "Techniques of the Body." In *Incorporations*, edited by Jonathan Crary and Sanford Kwinter, 455–77. New York: Zone.

McDaniel, Justin Thomas. 2011. *The Lovelorn Ghost and the Magical Monk: Practicing Buddhism in Modern Thailand.* New York: Columbia University Press.

McGuire, James. 2010. *Wealth, Health, and Democracy in East Asia and Latin America.* London: Cambridge.

McMorran, M. V. 1984. "Northern Thai Ancestral Cults: Authority and Aggression." *Mankind* 14 (4): 308–14.

Meehan, Katie, and Kendra Strauss, eds. 2015. *Precarious Worlds: Contested Geographies of Social Reproduction.* Athens: University of Georgia Press.

Mesman, Jessica. 2008. *Uncertainty and Medical Innovation in Neonatal Care: Experienced Pioneers in Neonatal Care.* Basingstoke, UK: Palgrave Macmillan.

Migrant Assistance Programme Foundation. 2012. *Regular Rights: Do Documents Improve Migrants' Lives?* Chiang Mai: MAP Foundation.

Mills, Mary Beth. 2012. "Thai Mobilities and Cultural Citizenship." *Critical Asian Studies* 44 (1): 85–112.

Ministry of Public Health. 2021. "Geographic Information System on Health 2021." Ministry of Public Health. Accessed December 1, 2021. http://gishealth.moph.go.th/healthmap/gmap.php.

Mitchell, Katharyne, Cindi Katz, and Sallie A. Marston. 2004. *Life's Work: Geographies of Social Reproduction.* Hoboken, NJ: Wiley-Blackwell.

Mol, Annemarie. 2002. *The Body Multiple: Ontology in Medical Practice.* Durham, NC: Duke University Press.

——. 2008. *The Logic of Care: Health and the Problem of Patient Choice.* London: Routledge.

Mol, Annemarie, Ingunn Moser, and Jeannette Pols. 2010. *Care in Practice: On Tinkering in Clinics, Homes and Farms.* Bielefeld: Transcript.

Morris, Rosalind. 2000. *In the Place of Origins: Modernity and Its Mediums in Northern Thailand.* Durham, NC: Duke University Press.

Mougne, Christine. 1975. *An Ethnography of Reproduction: Changing Fertility Patterns in Northern Thailand.* London: School of Oriental and African Studies, University of

London.

Muecke, Marjorie. 1979. "An Explication of 'Wind Illness' in Northern Thailand." *Culture, Medicine and Psychiatry* 3:267–300.

Muecke, Marjorie, and Wichit Srisuphan.1989. "Born Female: The Development of Nursing in Thailand." *Social Science & Medicine* 29 (5): 643–52.

Mulder, Niels. 1979. *Everyday Life in Thailand: An Interpretation.* Bangkok: Duang Kamol.

Nam, Illan. 2015. *Democratizing Health Care Welfare State Building in Korea and Thailand.* Houndmills: Palgrave Macmillan.

Nanchanok Wongsamuth. 2016. "Operating Within the Lawsuits." *Bangkok Post*, May 29.

Navaro-Yashin, Yael. 2007. "Make-Believe Papers, Legal Forms and the Counterfeit: Affective Interactions Between Documents and People in Britain and Cyprus." *Anthropological Theory* 7 (1): 79–98.

Nguyen, Vinh-Kim. 2010. *The Republic of Therapy: Triage and Sovereignty in West Africa's Time of AIDS.* Durham, NC: Duke University Press.

Nyein Nyein. 2013a. "Burmese Migrants to See Thai Work Eligibility Extended." *The Irrawaddy*, September 2.

——. 2013b. "Thai Police in Chiang Mai Arrest 200 Burmese Migrant Workers." *The Irrawaddy*, July 4.

Nyo Nyo. 2001. "Burmese Children in Thailand: Legal Aspects." *Legal Issues on Burma Journal* 10 (1): 51–56.

O'Toole, Bill. 2013a. "Migrants in Limbo as Thai Visas Expire." *Myanmar Times*, August 25.

——. 2013b. "Myanmar Workers Face Expiration of Work Visas." *Myanmar Times*, August 16.

Padmini Srikantiah, Massimo Ghidinelli, Damodar Bachani, Sanchai Chasombat, Esorom Daoni, Dyah Mustikawati, Do Nhan, Laxmi Pathak, Khin San, Mean Vun, Fujie Zhang, Ying-Ru Lo, and Jai Narain. 2010. "Scale-up of National Antiretroviral Therapy Programs: Progress and Challenges in the Asia Pacific Region." *AIDS* 24 (S3): S62–71.

Parry, James. 1989. "On the Moral Perils of Exchange." In *Money and the Morality of Exchange*, edited by J. Parry and M. Bloch, 64–93. Cambridge: Cambridge University Press.

Pasuk Phongpaichit, and Chris Baker. 2000. *Thailand's Crisis*. Chiang Mai: Silkworm Books.

—. 2009. *Thaksin*. Chiang Mai: Silkworm Books.

—. 2016. *Unequal Thailand: Aspects of Income, Wealth, and Power*. Singapore: NUS Press.

Petryna, Adriana. 2002. *Life Exposed*. Princeton, NJ: Princeton University Press.

Phusit Prakongsai and Viroj Tangcharoensathien. 2005. "Private Practice Among Public Medical Doctor: The Thailand Experience." *What is Talked About Less in Health Care Reform?* National Health Security Office, Thailand.

Pinkaew Laungaramsri. 2014. "Contested Citizenship: Cards, Colors, and the Culture of Identification." In *Ethnicity, Borders, and the Grassroots Interface with the State: Studies on Southeast Asia*, edited by John A. Marston, 143–62. Chiang Mai: Silkworm Books.

Pitch Phongsawat. 2004. "Senthang prachathippatai lae kan prap tua khong rat thai nai rabop Thaksin [Democracy and state adjustment under Thaksin]." *Fa Dieo Kan* 2.

—. 2007. "Border Partial Citizenship, Border Towns, and Thai–Myanmar Cross-Border Development: Case Studies at the Thai Border Towns." PhD diss., University of California, Berkeley.

Pitrou, Perig. 2014. "Life as a Process of Making in the Mix Highlands (Oaxaca, Mexico): Towards a 'General Pragmatics' of Life." *Journal of the Royal Anthropological Institute* 21:86–105.

Poulsen, Anders. 1984. "Customs and Rites Connected with Pregnancy and Childbirth in a Northeastern Thai Village." *Asian Folklore Studies* 43:63–70.

—. 2007. *Childbirth and Tradition in Northeast Thailand: Forty Years of Development and Cultural Change*. Copenhagen: NIAS.

Povinelli, Elizabeth A. 2011. *Economies of Abandonment: Social Belonging and Endurance* in *Late Liberalism*. Durham, NC: Duke University Press.

Prachatai. 2017. "Problems of Thai Healthcare Bigger than Toon Can Solve." *Prachatai*, December 25.

Pranee Liamputtong. 2004. "Yu Duan Practices as Embodying Tradition, Modernity and Social Change in Chiang Mai, Northern Thailand." *Women & Health* 40 (1): 79–99.

Pranee Liamputtong, Niphattra Haritavorn, and Niyada Kiatying-Angsulee. 2013. "Women, Motherhood, and Living Positively: The Lived Experience of Thai Women Living with HIV/AIDS." In *Women, Motherhood and Living with HIV/AIDS: A Cross-Cultural Perspective*, edited by Pranee Liamputtong, 231–47. London: Springer.

Prapaporn Mongkhonvanit and Piya Hanvoravongchai. 2014. *The Impacts of Universalization: A Case Study on Thailand's Social Protection and Universal Health Coverage*. Geneva: UNRISD.

Puig de la Bellacasa, María. 2011. "Matters of Care in Technoscience: Assembling Neglected Things." *Social Studies of Science* 41 (1): 85–106.

——. 2017. *Matters of Care: Speculative Ethics in More Than Human Worlds*. Minneapolis: University of Minnesota Press.

Rabinow, Paul. 1992. "Artificiality and Enlightenment: From Sociology to Biosociality." In *Incorporations*, edited by Jonathan Crary and Sanford Kwinter, 234–52. New York: Zone Books.

Rancière, Jacques. 2004. "Who Is the Subject of the Rights of Man?" *South Atlantic Quarterly* 103 (2/3): 297–310.

——. 2011. "The Thinking of Dissensus: Politics and Aesthetics." In *Reading Rancière*, edited by Paul Bowman and Richard Stamp, 1–17. London: Continuum.

Rapeepong Suphanchaimat, Kanang Kantamaturapoj, Nareerut Pudpong, Weerasak Putthasri, and Anne Mills. 2016. "Health Insurance for People with Citizenship Problems in Thailand: A Case Study of Policy Implementation." *Health Policy and Planning* 31:229–38.

Rapeepong Suphanchaimat, Nareerut Pudpong, Phusit Prakongsai, Weerasak Putthasri,

Johanna Hanefeld, and Anne Mills. 2019. "The Devil Is in the Detail: Understanding Divergence between Intention and Implementation of Health Policy for Undocumented Migrants in Thailand." *International Journal of Environmental Research and Public Health* 16 (6): 1–19.

Rapp, Rayna. 1999. *Testing Women, Testing the Fetus: The Social Impact of Amniocentesis in America*. New York: Routledge.

Reader, Soran. 2007. "The Other Side of Agency." *Philosophy* 82 (4): 579–604.

—. 2010. "Agency, Patiency, and Personhood." In *A Companion to the Philosophy of Action*, edited by Timothy O'Connor and Constantine Sandis, 200–208. Malden, MA: Wiley-Blackwell.

Redfield, Peter. 2005. "Doctors, Borders and Life in Crisis." *Cultural Anthropology* 20 (3): 328–61.

Reeves, Madeleine. 2013. "Clean Fake: Authenticating Documents and Persons in Migrant Moscow." *American Ethnologist* 40 (3): 508–24.

Reynolds, Craig J. 2005. "Power." In *Critical Terms for the Study of Buddhism*, edited by Donal S. Lopez Jr., 211–28. Chicago: University of Chicago Press.

Rice, Pranee Liamputtong, and Lenore Manderson, eds. 1996. *Maternity and Reproductive Health in Asian Societies*. Amsterdam: Harwood Academic.

Rigg, Jonathan. 2015. *Challenging Southeast Asian Development: The Shadows of Success*. London: Routledge.

Robinson, Fiona. 2011. *The Ethics of Care: A Feminist Approach to Human Security*. Philadelphia: Temple University Press.

Rose, Nikolas and Carlos Novas. 2004. "Biological Citizenship." In *Global Assemblages: Technology, Politics, and Ethics as Anthropological Problems*, edited by Aihwa Ong and Stephen J. Collier, 439–63. London: Blackwell.

Sakolsatayadorn Piyasakol. 2016. "Thailand: At the Forefront of Universal Health Coverage." Medium, December 12. https://medium.com/health-for-all/thailand-at-the-forefront-of-universal-health-coverage-d1bb9c0c3e79.

Saltman, Richard. 2004. "Social Health Insurance in Perspective: The Challenge of Sustaining Stability." In *Social Health Insurance Systems in Western Europe*, edited by Richard Saltman, Reinhard Busse, and Josep Figueras, 3-20. Maidenhead: Open University Press.

Samrit Srithamrongsawat, Ratanapron Wisessang, and Sarinthorn Ratjaroenkhajorn. 2010. *Financing Health Care for Migrants: A Case Study from Thailand*. Bangkok: International Organization for Migration.

Sansnee Jirojwong. 1996. "Health Beliefs and the Use of Antenatal Care among Pregnant Women in Southern Thailand." In *Maternity and Reproductive Health in Asian Societies*, edited by Pranee Liamputtong Rice and Lenore Manderson, 61-82. Amsterdam: Harwood Academic.

Scheper-Hughes, Nancy. 1992. *Death without Weeping: The Violence of Everyday Life in Brazil*. Berkeley: University of California Press.

—. 2008. "A Talent for Life: Reflections on Human Vulnerability and Resilience." *Ethnos* 73 (1): 25-56.

Scott, James. 1998. *Seeing Like a State: How Certain Schemes to Improve the Human Condition Have Failed*. New Haven, CT: Yale University Press.

Sen, Amartya. 2015. "Universal Healthcare: The Affordable Dream." *The Guardian*, January 6.

Seo, Bo Kyeong. 2019. "Populist Becoming: The Red Shirt Movement and Political Affliction in Thailand." *Cultural Anthropology* 34 (4): 555-79.

Seo, Bo Kyeong. Forthcoming. "Habits of Maintenance: Infrastructure for Chronic Living." *Current Anthropology*.

Sevenhuijsen, Selma. 1998. *Citizenship and the Ethics of Care: Feminist Considerations on Justice, Morality, and Politics*. London: Routledge.

Seymour, Jane. 2001. *Critical Moments: Death and Dying in Intensive Care*. Buckingham: Open University Press.

Singh, Bhrigupati. 2012. "The Headless Horseman of Central India: Sovereignty at

Varying Thresholds of Life." *Cultural Anthropology* 27 (2): 383–407.

——. 2015. *Poverty and the Quest for Life: Spiritual and Material Striving in Rural India.* Chicago: University of Chicago Press.

Star, Susan Leigh. 1999. "The Ethnography of Infrastructure." *American Behavioral Scientist* 43 (3): 377–91.

Stasch, Rupert. 2009. *Society of Others: Kinship and Mourning in a West Papuan Place.* Berkeley: University of California Press.

Stevenson, Lisa. 2014. *Life Beside Itself: Imagining Care in the Canadian Arctic.* Berkeley: University of California Press.

Stonington, Scott. 2012. "On Ethical Locations: The Good Death in Thailand, Where Ethics Sit in Places." *Social Science & Medicine* 75 (5): 836–44.

Strathern, Marilyn. 1988. *The Gender of the Gift: Problems with Women and Problems with Society in Melanesia.* Berkeley: University of California Press.

——. 2004. *Partial Connections.* Walnut Creek, CA: AltaMira.

Street, Alice. 2012. "Seen by the State: Bureaucracy, Visibility and Governmentality in a Papua New Guinean Hospital." *Australian Journal of Anthropology* 23 (1): 1–21.

——. 2014. *Biomedicine in an Unstable Place: Infrastructure and Personhood in a Papua New Guinean Hospital.* Durham, NC: Duke University Press.

Street, Alice, and Simon Coleman. 2012. "Introduction: Real and Imagined Spaces." *Space and Culture* 15 (1): 4–17.

Supasit Pannarunothai, Direk Patmasiriwat, and Samrit Srithamrongsawat. 2004. "Universal Health Coverage in Thailand: Ideas for Reform and Policy Struggling." *Health Policy* 68 (1): 17–30.

Supon Limwattananon, Viroj Tangcharoensathien, Kanjana Tisayaticom, Tawekiat Boonyapaisarncharoen, and Phusit Prakongsai. 2012. "Why Has the Universal Coverage Scheme in Thailand Achieved a Pro-Poor Public Subsidy for Health Care?" *BMC Public Health* 12 (1): 1–11.

Supon Limwattananon, Viroj Tangcharoensathien, and Phusit Prakongsai. 2010. "Equity in Maternal and Child Health in Thailand." *Bulletin of the World Health Organization* 88 (6): 420–27.

Suriya Samutkhupt et al. 1996. *SongJao Khao Phi: Watthakam Khorng Latthi-Phithi Lae Wikrittikankhorng Khwam-Than-Samai Nai Sangkhom Thai* [Spirit Medium Cult Discourses and Crises of Modernity in Thailand]. Nakhon Ratchasima, Thailand: Suranaree University of Technology.

Suwit Wibulpolprasert and Paichit Pengpaibon. 2003. "Integrated Strategies to Tackle the Inequitable Distribution of Doctors in Thailand: Four Decades of Experience." *Human Resources for Health* 1 (1): 1–12.

Symonds, Patricia. 1996. "Journey to the Land of Light: Birth among Hmong Women." In *Maternity and Reproductive Health in Asian Societies*, edited by Pranee Liamputtong Rice and Lenore Manderson, 103–24. Amsterdam: Harwood Academic.

Tambiah, Stanley Jeyaraja. 1970. *Buddhism and the Spirit Cults in North-East Thailand*. Cambridge: Cambridge University Press.

—. 1976. *World Conqueror and World Renouncer: A Study of Buddhism and Polity in Thailand against a Historical Background*. Cambridge: Cambridge University Press.

—. 1984. *The Buddhist Saints of the Forest and the Cult of Amulets: A Study in Charisma, Hagiography, Sectarianism, and Millennial Buddhism*. Cambridge: Cambridge University Press.

—. 1985. "A Thai Cult of Healing." In *Culture, Thought, and Social Action: An Anthropological Perspective*, edited by Stanley Jeyaraja Tambiah, 87–122. Cambridge, MA: Harvard University Press.

Tannenbaum, Nicola. 1995. *Who Can Compete against the World? Power-Protection and Buddhism in Shan Worldview*. Ann Arbor, MI: Association for Asian Studies.

Tapp, Nicholas. 2010. *The Impossibility of Self: An Essay on the Hmong Diaspora*. Berlin: LIT.

Taylor, Philip. 2004. *Goddess on the Rise: Pilgrimage and Popular Religion in Vietnam*. Honolulu: University of Hawai'i Press.

Termsak Chalermpalanupap. 2019. "Thailand's Recent Elections: Disappointments, Surprises and Non-Surprises." *Perspective* (31). https://www.iseas.edu.sg/images/pdf/ISEAS_Perspective_2019_31.pdf.

Tewarit Somkotra and Leizel P. Lagrada. 2008. "Payments for Health Care and Its Effect on Catastrophe and Impoverishment: Experience from the Transition to Universal Coverage in Thailand." *Social Science & Medicine* 67 (12): 2027–35.

Thak Chaloemtiarana. 1979. *Thailand: The Politics of Despotic Paternalism*. Ithaca, NY: Southeast Asia Program Publications.

Thelen, Tatjana. 2015. "Care as Social Organization: Creating, Maintaining and Dissolving Significant Relations." *Anthropological Theory* 15 (4): 497–515.

Thithimadee Arphattanano. 2012. "Education that Leads to Nowhere: Thailand's Education Policy for Children of Migrants." *International Journal of Multicultural Education* 14 (1): 1–15.

Ticktin, Miriam. 2011. *Casualties of Care: Immigration and the Politics of Humanitarianism in France*. Berkeley: University of California Press.

Torpey, John. 2000. *The Invention of the Passport: Surveillance, Citizenship, and the State*. Cambridge: Cambridge University Press.

Townsend, Kimberley, and Pranee Liamputtong Rice. 1996. "A Baby Is Born in Site 2 Camp: Pregnancy, Birth and Confinement among Cambodian Refugee Women." In *Maternity and Reproductive Health in Asian Societies*, edited by Pranee Liamputtong Rice and Lenore Manderson, 125–44. Amsterdam: Harwood Academic.

Toyota, Mika. 2005. "Subjects of the Nation without Citizenship: The Case of 'Hill Tribes' in Thailand." In *Multiculturalism in Asia*, edited by Will Kymlicka and Baogang He, 110–35. Oxford: Oxford University Press.

Tronto, Joan C. 1993. *Moral Boundaries: A Political Argument for an Ethic of Care*. New York: Routledge.

—. 2013. *Caring Democracy Markets, Equality, and Justice*. New York: New York University Press.

Tsing, Anna Lowenhaupt. 2015. *The Mushroom at the End of the World: On the Possibility of Life in Capitalist Ruins*. Princeton, NJ: Princeton University Press.

van der Geest, Sjaak. 2018. "Review of Care/Sorge: Construction, Reproduction, and Dissolution of Significant Relationships by Tatjana Thelen." *Medicine Anthropology Theory* 5 (4): 136–41.

van der Geest, Sjaak, and Kaja Finkler. 2004. "Hospital Ethnography: Introduction." *Social Science & Medicine* 59 (10): 1995–2001.

Van Esterik, Penny. 1996. "Nurturance and Reciprocity in Thai Studies." In *State Power and Culture in Thailand*, edited by E. Paul Durrenberger, 22–46. New Haven, CT: Yale Southeast Asia Studies.

—. 2000. *Materializing Thailand*. Oxford: Berg.

Vermeulen, Eric. 2004. "Dealing with Doubt: Making Decisions in a Neonatal Ward in the Netherlands." *Social Science & Medicine* 59 (10): 2071–85.

Viroj Tangcharoensathien, Anne Mills, and Toomas Palu. 2015. "Accelerating Health Equity: The Key Role of Universal Health Coverage in the Sustainable Development Goals." *BMC Medicine* 13:101.

Viroj Tangcharoensathien, Supon Limwattananon, Walaiporn Patcharanarumol, Jadej Thammatacharee. 2014. "Monitoring and Evaluating Progress towards Universal Health Coverage in Thailand." *PLoS Med* 11 (9): e1001726. https://doi.org/10.1371/journal.pmed.1001726.

Viroj Tangcharoensathien, Walaiporn Patcharanarumol, Por Ir, Syed Mohamed Aljunid, Ali Ghufron Mukti, Kongsap Akkhavong, Eduardo Banzon, Dang Boi Huong, Hasbullah Thabrany, and Anne Mills. 2011. "Health-Financing Reforms in Southeast Asia: Challenges in Achieving Universal Coverage." *The Lancet* 377 (9768): 863–73.

Viroj Tangcharoensathien, Woranan Witthayapipopsakul, Warisa Panichkriangkrai, Walaiporn Patcharanarumol, and Anne Mills. 2018. "Health Systems Development in Thailand: A Solid Platform for Successful Implementation of Universal Health Coverage." *The Lancet* 391 (10126): 1205–23.

Walaiporn Patcharanarumol, Viroj Tangcharoensathlen, Supon Limwattananon, Warsa Panlchkrlangkral, Kumaree Pachanee, Waraporn Poungkantha, Lucy Gilson, and Anne Mills. 2011. "Why and How Did Thailand Achieve Good Health at Low Cost." In *"Good Health at Low Cost" 25 Years On: What Makes a Successful Health System?*, edited by Dina Balabanova, Martin McKee, and Anne Mills, 193–233. London: London School of Hygiene and Tropical Medicine.

Walker, Andrew. 2012. *Thailand's Political Peasants: Power in the Modern Rural Economy.* Madison: University of Wisconsin Press.

Walther, Frans. 2005. "Withholding Treatment, Withdrawing Treatment, and Palliative Care in the Neonatal Intensive Care Unit." *Early Human Development* 81:965–72.

Weiner, Noga. 2009. "The Intensive Medical Care of Sick, Impaired, and Preterm Newborns in Israel and the Production of Vulnerable Neonatal Subjectivities." *Medical Anthropology Quarterly* 23 (3): 320–41.

Weisz, J. R., S. Suwanlert, W. Chaiyasit, and B. Walter. 1987. "Over- and Undercontrolled Referral Problems among Children and Adolescents from Thailand and the United States: The Wat and Wai of Cultural Differences." *Journal of Consulting and Clinical Psychology* 55 (5): 719–26.

Whittaker, Andrea. 1996. "Primary Health Services in Rural Thailand: Problems of Translating Policy into Practice." *Asian Studies Review* 20 (1): 68–83.

—. 2000. *Intimate Knowledge: Women and Their Health in North-East Thailand.* St. Leonards, N.S.W.: Allen & Unwin.

—. 2004. *Abortion, Sin and the State in Thailand.* New York: Routledge Curzon.

WHO/World Bank. 2015. *Tracking Universal Health Coverage: First Global Monitoring Report.* Geneva: World Health Organization.

—. 2017. *Tracking Universal Health Coverage: 2017 Global Monitoring Report.* Geneva: World Health Organization.

Widlok, Thomas. 2004. "Sharing by Default? Outline of an Anthropology of Virtue." *Anthropological Theory* 4 (1): 53–70.

Wijeyewardene, Gehan. 1981. "Scrubbing Scurf: Medium & Deity in Chiang Mai." *Mankind* 13 (1): 1–14.

—. 1986. *Place and Emotion in Northern Thai Ritual Behaviour.* Bangkok, Thailand: Pandora.

Wilkinson, Iain, and Arthur Kleinman. 2016. *A Passion for Society: How We Think about Human Suffering.* Berkeley: University of California Press.

Willen, Sarah. 2005. "Birthing 'Invisible' Children: State Power, NGO Activism, and Reproductive Health among 'Illegal Migrant' Workers in Tel Aviv, Israel." *Journal of Middle East Women's Studies* 1 (2): 55–88.

—. 2012. "How Is Health-Related 'Deservingness' Reckoned? Perspectives from Unauthorized Im/migrants in Tel Aviv." *Social Science and Medicine* 74 (6): 812–21.

Wilson, Ara. 2008. "The Sacred Geography of Bangkok's Markets." *International Journal of Urban and Regional Research* 32 (3): 631–42.

—. 2010. "Medical Tourism in Thailand." In *Asian Biotech: Ethics and Communities of Fate*, edited by Aihwa Ong and Nancy N. Chen, 118–43. Durham, NC: Duke University Press.

—. 2011. "Foreign Bodies and National Scales: Medical Tourism in Thailand." *Body & Society* 17 (2–3): 121–37.

Win Techakehakij and Rajin Arora. 2017. "Rural Retention of New Medical Graduates from the Collaborative Project to Increase Production of Rural Doctors (CPIRD): a 12-year Retrospective Study." *Health Policy and Planning* 32 (6): 809–15.

Wind, Gitte. 2008. "Negotiated Interactive Observation: Doing Fieldwork in Hospital Settings." *Anthropology & Medicine* 15 (2): 79–89.

Worawan Chandoevwit. 2005. "Financing Universal Health-Care Coverage." *TDRI Quarterly Review* 20 (3): 14–19.World Health Organization. 2013. *The World Health Report 2013: Research for Universal Health Coverage.* Geneva: World Health Organization.

World Health Organization's Global Health Workforce Statistics. n.d. "Nurses and

Midwives (per 1,000 people)." World Health Organization's Global Health Workforce Statistics. Accessed March 19, 2019. https://data.worldbank.org/indicator/SH.MED. NUMW.P3?locations=TH.

Yang, Bryant Yuan Fu. 2007. "Life and Death Away from the Golden Land: The Plight of Burmese Migrant Workers in Thailand." *Asian-Pacific Law and Policy Journal* 8 (2): 485–535.

태국어 논문

พระยา สุนทรพิพิธ Phraya Sunthonphiphit. (1973) 2516. "วิญญาณ (Spirit) แห่งนักปกครอง (กรุงเทพฯ: อนุสรณ์ในงานพระราชทานเพลิงศพพระยาสุนทรพิพิธ)." In *Winyan [Spirit] haeng nak pokkhrong* [Spirit of the Governor]. Bangkok: Cremation Volume for Phraya Sunthonphiphit.

한국어 논문 및 단행본

김선 외, 2017, 『생계형 건강보험 체납자 실태조사 및 제도개선 연구』, 시민건강증진연구소.

김연희, 2024, 『뒤틀린 한국 의료: 의대 정원 너머 '진짜 보건의료 문제' 취재기』, 산지니.

김창오, 홍종원, 조미희, 최은희, 2020, 「거동불편 대상자를 위한 방문진료의원 모형」, 《한국노년학》 40권 6호, 1403~1428쪽.

미야노 마키코, 이소노 마호, 2021[2019], 『우연의 질병, 필연의 죽음』, 김영현 옮김, 다다서재.

보건복지부, 2018, 『필수의료의 지역 격차 없는 포용국가 실현을 위한 공공보건의료 발전 종합대책』, 보건복지부.

서보경, 2008, 「건강할 권리와 치료의 정치」, 《한국문화인류학》 41권 2호, 115~153쪽.

—, 2022, 「태국의 공공병원 체계와 지역 중심 의료인 교육」, 『동남아시아의 건강보장』, 전북대학교출판문화원, 107~132쪽.

신영수, 2023[2013], 「건강보험의 성과와 조망」, 『의료관리』, 서울대학교출판문화원.

씨부라파, 2022[1937], 『그림의 이면』, 신근혜 옮김, 을유문화사.

차재관, 미출간 토론문, 「자유 세션 3: 향후 5년 우리나라 보건의료의 두려운 미래」, 2023 건강정책학회 봄 학술대회.

찾아보기

돌봄이 이끄는 자리

돌봄이 이끄는 자리

모두를 위한 의료와 보살피는 삶의 인류학

1판 1쇄 찍음 2025년 1월 24일
1판 1쇄 펴냄 2025년 2월 13일

지은이	서보경	
옮긴이	오숙은	
편집	최예원 박아름 최고은	
미술	김낙훈 한나은 김혜수	
전자책	이미화	
마케팅	정대용 허진호 김채훈 홍수현	
	이지원 이지혜 이호정	
홍보	이시윤 윤영우	
저작권	남유선 김다정 송지영	
제작	임지헌 김한수 임수아 권순택	
관리	박경희 김지현 박성민	
펴낸이	박상준	
펴낸곳	반비	

출판등록 1997. 3. 24.(제16-1444호)
(06027) 서울시 강남구 도산대로1길 62
강남출판문화센터
대표전화 515-2000 팩시밀리 515-2007
편집부 517-4263 팩시밀리 514-2329

한국어판 ⓒ (주)사이언스북스, 2025.
Printed in Korea.

ISBN 979-11-94087-86-1 (93300)

반비는 민음사출판그룹의
인문·교양 브랜드입니다.

만든 사람들		
	책임편집	박아름
	디자인	김혜수
	조판	순순아빠